A Terapia do Chocolate II

Dados Internacionais de Catalogação na Publicação (CIP)
(Câmara Brasileira do Livro, SP, Brasil)

Langham, Murray
  A terapia do chocolate II : descubra a essência dos seus relacionamentos / Murray Langham ; ilustrações de Roger Simpson ; tradução Sílvio Neves Ferreira. -- São Paulo : Pensamento, 2006.

  Título original: Chocolate therapy II
  ISBN 85-315-1446-0

  1. Chocolate - Aspectos psicológicos 2. Chocolate - Uso terapêutico I. Simpson, Roger. II. Título.

06-1977   CDD-615.89

Índices para catálogo sistemático:
1. Chocolate : Terapias alternativas   615.89

Murray Langham

A Terapia do Chocolate II

Descubra a essência dos seus relacionamentos

Ilustrações de
ROGER SIMPSON

Tradução:
SÍLVIO NEVES FERREIRA

EDITORA PENSAMENTO
São Paulo

Título original: *Hot Chocolate — Chocolate Therapy II*

Copyright © 1999 Murray Langham.

Copyright das ilustrações © 1999 Roger Simpson.

Publicado originalmente na Nova Zelândia por Hazard Press Ltd. — www.hazardpress.com

Todos os direitos reservados. Nenhuma parte deste livro pode ser reproduzida ou usada de qualquer forma ou por qualquer meio, eletrônico ou mecânico, inclusive fotocópias, gravações ou sistema de armazenamento em banco de dados, sem permissão por escrito, exceto nos casos de trechos curtos citados em resenhas críticas ou artigos de revistas.
A Editora Pensamento-Cultrix Ltda. não se responsabiliza por eventuais mudanças ocorridas nos endereços convencionais ou eletrônicos citados neste livro.

O primeiro número à esquerda indica a edição, ou reedição, desta obra. A primeira dezena à direita indica o ano em que esta edição, ou reedição, foi publicada.

Edição	Ano
1-2-3-4-5-6-7-8-9-10-11	06-07-08-09-10-11-12-13

Direitos de tradução para a língua portuguesa
adquiridos com exclusividade pela
EDITORA PENSAMENTO-CULTRIX LTDA.
Rua Dr. Mário Vicente, 368 — 04270-000 — São Paulo, SP
Fone: 6166-9000 — Fax: 6166-9008
E-mail: pensamento@cultrix.com.br
http://www.pensamento-cultrix.com.br
que se reserva a propriedade literária desta tradução.

Impresso em nossas oficinas gráficas.

Dedicatória

Conheça o chocolate, conheça a si mesmo —
este livro é dedicado às pessoas que
gostam de chocolate
e à minha filha Amelia Jayne.

Agradecimentos

A aceitação e a reação ao livro anterior foram surpreendentes.
Agradeço a todas as cartas, *e-mails* e sugestões. A reação das pessoas
que gostam de chocolate em todo o mundo demonstra que o
chocolate é um arquétipo universal para dar e receber amor.
Eu gostaria de agradecer especialmente a Glenda Field, a
Raewyn Aprea e a Roger Simpson pelo seu tempo,
idéias e apoio. Minha gratidão, também, a Roger pela força
reanimadora do seu impressionante trabalho artístico
que expressa a essência da Terapia do Chocolate.
Muito obrigado, também, aos meus amigos
e familiares que acolheram com ardor o aspecto psicológico
do estudo e, conseqüentemente, do próprio chocolate.

Sumário

Prefácio — A pessoa é aquilo que ela ama 8

Maneiras de comer chocolate 10

O chocolate nos relacionamentos 15

O abacaxi nos relacionamentos 17

A amêndoa nos relacionamentos 25

O amendoim nos relacionamentos 33

A avelã nos relacionamentos 41

O café nos relacionamentos 49

O caramelo nos relacionamentos 57

A castanha-do-pará nos relacionamentos 65

A cereja nos relacionamentos 73

O coco nos relacionamentos 81

O damasco nos relacionamentos 89

O doce de leite caramelado nos relacionamentos 97

O doce sírio nos relacionamentos 105

A framboesa nos relacionamentos 113

O gengibre nos relacionamentos 121

A laranja nos relacionamentos 129

A lima nos relacionamentos 137

O limão nos relacionamentos 145

O marshmallow nos relacionamentos 153

O mel de abelha nos relacionamentos 161

A menta nos relacionamentos 169

O morango nos relacionamentos 177

A noz nos relacionamentos 185

A noz-pecã nos relacionamentos 193

Prefácio
A pessoa é aquilo que ela ama

Este livro diz respeito aos relacionamentos da nossa vida: parceiros, parentes, amigos, pais e filhos.

Quando abrimos uma caixa de chocolates, qual o recheio que escolhemos na maioria das vezes? Qual é o primeiro deles que chega à nossa boca e desliza lentamente pela nossa garganta? O que essa escolha nos diz a respeito de nós mesmos? Essa predileção e afeição pelo recheio desse chocolate possuem uma vibração que reverbera dentro de nós. Se temos um parceiro, que recheio ele escolhe?

Quando começamos a entender o sabor, compreendemos a nós mesmos e aos nossos parceiros na vida. As escolhas que fazemos nos fornecem indícios das pessoas com as quais temos compatibilidade, mas elas não exercem coerção (nem poderiam fazê-lo). Às vezes, a preferência poderá ser uma combinação da primeira e da segunda escolha dos nossos chocolates preferidos. Essas escolhas denotam nossas forças e fraquezas e, uma vez que estejamos conscientes delas, temos o poder de mudar (se o desejarmos) e de ter uma nova visão dos nossos relacionamentos em toda a sua complexidade.

"A pessoa é aquilo que ela come." Quantas vezes você já ouviu isso? Então eu dou um passo à frente e digo: "A pessoa é aquilo que ela ama." Isso é verdadeiro para nós, não há nenhuma pretensão nessa afirmação.

Quando estou aconselhando casais, descubro que muitos deles estão desajustados em sua comunicação. Eles estão falando duas linguagens diferentes. As pessoas têm uma predominância sensorial — visual (ver), auditiva (ouvir), sinestésica (sentir) — e a compreensão disso pode ajudar na comunicação. Mas existe mais. Temos dois outros sentidos sobre os quais não se fala muito: o olfativo, que corresponde ao cheiro (aromaterapia) e o gustativo, que corresponde ao sabor. Esses dois abastecem nosso corpo e nos transformam naquilo que somos. Eles têm o poder de mudar nossa vibração e nossa vida.

Cada pessoa vibra de um modo particular. Toda matéria pulsa, toda matéria tem um som específico e toda matéria vibra — e nós estamos incluídos nisso. Portanto, fica evidente que duas pessoas podem vibrar em diferentes níveis, e serem compatíveis ou incompatíveis nos relacionamentos. Durante anos, na minha clínica, descobri que as pessoas reagem aos chocolates e a seus recheios.

Assim, preparem-se para aprender a linguagem dos padrões de amor dos recheios do chocolate. Para utilizar este livro, procure o seu sabor favorito; por exemplo, avelã, e verifique como o recheio favorito do seu parceiro funciona junto com o seu. Por exemplo, poderá ser uma combinação de avelã com marshmallow. Depois, veja no capítulo que se refere ao marshmallow para verificar o que diz essa combinação. "Troque o seu chocolate, escolha o seu modo de vida." Acima de tudo, divirta-se e desfrute o seu relacionamento.

Maneiras de comer chocolate

Todos nós sabemos *por que* comemos chocolate; mas *como* comemos chocolate pode revelar, e revela, muitas facetas da nossa personalidade.

Mastigando

Se você morde o seu chocolate com prazer e o engole rapidamente, pode estar correndo apressadamente na vida, mudando de uma coisa para outra e comunicando isso para todos e de várias maneiras. Na cama, pode ser muito desajeitado, rude e barulhento. Pode ser chamado de uma pessoa que grita muito, que se queixa em voz alta, uma pessoa que fala muito: sabe do que gosta e não tem medo de expressá-lo.

Deixando derreter na boca

Você deixa o chocolate derreter lentamente na boca para revelar o recheio, permitindo que o chocolate deslize gradativamente pela garganta? Depois, comprime o recheio com a língua? Você é uma pessoa serena que gosta de apalpar, até quando está conversando com alguém. Sua sensibilidade pode ser a sua ruína, se não a mantiver sob controle. O sexo oral é o seu forte. Você é criativo na cama, o que pode deixar o seu parceiro fascinado.

Chupando

Você chupa o chocolate rapidamente para deixar ver o recheio? Você não é uma pessoa que permanece calma; com toda a sua energia, você gosta de resultados imediatos e consegue o que quer. Quando isso acontece na sua vida sexual, você é quem comanda! Algumas pessoas dizem que você é conservador na cama, e isso pode ser verdade, mas você não precisa ser sempre conservador! O seu apetite pode drenar a energia dos outros.

Com cuidado

Você avalia o chocolate com os dedos? Manipulando-o, sentindo a textura, mordiscando de vez em quando e apertando-o para ver se ele é duro ou mole e, quando está na sua boca, girando-o de um lado para outro com a língua? Isso indica que você é muito cheio de imaginação na sua vida sexual. Você vai com a maré, fica deitado e às vezes ausente deste mundo. O deleite sensual do adorável chocolate permeia todo o seu ser. O tempo não tem importância para você.

Engolindo muito depressa

Você é uma pessoa que coloca de uma vez tantos chocolates na boca quanto possível, ou come-os rapidamente um após outro? Você tem medo de perder uma oportunidade na vida, o que implica aproveitar-se dos outros. Você precisa sentir-se satisfeito — quem sabe você não é um pouco egoísta? A atividade sexual tende a ser supersentimental e exagerada.

Mordiscando

Você dá pequenas mordidas e leva muito tempo para comer o seu chocolate? Isso pode significar que você gosta de sexo demorado, saboreando cada momento. Por outro lado, você é descuidado e indeciso, o que pode levá-lo a ser afetado ou exigente no que diz respeito ao sexo. As pessoas que comem chocolate dessa maneira têm idéias definidas de como devem se comportar na cama, e ficam, portanto, embaraçadas quando muito excitadas.

Maneiras de comer chocolate

Agora que você sabe *como*, o que dizer a respeito de *quando*? Você acumula chocolates? Exibe-os para seduzir os outros? Para isso, pode usar uma mistura ou combinação. Naturalmente, há muitas outras categorias; as que aqui estão são as que dizem respeito apenas ao tema.

Quem come socialmente

Se você só come chocolates quando outras pessoas estão perto — em jantares e eventos sociais —, pode significar que você é muito correto politicamente a respeito do seu pensamento de como as coisas deveriam ser. Pode estar mais preocupado com a sua aparência. Gosta de partilhar, não apenas chocolates. Na cama, se houver um espelho, ficará olhando constantemente para ele a fim de ver como o seu corpo parece de diferentes ângulos. O sexo é excelente, contanto que não seja muito desordenado.

Quem come privadamente

Se você come chocolates sozinho, vendo TV ou lendo um livro, isso mostra muita força de vontade da sua parte. Significa que você é uma pessoa forte que sabe do que gosta. É uma pessoa que passa muito tempo cuidando de si mesma, de acordo com a sua personalidade, gozando os deleites sensoriais. No sexo, deve gostar de demorar; a fantasia torna-se realidade, se tiver o parceiro certo.

Quem come secretamente

Você come chocolates quando ninguém está olhando? Isso indica que você tem pensamentos e idéias ocultas. Isso é pecaminoso? Quando aplicados aos seus hábitos sexuais, entretanto, voyeurismo, submissão e algemas, ou seja, masoquismo, podem fazer parte de seus pensamentos ocultos. A auto-satisfação também se enquadra neste caso — masturbação com ou sem um parceiro, e, se com um parceiro, ele está ciente?

Quem come chocolate por vício

Essa pessoa come chocolate em qualquer lugar, a qualquer hora, por qualquer razão. Ela ri de si mesma, da vida em geral. Pode agir corretamente na vida e, quer escolha participar de uma atividade ou não, tudo dará certo para ela. Essa pessoa come chocolate apenas quando está triste, contente, deprimida, divertindo-se, alegre, sem dinheiro, rica — em todas as situações da vida. Ela não acha o chocolate melhor que sexo; ela gosta de ambos, sem limites.

☆ chocolate nos relacionamentos

Expansão
Equilíbrio
União

As pessoas que gostam de chocolate por ser chocolate, o fazem por gostarem dele, estejam mantendo um relacionamento ou não. Afinal de contas, as pessoas são seres humanos, não fatos e atos humanos. Essas pessoas amam a vida e o que ela tem a oferecer. Você concorda com satisfação com a maioria das coisas, contanto que elas sejam para melhoria da humanidade. O relacionamento tem de ser bom para você, ou você prefere não ter nenhum. Ser o segundo melhor não basta para a pessoa que gosta de chocolate.

De alguma maneira oculta, esotérica, você sabe que existe mais a ser vivido do que os outros parecem desejar; assim, você está preparado para esperar e desfrutar exatamente a experiência total da vida. Gosta de viver porque sabe quem e o que você é. Você não precisa ser ambicioso; a vida é uma realidade e está sempre mudando.

A maioria das pessoas adora você. Para elas, ter intimidade com você é uma experiência nova, pois elas não estão acostumadas a ter alguém que esteja sensualmente presente para elas. Seu parceiro o considerará o seu ponto de atração e lhe dedicará total atenção. Fazer amor é para você uma experiência sensual, quase espiritual (religiosa). Você atrairá seu parceiro para aceitar a sua brilhante personalidade sensual e multifacetada de um chocolate.

Você realçará e exibirá o melhor em qualquer lugar. Você observa os erros e imperfeições das pessoas, mas na maioria delas verá o potencial e a centelha espiritual interior. É isso que você estimula. Mas tenha cuidado, nem todos os recheios precisam, desejam ou estão prontos para mudar. Leia todos os capítulos e veja como você pode enriquecer a vida dos outros.

✪ abacaxi nos relacionamentos

Liberdade
Ternura
Imaginação

Você adora os momentos de alegria na companhia do seu parceiro. Isso por causa do seu temperamento jovial, do seu amor pelas pessoas e pela sua capacidade para ver o melhor em cada uma delas. Sua natureza extrovertida pode ser desfigurada pelo fato de você ser, às vezes, muito confiante, o que o deixa um tanto mal-humorado, embora isso nunca dure muito tempo. A sua disposição aumenta quando há um desafio; o aprendizado e os relacionamentos irão fazer com que isso aconteça.

Você não tem tempo para pessoas às quais falta bom senso. Seus relacionamentos mais bem-sucedidos são com pessoas que têm educação superior. Por outro lado, você acha que nunca vai achar alguém; por isso, emprega toda a sua energia para trabalhar e aproveitar as oportunidades. Porém, isso existe apenas na sua mente, não no mundo real.

As roupas não têm importância para você; elas apenas deixam o seu corpo aquecido e protegido. Seus parceiros podem não ser tão despreocupados quanto você, mas isso não impede que você goste deles.

INTIMIDADE

Você gosta realmente de discutir as suas idéias antes de as pôr em prática. Para você, os momentos íntimos são experiências compartilhadas; estar com a mente em harmonia o atrai mais do que o ato sexual em si mesmo, ou faz parte dele. Quando terminarem de conversar, você terá exposto as suas idéias e ficará mais alegre do que o seu parceiro pensa.

Abacaxi e...

Abacaxi

Este relacionamento será divertido para ambos. Vocês sabem o que cada um está pensando, e a ternura está presente — tanto quanto a liberdade. A reação do seu parceiro é surpreendente, porque você conhece o gosto dele. Suas emoções estão em harmonia, o sexo é maravilhoso, a intimidade está presente — o que mais você pode querer? O problema neste relacionamento é a ausência de desafios, da excitação de aprender algo novo. Muita conversa, sem nenhuma ação, pode significar que ambos estão entediados. Os semelhantes se atraem, mas você precisa de outro estímulo, que pode ser encontrado no trabalho ou em outro desafio fora desse relacionamento. A maioria das pessoas de abacaxi gosta de ter um ponto de vista contrário a ser discutido.

Amêndoa

Ambos conseguem o que desejam de diferentes maneiras. Você não é tão subordinado a regras quanto as pessoas de amêndoa. Então, por que elas se preocupam? Esta parceria terá muitas ligações interessantes com outras pessoas, o que deixa pouco tempo para você. Você terá de fazer com que essas pessoas se acalmem e dar tempo para conversar, o que não é o forte delas; elas preferem agir. Você considera isso como uma fraqueza que não se ajusta à sua filosofia. Elas podem se sentir frustradas com a sua conversa, e isso abre caminhos para ambos. As emoções das pessoas de amêndoa ficarão ocultas até que você consiga algo que seja importante para elas. O mesmo se aplica ao sexo.

Amendoim

Você está interessado em política? As pessoas de amendoim estão ou poderão estar. Elas se tornarão pilares da sociedade quando estiverem um pouco mais velhas e muito ocupadas. Isso deixa pouco tempo para as relações íntimas; assim, o relacionamento só dará certo se você tiver a sua própria vida. Outrora desorganizadas e brincalhonas, mas atualmente procurando fazer com que a comunidade possa empregar melhor os seus esforços, as pessoas de amendoim são avessas a carícias. Você gosta de acariciar, mas elas não dão importância a isso. As emoções serão espontâneas, manifestando-se apenas quando essas pessoas tiverem conseguido algo ou quando o seu time tiver vencido uma competição esportiva. É quase como se vocês fossem pessoas que dividem um apartamento em vez de amantes. Para algumas pessoas, isso irá dar certo.

Avelã

Este será diferente — finalmente alguém que aproveita a vida. A capacidade de as pessoas de avelã serem práticas e se relacionarem com pessoas de diversos níveis sociais irá surpreendê-lo. Essa estabilidade de energias o levará a encarar o aqui e agora. Isso só pode melhorar a sua vida. Por sua vez, você poderá pôr em ordem algumas de suas idéias e pensamentos. Este relacionamento será tão cheio de carícias e amor que você irá duvidar se isso está realmente acontecendo com você. Emoções e pessoas de avelã se harmonizam; por isso, você será instigado a quase se expor totalmente. Sexo e intimidade são tão diferentes que podem até impedi-lo de falar.

Abacaxi e...

Café

Vocês poderão ter muitas conversas a respeito deste relacionamento, o que o agradará. As pessoas de café adoram quem lhes dá atenção, e você pode desempenhar esse papel. Vocês têm muito em comum, mas essas pessoas vêem os acontecimentos de um modo totalmente diferente do seu. Isso pode levar a acaloradas discussões e controvérsias. Você vai achar que isso é uma agressão ao seu modo de viver. As emoções podem se acumular no âmago de suas mentes, por que então vocês as manifestam um ao outro com tanta freqüência? Vocês devem ter muita cautela, uma vez que podem falhar ao tentarem se ligar à realidade. Sexualmente, as pessoas de café irão levá-lo a uma jornada interior de autodescoberta, despertando partes do seu corpo que você nem sabia que existiam. Às vezes, você pode achá-las um tanto exageradas.

Caramelo

As pessoas de caramelo o tornarão metódico. Irão limitar a sua liberdade? Esse relacionamento será fantástico se você der a ele uma chance e se não for embora depois da primeira discórdia ou discussão. A harmonia que poderão encontrar irá fortalecer a ambos no meio de restrições e liberdade. As pessoas de caramelo irão ajudá-lo a transformar suas fantasias em realidade. Naturalmente, quanto mais opressiva a pessoa de caramelo, maior a liberdade perdida; mas depois você terá sucesso na discussão. O seu humor e a sua capacidade de ver o melhor das pessoas irão mostrar a elas um modo diferente de ver as coisas. As emoções serão mais acessíveis e isso será do seu agrado.

Castanha-do-pará

O único modo de este relacionamento dar certo é quando a pessoa de castanha-do-pará decidir que o hábito não faz o monge. Ele pode ser divertido no início, e vocês terão momentos maravilhosos, mas é mais um romance de férias ou um caso amoroso do que algo duradouro. A sua liberdade e a sua ternura podem ser muito assustadoras para as pessoas de castanha-do-pará. Você pode administrar sem possessão, mas elas poderão? Para você, os sentimentos fazem parte de quem você é, mas estas pessoas não estão interessadas em emoções — querem apenas viver bem a vida. Para elas, as emoções só interferem naquilo que precisa ser feito. Aqui, cada um terá o seu trabalho — afinal, vocês são muito diferentes.

Cereja

O drama, a energia, a excitação — as pessoas de cereja levam a liberdade aos limites. Elas irão fazer com que você mostre tanto o mau humor quanto a confiança que fazem parte da sua personalidade, e isso irá provocar o seu desejo de voltar a estudar. Conversar com as pessoas de cereja parece não fazer nenhuma diferença; elas querem ação. Você poderá satisfazê-las com pequenas manifestações de atividade. As emoções serão impetuosas, nem é preciso dizer. Isso dará asas à sua imaginação (algo que não acontece todos os dias) criando idéias brilhantes. Essa pessoa maravilhosa cheia de tanta energia certamente irá mudar o seu ponto de vista a respeito da atividade sexual.

Abacaxi e...

Chocolate

Uma união de duas almas. As pessoas de chocolate podem e irão provocar na sua vida o equilíbrio que poderia estar lhe faltando, um relacionamento tanto do corpo quanto da alma. A liberdade é quase uma qualidade mágica, que muitos buscam mas que poucos encontram. As pessoas de chocolate são raras na sua capacidade de ver as pessoas e as coisas como realmente são. Este parceiro irá proporcionar muito mais contatos pessoais do que você está acostumado a ter, mostrando a você como as pessoas são interessantes. As emoções serão liberadas sem restrição. Sexualidade e intimidade serão algo com que você jamais sonhou.

Coco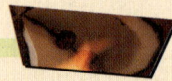

Você vai adorar a vitalidade da pessoa de coco. O relacionamento será quase como o encontro de dois velhos amigos; não há necessidade de dizer nada. O silêncio é de ouro, mas não por muito tempo com você por perto. As pessoas de coco irão se revelar para você pelo fato de você estimular a sua criatividade, apoiá-las e compreendê-las. Isso vai criar intimidade e permitir que ambos tentem a vida em outras áreas. Vocês podem criar os próprios padrões. Irão discutir e respeitar as emoções. Quanto ao sexo, irão se deleitar mutuamente sem inibições. O calor e a luz do sol desempenham um importante papel nas suas vidas.

Damasco

Esta poderá ser uma excelente combinação, mas a apatia será a sua ruína. As pessoas de damasco estão em harmonia com você e você com elas, mas é fácil cair na rotina, porque ambos se sentem tão bem ao lado um do outro que vocês podem começar a concordar com tudo o que o outro diz. Isso pode ser superado se existirem muitos projetos a serem executados e interesse pelo que está acontecendo à sua volta. As emoções serão expostas abertamente. Isso poderá não dar certo para muitas pessoas, mas para vocês dará. Vocês dois adoram o sol: as pessoas de damasco gostam do seu calor e de climas quentes. Com respeito ao sexo, elas assumem o comando quando você parar de falar, mas podem desafiá-lo tão logo se sintam seguras e confiantes.

Doce de leite caramelado

Uma pessoa com a qual vale a pena passar algum tempo numa ilha deserta — aquele calor e aquela liberdade! As pessoas de doce de leite caramelado afastarão todo o seu medo a respeito de intimidade. Este relacionamento será cheio de riscos e da alegria de viver. Essas pessoas irão revelar a criança que existe dentro de você, deixando de lado a sua intelectualidade e encarando a vida como algo estimulante e novo. As emoções ao lado dessas pessoas sempre serão evidentes e você vai ficar mais confiante emocionalmente. Quanto ao sexo, as carícias serão tão importantes para elas que as preliminares não são uma opção; você também gosta de acariciar. Há algo que tem de ser feito imediatamente ou você irá passar horas planejando?

Abacaxi e...

Doce sírio

Uma aventura mística da mente — essas pessoas irão conduzi-lo por uma rota diferente. Como você gosta de desafios, essa jornada irá intrigá-lo, ou você a rejeitará totalmente. Mas com a sua complacente atitude com respeito à religião e à liberdade de escolha, não será surpresa se você ficar interessado por alguma das mais elevadas filosofias. A diferença está no fato de você se sentir feliz com o que tem e vê. As pessoas de doce sírio estão tão empenhadas em atingir esse estágio como se fosse algo exterior. As emoções delas são intensas. Elas se expressam bem e acham que esta é uma jornada para ambos; portanto, explore e veja que tesouros você pode encontrar.

Gengibre

As pessoas de gengibre o ajudarão a pôr algumas das suas idéias em prática. Embora o convencional seja o seu forte, é surpreendente o que um novo modo de ver as coisas pode fazer. Pensar além do convencional é a índole da pessoa de gengibre. Mas cuidado: as pessoas de gengibre podem sonhar e nunca conseguir realmente agir. Comprometimentos podem ser um problema para essas pessoas; portanto, viva o presente e deixe que o futuro cuide disso. Suas emoções ficarão reprimidas por causa da insegurança; este poderá ser um relacionamento comercial melhor do que pessoal. Quanto ao sexo, talvez você ache que a intimidade e o calor de que você gosta estejam faltando.

Framboesa

Este é um relacionamento encantador. Cada um pode viver a própria vida, mas o seu cuidado é com a a pessoa de framboesa. Essas pessoas não se desviam do seu modo de agir, que é agradável para você, nem o utiliza em proveito próprio. Na verdade, vocês não conversam a respeito de emoções, mas ambos sabem o que está acontecendo e que existe entre vocês um profundo comprometimento. É nos momentos de intimidade que vocês encontram o verdadeiro envolvimento. As pessoas de framboesa são românticas à moda antiga — sem muitas demonstrações de afeto em público. A natureza prática dessas pessoas encantadoras irá equilibrar as suas idéias. Tenha cuidado com o seu mau humor, embora as pessoas de framboesa sejam tranqüilas.

Laranja

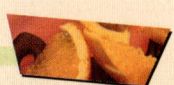

Este relacionamento poderá dar certo para ambos. As emoções estão presentes: a tendência para cuidar dos outros da pessoa de laranja e o seu entusiasmo. Às vezes, as pessoas de laranja podem se sentir perdidas ao encarar a vida com seriedade; nessa situação, você poderá acalmá-las. Aqui, a espiritualidade pode entrar em cena, com a pessoa de laranja assumindo o comando e o seu coração, mais do que a sua cabeça, induzindo-o a segui-la. O apoio que essas pessoas oferecem tornará você confiante e o capacitarão a obter o que quer que você deseje — de uma maneira descontraída, é claro. No que diz respeito ao sexo, ele será bom para ambos, sem fogos de artifício no começo, mas com grande intimidade.

Abacaxi e...

Lima

As pessoas de lima serão atraídas pela sua atitude alegre e vivaz. Você vai adorar a maneira de ir direto ao assunto dessas pessoas. Poderá confundi-las com seus conhecimentos; as pessoas de lima não se sentem bem quando estão confusas. Com tantas conversas da sua parte, quem irá dar-lhe ouvidos? Este é um ponto fraco que ambos têm em comum. Uma vez que as pessoas de lima geralmente agem com o coração, isso poderá fazer com que você se mostre como é. Essas pessoas irão encorajá-lo e mudar totalmente o seu modo de agir, seja no trabalho ou nos relacionamentos pessoais. Sexual e emocionalmente, vocês estão ameaçados de terem momentos tempestuosos. A confiança entre os dois nunca será questionada; ela está presente para que todos a vejam.

Limão

Este relacionamento será um desafio para você. Inicialmente, as pessoas de limão poderão parecer retraídas, mas elas têm muitas coisas a seu favor. Dê-lhes tempo. Há profundezas ocultas que só podem valorizar vocês dois. Elas não estão acostumadas ao seu modo de falar e às suas carícias, já que são pessoas que não conhecem o próprio corpo. Elas adoram a sua ternura e o seu humor, e tão logo compreendam que ambos podem ter uma profissão e uma vida, começam a se desenvolver. Vocês se ligam pela cabeça, mas depois passam a fazê-lo pelo corpo, à medida que vão se conhecendo melhor. Se a conexão entre seus corações for rompida, a mágoa será a conseqüência, mas vale a pena arriscar.

Marshmallow

As pessoas de marshmallow irão propiciar vitalidade a você; você irá propiciar ternura a elas. Você vai conhecer muito mais pessoas do que antes. Irá precisar de tempo para conseguir conhecê-las sem a presença dos seus amigos. As pessoas de marshmallow gostam de ter pessoas à sua volta, se bem que acreditem que elas nada têm a oferecer. Isso pode mudar, tão logo elas cheguem a conhecê-lo e se acalmem. Então, as emoções poderão começar a ser compreendidas por vocês dois. Sexualidade e carícias exigirão tempo para que a pessoa de marshmallow venha a aceitá-las, mas a sua ternura pode ajudar a manifestá-las, e elas começarão a valorizá-las por si mesmas. A partir daí, vocês irão acreditar e confiar um no outro.

Mel de abelha

Ambos gostam de se relacionar com outras pessoas. Terão muitos amigos e conhecidos interessantes. Para que esse relacionamento dê certo, as viagens devem ocupar o primeiro lugar na sua agenda — não como uma fuga, mas em busca de novas experiências. Você irá cuidar dessas pessoas e tentar compreender o seu ponto de vista inusitado e excêntrico. Este é um relacionamento íntimo com muita conversa, o que, às vezes, poderá levar a pessoa de mel de abelha à loucura. As emoções podem ser reprimidas desde que estejam de bem com a vida e outros interesses pareçam atraentes. Você jamais poderá saber o que está na mente dessas pessoas. Você poderá ter, e terá, alegria e bom humor na companhia dessa pessoa jovial.

Abacaxi e...

Menta

Na maioria dos casos, você achará essa inconstante pessoa de menta afetuosa e carinhosa. O seu entusiasmo e a sua maneira bem-sucedida de lidar com calma com os pequenos reveses da vida atraem as pessoas de menta, cuja tendência é atirar-se em qualquer aventura sem pensar. Não se esqueça de que, às vezes, elas não têm muitas opções e que as decisões são quase impossíveis. As emoções na companhia dessas pessoas são ardentes ou frígidas, dependendo do estado em que a mente delas se encontre. A intimidade sexual irá oscilar de acordo com o temperamento instável delas.

Morango

Por trás de cada pessoa bem-sucedida está alguém que a apóia, e neste caso será uma pessoa de morango. Este poderá ser um ótimo relacionamento, com uma pessoa que será assídua em ajudá-lo em tudo o que você tentar. As pessoas de morango precisarão aprender a ser mais agressivas para que haja ação, não apenas conversa. Você as achará amáveis e compassivas, o que se ajusta ao seu modo de vida e ao seu temperamento. Suas maneiras despreocupadas podem trazer à tona as emoções dessas pessoas e dar-lhes confiança. Este será um relacionamento longo e cheio de amor. O sexo e a intimidade irão operar maravilhas para ambos, proporcionando proximidade sem claustrofobia.

Noz

Este relacionamento pode dar certo, já que vocês dois têm muito a dizer e muitos problemas a resolver, em escala mundial, naturalmente. Você não deve ser muito afeito a caminhadas, a barracas, ao fogão portátil, tudo muito frio para você, a menos que sejam empreendidas em climas quentes. Este é um relacionamento harmonioso no qual ambos podem aprender um com o outro. As pessoas de noz são muito reservadas e podem cuidar de si mesmas; na verdade, elas não precisam realmente de um parceiro, apenas de companhia de vez em quando. Isso pode se ajustar a você, uma vez que você está totalmente ocupado com seus pensamentos e com seu trabalho.

Noz-pecã

Qual é a atração deste relacionamento? Você é interiorizado e o parceiro é exteriorizado. Naturalmente, como você vê o melhor que existe nas pessoas, as de noz-pecã não são diferentes. Uma vez que você não sente nenhuma atração por roupas, não compreende a importância que essas pessoas dão a isso. Isso dará motivo a muitas discussões. A transformação das pessoas de noz-pecã poderá surpreendê-lo e ela pode tomar várias formas, da metafísica à descoberta da beleza interior que existe nelas. O apoio de suas famílias também é um detalhe que você compartilha e compreende. As emoções dessas pessoas só serão reais quando elas se sentirem felizes consigo mesmas. Você não se importa de esperar. A intimidade sexual depende da proporção de harmonia na ocasião.

A amêndoa nos relacionamentos

Empreendedor
Afirmativo
Dominador

Como uma pessoa de amêndoa nos relacionamentos, você se encontrará numa relação que vai ajudá-lo a galgar a escada do sucesso. Você gosta de ter um parceiro com quem comemorar suas realizações. Pelo fato de ser bem-sucedido, você deve achar que todos devem ser iguais a você. Você tem uma mente sagaz e muitas vezes pode mudar de idéia. Quando as pessoas estão falando com você, você capta-lhes a mensagem antes que elas terminem. Os outros podem considerar isso um sinal de impaciência. Você muitas vezes acha que precisa de ajuda, mas as pessoas que o ajudam podem ficar frustradas pelo fato de saberem que você pode resolver o problema sozinho. Às vezes, você pode não dar valor aos parceiros porque está pensando em outras coisas: isso não tem nada a ver com o seu parceiro; é que você é assim mesmo. Por ser enérgico e dinâmico, a vida sempre será interessante para o seu parceiro, que precisará de muita energia para se adaptar a você.

INTIMIDADE

Você gosta de ser bem-sucedido, tanto no sexo quanto em tudo o mais; porém, isso não é uma competição — é o seu modo de ser. Quando você coloca o pensamento nisso, você pode ser muito sensual e um bom conversador que gosta de impressionar. Você se distrai facilmente e pode se perder nos seus pensamentos.

Amêndoa e...

Abacaxi

Se o sol estiver brilhando, o dia será claro; isso também acontece com o relacionamento. Mas o que acontece no inverno? Você é atraído pela mente firme e decidida do abacaxi, que obtém sucesso no aprendizado, nos desafios e no desenvolvimento mental. Abacaxi é uma pessoa cordial e particularmente amistosa que pode ficar ligada a você, mas a co-dependência pode ser um problema. Você dirá que esse é um problema do abacaxi, mas ele afeta realmente a sua vida emocional. Este relacionamento pode dar certo para ambos, se não se apressarem e não se afundarem no trabalho.

Amendoim

As pessoas de amendoim podem ser meios perfeitos para dar vazão às suas emoções. Elas insistem para que você faça uma pausa na sua vida de trabalho, exigem que você tenha um pouco de diversão e alegria. Podem ficar embaraçadas nas trivialidades da vida e manter os sentimentos confusos. Isso vale para os dois. A intimidade sexual será duradoura, e diminui à medida que a excitação esmorece. Isso porque ambos são pessoas atarefadas. Com o passar do tempo, este relacionamento pode se tornar gratificante e vocês podem virar fortes pilares da sociedade.

Amêndoa

Esta não é uma boa combinação, tendo em vista que ambos são competitivos e pode haver muitas discussões. Uma vez que ambos têm um excelente vocabulário, as altercações podem ser longas e mordazes. Isso pode parecer divertido para os outros; mas, se eles quiserem participar, precisam estar seguros da própria habilidade verbal. As emoções fluirão tão rapidamente quanto o diálogo; mas isso pode ser desgastante, deixando os dois sem energia. Há poucos momentos de calma e intimidade juntos.

Avelã

Este será um relacionamento harmonioso, se ambos estiverem trabalhando para o bem do planeta. Você achará difícil manter-se perto das pessoas de avelã, se não dedicar muita atenção ao planeta e ao seu lar. Muitas vezes você não estará seguro de onde elas vêm mas, com a prática, irá confiar na sua sabedoria. O discernimento dessas pessoas pode ajudá-lo de muitas maneiras, mantendo-o com os pés no chão. Os muitos filhos que poderão nascer dessa parceria serão todos amados e viverão numa casa grande e feliz.

Amêndoa e...

Café

Comparado com uma pessoa de café, você é mais controlado e disposto a esperar o momento oportuno antes de mudar de assunto. As pessoas de café não dispõem de tempo para esperar; *faça isso agora*. Você é, ao mesmo tempo, rápido com as palavras e aprecia o uso correto da linguagem. Você pode curar as pessoas de café de sua impaciência e orientá-las para levar a vida num ritmo mais lento. O sexo será como um vício, embora possa estar faltando intimidade.

Caramelo

Neste relacionamento, a pessoa de caramelo é de confiança e de bons hábitos. Este pode ser um ótimo relacionamento de negócios, uma vez que você necessita de uma influência firme de alguém que lhe dê apoio. A atenção dessas pessoas para os detalhes e para a constante ordem podem aborrecê-lo. Suas emoções serão exageradas quando elas apontarem os seus erros. Essa pessoa é o elemento experiente deste relacionamento; portanto acostume-se com isso. A intimidade sexual depende da leitura de alguns livros. Consiga-os, se o caramelo já não o tiver feito.

Castanha-do-pará

Este pode ser um relacionamento aparentemente bom, mas muito superficial, embora os contatos sociais e de negócios da castanha-do-pará o ajudem no seu trabalho. Ambos gostam de se divertir. O relacionamento começa com um terno entusiasmo, mas depois definha. Para aprofundá-lo, a pessoa de castanha-do-pará precisa que você tenha atingido o sucesso. Por baixo da casca, essa pessoa é amorosa e atenciosa. Quando ambos compreendem que a maioria de suas emoções são usadas no trabalho e a pessoa irá admitir realmente as próprias emoções, a intimidade pode melhorar.

Cereja

Um relacionamento de vida curta. Será um relacionamento como nenhum outro, chegando ao ponto mais alto da paixão e do sexo. Infelizmente, não há muito mais. Nem uma base comum sobre a qual estabelecer um relacionamento estável. Você é bastante forte para manter-se firme ao lado das pessoas de cereja, mas o seu trabalho interfere e elas gostam de ser o centro das atenções. As emoções dessas pessoas são muito instáveis e *você* não pode deixar que isso afete o *seu* trabalho.

Amêndoa e...

Chocolate

Esta é uma combinação criada no céu. A pessoa de chocolate se projeta no futuro e vocês dois têm prazer em viver a vida. Gostam de estar em contato um com o outro, caminhando juntos como uma só pessoa. Como uma pessoa de amêndoa, você aprecia o humor das pessoas de chocolate e a sua capacidade de rir. Essa intimidade proporcionará equilíbrio entre o trabalho e a diversão, o que pode exatamente aumentar a sua produtividade. Vocês descobrirão um objetivo na vida, além do trabalho. Sua intuição e suas emoções serão uma decorrência natural disso tudo.

Coco

Esta parceria depende do sucesso que vocês buscam. O parceiro de coco pode ser a realização de um sonho, posto que muito criativo e artístico. Não obstante, a pessoa de coco irá demonstrar muitas maneiras diferentes de ver o mundo e revelar partes ocultas de si mesmo. Você ajudará essa pessoa a caminhar para a frente e a ter mais controle. Você adora a vitalidade e o ritmo delas, o que pode forçá-lo a devotar-se às suas emoções. A intimidade surgirá se você permitir.

Damasco

Essa pode ser uma boa combinação, uma vez que a pessoa de damasco irá aprovar os limites por você estabelecidos e desfrutar as vantagens materiais da casa, do carro, etc. Você pode ser um pouco opressor para a gentil e tranqüila pessoa de damasco. As pessoas que apreciam o damasco também cuidam do lado espiritual, o que pode sutilmente acalmá-lo. Suas emoções podem oprimi-las; ouça o ponto de vista delas. A intimidade se esvairá, dependendo de como você a empregue.

Doce de leite caramelado

Esta parceria será muito boa para ambos. As pessoas de doce de leite apreciam o sucesso financeiro, uma vez que adoram gastar. Suas idéias entusiastas as seduzirão. Essas pessoas precisam estar cercadas de coisas agradáveis, sensuais e bonitas, e você aprecia a sua mente compreensiva e a troca de idéias. A intimidade com essas pessoas maravilhosas não será opcional; elas precisam de intimidade. Elas exigem tempo, e você o concederá prontamente. Elas adoram presentes, mesmo que tenham de comprá-los para si mesmas.

Amêndoa e...

Doce sírio

Esta não é uma boa combinação. O doce sírio não lhe serve de apoio, uma vez que está muito ocupado tentando descobrir a si mesmo. Quando você se relaciona com ele, pode ser magnífico; mas como você fica nesse relacionamento? Como vocês estão caminhando para direções diferentes, quase em mundos diferentes, este relacionamento é considerado um erro desde o início. Mas quando o relacionamento termina, terá terminado definitivamente? Essas pessoas despertaram alguma coisa em você de um modo que você precisa encontrá-las de vez em quando para tentar descobri-la. Sendo uma pessoa materialista, você considera isso um absurdo espiritual.

Framboesa

Tão logo as framboesas venham a conhecê-lo e a amá-lo, elas colocam o coração e a alma neste relacionamento. A lealdade delas ao seu sucesso não conhece limites. Este relacionamento dá certo devido à pureza da compreensão da framboesa. Tendo em vista que ela gosta de estar cercada de pessoas e de anotar nomes ou etiquetas, isso poderá ajudá-lo nos seus negócios. As emoções não serão realmente expressas; afinal de contas, a vida é para ser vivida. Isso é muito bom para você. A intimidade sexual dependerá de passarem algum tempo juntos e sozinhos, se isso for possível.

Gengibre

Esta pode ser uma ótima parceria no amor e nos negócios. As pessoas de gengibre são muito mais imaginativas que você. Assim, isso pode ser o início de uma união de diferentes conjuntos de idéias para atingir o mesmo objetivo. Vocês podem passar horas juntos, fazendo planos ou apenas se divertindo, sempre falando a respeito do futuro. Quando a pessoa de gengibre se sente à vontade e começa a revelar o que lhe vai no íntimo, vocês dois compreendem que têm sonhos, idéias e ideais semelhantes.

Laranja

Este relacionamento irá dar certo se você for um profissional da saúde ou de terapia. Por outro lado, as pessoas de laranja não gostam de fazer o que lhes compete, e vocês dois podem estar vivendo em mundos diferentes. Elas estão sempre à procura de alguém para seguir, buscando ser diferentes perante a comunidade. Você é um dos que essa pessoa irá seguir, ou você está de tal modo ocupado com a sua profissão que não se preocupa com isso? Você pode descobrir que essa pessoa pode ser muito benéfica para a sua vida, envolvendo-o profunda e significativamente e estimulando novas idéias. As pessoas de laranja são emotivas no nível pessoal, mas práticas no nível impessoal.

Amêndoa e...

Lima

As pessoas de lima irão pegá-lo desprevenido, fazendo perguntas inusitadas e dando elas mesmas as respostas. Elas são muito leais, o que é agradável, mas você precisa de tempo para se ajustar a isso. Essas pessoas, que são leais a si mesmas, são sinceras e não temem expressar seus sentimentos. Elas dizem imediatamente se alguma coisa as aborrece. O amor dessa pessoa pelos espaços ao ar livre pode levá-lo a novos destinos. Será difícil não ter intimidade com uma pessoa tão encantadora.

Limão

Este relacionamento pode decorrer muito bem; você gosta e respeita a pessoa de limão, que o estimula de todas as maneiras. Essa pessoa pode se manter afastada e permitir que você seja o que você é. Vocês terão espaço para agir no amor, em vez de controlarem um ao outro vinte e quatro horas por dia. Essa pessoa não precisa da sua ajuda; ela se sente bem com o seu modo de agir. Vocês dois estão fazendo pesquisas para aprender, você sobre o aspecto filosófico e a pessoa de limão na área da tecnologia. Essa pessoa pode sentir-se muito nervosa e ansiosa a respeito das oportunidades que você tem. Depois que a pessoa de limão já o conhece há algum tempo, as emoções serão permitidas, o que trará alegria e equilíbrio à sua vida.

Marshmallow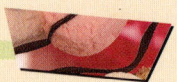

Tendo em vista que a pessoa de marshmallow gosta de participar de festas e de ter um papel de destaque na sociedade, o relacionamento será muito vantajoso para a sua profissão e para a sua posição social. Pelo fato de você ter uma grande variedade de idéias, as pessoas de marshmallow geralmente não se aborrecem, estando, portanto, sempre ao seu lado. Essa vitalidade o excita. Elas fazem o que lhes parece correto; estão cheias de vivacidade durante todo o tempo, o que é ótimo para você, pois você também não é muito emotivo. Ambos se sentem muito melhor cercados de outras pessoas, entre as quais podem se destacar, mas isso torna a intimidade difícil.

Mel de abelha

Você irá descobrir que mastigar o favo de mel proporciona uma nova e quase incomum visão das coisas enfadonhas da vida. No que diz respeito aos relacionamentos, no entanto, isso não acontece apenas a você, mas torna-se uma realidade. A constante mudança dessa visão para outras coisas, para outras pessoas, significa que aí não existe profundidade e estabilidade suficientes para você. Você achará outras coisas interessantes e terá momentos realmente agradáveis, mas não estará emocionalmente preso. Falta-lhe a intimidade sexual que só poderá se desenvolver com o tempo e o envolvimento.

Amêndoa e...

Menta

Este relacionamento pode assumir muitas formas, por causa da natureza fluida da pessoa de menta. Como a amêndoa está buscando o sucesso, isso irá motivar essa pessoa a prosseguir e tentar coisas diferentes. Afinal de contas, ela tem alguma coisa para pôr em prática. Não tem medo do amor ou de revelá-lo. Você poderá ficar atordoado com essa ousadia e passará a respeitá-la. Por outro lado, correrá riscos se não o fizer. Vocês trocarão muitas idéias juntos e com outras pessoas. A intimidade irá afetá-lo profundamente e poderá mudar o seu modo de pensar.

Morango

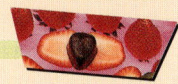

Este relacionamento irá revelar a sua ternura, embora a pessoa de morango possa ser um tanto generosa e ética demais para a sua vida. Às vezes, essas pessoas podem ficar deprimidas, se as coisas não satisfizerem suas expectativas. Para sua consternação, elas podem adivinhar os seus pensamentos; nada poderá ficar escondido delas. Essas pessoas se preocupam e farão tudo para ajudá-lo, sem pensar em si mesmas. Elas afetarão as suas emoções. Você assumirá o comando na maioria das coisas, mas elas serão um ótimo apoio.

Noz

Vocês dois têm muito a oferecer um ao outro. A noz pode introduzi-lo no mundo das artes e da música, e essa criatividade pode aumentar as chances de sucesso na sua profissão. Você naturalmente terá de gostar de espaços amplos e de atividades ao ar livre, como acampamentos e caminhadas. Com o coração de ouro da noz e a necessidade de ajudar os outros, é estranho que vocês não tenham se encontrado há mais tempo. Este relacionamento será ainda melhor quando você conseguir algum tipo de sucesso. Com a noz, você será apresentado a outro tipo de mundo real. Isso manterá ambos ocupados durante anos.

Noz-pecã

As pessoas dirão que vocês formam um lindo casal. Gostam de gozar a vida, o que pode ser muito bom para ambos, uma vez que há um profundo relacionamento entre os dois. A fidelidade às tradições da família por parte da pessoa de noz-pecã pode ajudá-lo a sentir que você faz parte do relacionamento e tem o seu lugar no universo. Esses firmes alicerces constituem uma forte influência, e auxiliarão ambos a relaxar e a se ajudarem mutuamente. Isso cria uma profunda intimidade, da qual você poderia sentir falta, e permite que as emoções fluam. Se prestar atenção a isso, você será recompensado com um ótimo relacionamento com a pessoa de noz-pecã.

O amendoim nos relacionamentos

Família

Apoio

Esporte

Em um relacionamento, será necessário que o seu parceiro tenha um vívido interesse por esportes. Sem isso, seria como se vocês fossem de dois planetas diferentes.

Você é muito franco a respeito do que deseja num relacionamento, e vai à procura disso e o consegue. Sua vida é totalmente satisfatória e o seu parceiro deve se adequar ao seu modo de pensar. Você estará atarefado, mudando de um lugar para outro na vida e protegendo o seu parceiro e a sua família. Vocês gostam de passar as férias juntos como um casal ou como uma família. Você é enérgico e não tem medo de falar com franqueza em qualquer situação. Isso às vezes pode causar alguns embaraços, mas as pessoas aprenderão a conviver com isso.

Grande parte do seu tempo em sociedade pode girar em torno de competições esportivas. Para você, o tempo é precioso, e você concilia a maioria dessas situações. Poderá haver a necessidade de parar e considerar o que as outras pessoas (inclusive o seu parceiro) poderiam pensar ou sentir antes que você tome uma decisão.

Com o passar do tempo, você poderá achar que está gastando cada vez mais tempo na comunidade, transformando-se num pilar de apoio para outras pessoas. Você não tem medo de falar alto a respeito do que você vê como injustiças. Medo da opinião pública?

INTIMIDADE

Na infância, você deve ter sido um pouco traquinas. Tendo sossegado, você é terno e carinhoso, desfrutando os momentos de lazer. Você pode se sentir culpado por não haver mais momentos como esses. A vida é tão atarefada!

Amendoim e...

Abacaxi

A independência de princípios das pessoas de abacaxi pode assustá-lo, mas você irá achar atraente o seu temperamento confiante e extrovertido. Você vai ter muitas discussões com essas pessoas, mas, quando chegarem a esse ponto, verá que as pessoas de abacaxi realmente não gostam das suas regras e dessa casa protegida por grades. Você terá de fazer alguns pequenos ajustes para que as suas idéias se adaptem a essas pessoas descuidadas mas inteligentes. Elas não se preocupam com as coisas superficiais da vida, pois sabem o que é importante. Isso será um choque para os seus princípios. Para essa pessoa decidida, as pessoas vêm em primeiro lugar, não as coisas e as ideologias. Elas irão debater essas idéias com você, mas será que você vai lhes dar ouvidos?

Amêndoa

Esta parceria irá dar certo se você for bem-sucedido na sua área de trabalho. A poderosa energia e o entusiasmo das pessoas de amêndoa irão inspirá-lo e farão com que você goste delas, e elas irão retribuir esse amor. Como uma pessoa de amendoim, você estará satisfeito com o que tem, em vez de ficar procurando conseguir mais, como a pessoa de amêndoa pode estar fazendo. Vocês dois deixam as emoções de lado. Suas emoções são direcionadas para aquilo que você está conseguindo nos negócios, não na esfera pessoal, Vocês podem trocar estímulos mentais e o incentivo estará presente, mas será que haverá tempo para intimidades pessoais? Este é mais um encontro de mentes do que de corpos.

Amendoim

Momentos de intimidade entre atividades esportivas serão uma necessidade para os dois. Este relacionamento irá realmente dar muito certo: vocês têm interesses semelhantes e laços familiares muito fortes. À medida que o tempo passa, os interesses podem mudar para assistir esportes na TV, ensinar ou participar de grupos na sua área. Este relacionamento é muito prático e você vai realmente progredir enquanto ele durar. O que importam as emoções? — você poderá dizer. Pelo fato de vocês estarem vivendo a vida, não há necessidade de mais nada. A intimidade está presente para ambos, não importa o pouco tempo que vocês passam juntos.

Avelã

Sua natureza prática não se casa muito bem com as pessoas de avelã. Elas estão interessadas na beleza da Mãe Terra e em tudo o que está contido na consciência de Gaia. Na verdade, você não concorda com esse monte de lixo. Você tem uma atitude de "progredir na vida". Enquanto ela durar, haverá alguns belos momentos; portanto, desfrute-os, e eles podem levá-lo a pensar na energia e na beleza da Terra. As pessoas de avelã precisam ter momentos para relaxar em paz em suas casas, de outra maneira não poderão exercer nenhuma atividade. Você precisa respeitar isso a qualquer custo. A intimidade sexual virá depois de algum tempo, ou não virá nunca.

Amendoim e...

Café

Você se sente sexualmente à vontade na sua convivência cotidiana com as pessoas de café. Elas irão estimulá-lo com seus pensamentos profundos e comedidos. Isso pode levá-lo a se envolver com a política ou a desempenhar um papel que você acha válido e está sendo levado em consideração. Isso, naturalmente, irá significar muitos debates e acirradas discussões; este não é um relacionamento tranqüilo. A ausência de paz, neste caso, significa que as idéias estão mudando. As pessoas de café podem manter as discussões; você tem o *know-how*. Embora você possa não saber o que elas estão pensando ou sentindo em nível pessoal, você se sente bem com isso.

Caramelo

Amor na primeira mordida. Embora o relacionamento leve algum tempo para começar, devido à cautela da pessoa de caramelo, ele irá estabelecer um sólido alicerce para ambos. O amor de um pelo outro e o apoio mútuo não conhecem limites. Este é um relacionamento muito claro e prosaico com apoio emocional. Essa emoção é manifestada pelo fato de estarem juntos: vocês são pessoas que demonstram excessivamente o que sentem, mas isso não impede que vocês se divirtam. O sexo é parte da sua vida, mas apenas uma parte.

Castanha-do-pará

Você vai achar a pessoa de castanha-do-pará importante demais para o seu gosto. Você gosta de se manter ativo, mas quando se trata de coisas práticas, a castanha-do-pará prefere observar de certa distância. Os momentos de intimidade serão poucos e muito raros, e isso exigirá uma sólida parceria para manter essa união em harmonia. Vocês se dão bem emocionalmente, uma vez que ambos mantêm em segredo seus sentimentos ou não os reconhecem. Alegria e excitação estarão faltando neste relacionamento. Ambos fazem o melhor que podem, mas a intimidade estará ausente.

Cereja

Deixe as preocupações de lado e divirta-se. Vocês dois são pessoas com muita energia; portanto, a luxúria e a paixão estarão em jogo. As pessoas de cereja crescerão para amá-lo, uma vez que já viram o que está por trás da sua paixão. Elas podem ser um tanto possessivas, mas isso apenas revela o que significa pertencer a alguém. As pessoas de cereja adoram a permanente influência que você pode exercer sobre elas. Suas emoções serão intensas por você, mas elas um dia sossegarão com o tempo, em grande parte para seu alívio. A intimidade irá crescer com o tempo. A maioria dessas pessoas acha que sexo é amor — se não houver sexo, não haverá amor?

Amendoim e...

Chocolate

As pessoas de chocolate irão enriquecer a sua vida, levando-o a empreender uma jornada para a compreensão do que existe de mais importante, vendo o mundo como uma aldeia global. Como uma pessoa de amendoim, você se tornará equilibrado e de acordo com as suas crenças. A pessoa de chocolate gosta de seu comprometimento consigo mesmo e com a família. Ela irá enriquecer a sua vida de tal maneira que você irá fechar as portas para o passado e olhar o futuro com a indiscutível compreensão do apoio e da confiança que um relacionamento pode proporcionar. À medida que sua visão se amplia, o mesmo acontecerá com os seus negócios e com as suas amizades.

Coco

O ritmo, a vitalidade e a inclinação para as artes da pessoa de coco serão atrativos para a pessoa de amendoim. Isso pode significar férias cheias de alegria, uma vez que as pessoas de coco se mostram no melhor de sua forma em lugares ensolarados, longe do trabalho. Você pode reprimir o talento criativo dessas pessoas se insistir em ser meticuloso demais. Se você não deixar de ser tão pobre de espírito, elas podem começar a se tornar insensíveis e sua vitalidade começará a se desvanecer. O que o atraiu para elas em primeiro lugar? Escute-as, e elas lhe darão idéias que você poderá usar. A intimidade sexual com as pessoas de coco apelarão para o seu lado selvagem.

Damasco

Para você, as pessoas de damasco parecerão muito indecisas e ingênuas — excessivamente à procura de pessoas e de cuidados. Há, no entanto, uma certa fascinação para você dentro dos limites dessas pessoas. Se elas ultrapassam esses limites, ficam confusas e não conseguem trabalhar. A personalidade protetora das pessoas de damasco pode estimulá-lo a tomar o partido daqueles que ainda não conseguem se expressar. Você vai achar essas pessoas emotivas demais; por isso você irá se enterrar no trabalho. A sensualidade das pessoas de damasco não é das que satisfazem o seu gosto.

Doce de leite caramelado

As pessoas de doce de leite caramelado podem ficar impressionadas com você. Elas gostam de pensar na família, na natureza protetora, mas irão ignorar o seu lado esportivo; essas pessoas não são dadas a atividades esportivas, embora possam assisti-las pela TV no conforto do lar. As pessoas de doce de leite caramelado irão se afastar de vez em quando. Elas são muito mais emotivas do que você (sem falar em esportes), mas você as perdoa porque, para você, elas parecem muito especiais. Como uma pessoa de amendoim, você adora sua natureza sensual e alegre. Você tem dúvidas acerca da terapia de consumo e dos negócios sem limites. A intimidade com essas pessoas mudará o seu modo de pensar sobre a fidelidade.

Amendoim e...

Doce sírio

Você não terá tempo para a busca mística no mundo espiritual. Você pode ter participado dela quando era mais moço, e descoberto que não lhe cabia empreendê-la. Essa foi a sua jornada; portanto, deixe que as pessoas de doce sírio façam a delas. Essas pessoas são agradáveis, de fácil convivência, olhando para além da vida. Você não pode dar o que elas procuram, mas pode apoiá-las em suas tentativas. Interiormente, você irá descobrir uma pessoa terna e atenciosa, muito diferente de você, e isso pode atraí-lo. Mas as pessoas de doce sírio gostariam que você mudasse, porque podem ver quem você é realmente. Elas também sabem que qualquer mudança deverá partir de você.

Gengibre

Você irá gostar do dinamismo da pessoa de gengibre, da movimentação, que irá criar o campo de trabalho de vocês. As pessoas de gengibre não se sentem tão comprometidas num relacionamento quanto você. Para essas pessoas, os parceiros surgem e desaparecem, porque há muitas coisas acontecendo, e elas querem participar de todas. Isso pode valer para vocês dois, contanto que continuem a ampliar seus horizontes, melhorando o modo como vêem as coisas. As emoções pessoais são um vai-e-vem para ambos; os sentimentos que você considera são os que podem levá-lo a ter grandes idéias. A intimidade sexual acontecerá quando ambos tiverem tempo.

Framboesa

Uma vez que você tenha se acalmado, este será um ótimo relacionamento, cheio de valores do passado. A pessoa de framboesa é muito prática e você gosta de estar com a família e de freqüentar clubes; portanto, o que poderia ser melhor? O conflito surgirá a respeito de como ajustar o passado a um mundo moderno. As pessoas de framboesa são românticas sem exageros. O relacionamento como um todo será uma felicidade, porque vocês sempre saberão que posição ocupar — sem surpresas. O conteúdo emocional será mantido em segredo, sem a mínima manifestação, o que é conveniente para ambos. Neste relacionamento, a intimidade virá mais tarde.

Laranja

Durante uma guerra, este seria um relacionamento ideal. As pessoas de laranja são ótimas para cuidar de pessoas. Elas gostam de regras e de limites, e isso corresponderá à idéia que você tem da vida em família. Você não está muito seguro a respeito do lado espiritual dessas pessoas, mas está preparado para concordar com ele; afinal, as pessoas de laranja estão ali para cuidar de você. Errado — se você não ficar em casa por muito tempo, elas acharão outra pessoa para cuidar. As pessoas de laranja fazem o que pensam que é melhor para a outra pessoa; isso não é de caráter pessoal, mas uma necessidade de ajudar os outros. Suas emoções serão questionadas por essas pessoas; portanto, cuidado com o que você diz.

Amendoim e...

Lima

Se você não tiver orientação na sua vida, as pessoas de lima irão lhe dar. Elas têm muito amor para dar e irão apoiá-lo em todos os seus empreendimentos. Você precisa dar espaço ou um tempo para que elas ajam da melhor maneira possível. Sem isso, elas podem ficar confusas e pouco claras no que diz respeito à vida e ao amor. Elas falam demais para o seu gosto, ou será porque elas não lhe concedem um aparte? Logo logo você vai conseguir identificar suas emoções. Você nem mesmo poderá tentar dizer às pessoas de lima o que devem fazer; portanto, não comece. Neste relacionamento, a intimidade pode ser suficiente para você, porém a pessoa de lima pode querer mais.

Limão

Este relacionamento não será do tipo tradicional; em todo caso, pode ser chamado de relacionamento. As pessoas de limão têm dois lados: um muito arrogante, preocupado com a carreira profissional, e o outro subserviente e depressivo. Quando esses dois lados estão equilibrados, você pode ajudar e poderá haver um forte sentimento de pertencer a alguém. Você tem toda a intenção de ajudá-las a cumprir os seus nobres propósitos, mas o seu temperamento ditatorial e atarefado pode significar apenas que você está ajudando a aumentar a falta de auto-estima das pessoas de limão. As emoções irão frustrar a ambos; portanto, ignore-as. Este relacionamento pode dar certo, mas vocês dois podem ser mais felizes com outros parceiros.

Marshmallow

Na companhia das pessoas de marshmallow você terá força e vitalidade, mas poucos momentos de tranqüilidade. Uma vez que essas pessoas adoram festas, você irá conhecer muita gente, ter mais contatos e ampliar a sua visão de mundo. As pessoas de marshmallow podem, às vezes, parecer irresponsáveis, o que pode perturbar seu modo de ver a vida. Ninguém é perfeito, nem mesmo você. Essas pessoas irão gostar das suas idéias e da sua determinação, que elas vêem como uma evidência da sua firmeza de caráter. Você vai gostar do seu coração brando e sensível quando ambos tiverem tempo para ficar juntos. O sexo não está no alto da lista — há muitos outros eventos para ver e organizar.

Mel de abelha

Como uma pessoa de amendoim, você já possui aquele fator X? As pessoas de mel de abelha estão sempre buscando algo novo, e perseguir o arco-íris é mais importante do que encontrar o pote de ouro. Este pode ser um momento alegre da jornada, de conhecimento e harmonia. A realidade pode estar faltando para vocês; nada a substitui para que este relacionamento dure. Você deve estar prestes a se acalmar; a pessoa de mel de abelha estará esperando por isso. Elas estão felizes e não são muito rancorosas. A intimidade sexual irá acontecer sem que vocês notem ou deixem de notar — nada de importante.

Amendoim e...

Menta

Se você for uma pessoa forte, irá atrair as pessoas de menta por causa do apoio protetor que você pode dar a elas. Essas pessoas são inconstantes e, por causa disso, podem ser emotivas, o que possibilitará que você considere os próprios sentimentos. Elas irão se adaptar ao seu modo de vida como se estivessem sempre presentes. O que você faria sem elas? Se vocês dois estiverem bem ajustados, isso proporcionará orientação para elas e estabilidade para ambos. A intimidade sexual dependerá da ocasião e do que a pessoa de menta estiver sentindo no momento.

Morango

Bem, isso dará bom resultado como um relacionamento. As pessoas de morango são atenciosas e carinhosas e irão se ajustar a você. Mas você não as acha muito tranqüilas e dóceis? Será fácil para você considerá-las subservientes. Quando as pessoas de morango são realmente elas mesmas no amor, isso só pode aumentar a sua reputação perante a comunidade, uma vez que elas o apóiam de diversas maneiras. Elas possuem uma força interior que as mantêm vivas. O que elas podem acrescentar a qualquer parceria é difícil de perceber, mas as pessoas podem notar isso. Essas pessoas gostam de tocar-se muitas vezes. E você? A intimidade sexual só existirá para vocês quando vocês estiverem realmente se amando.

Noz

Uma união feita em segredo. As pessoas de noz são mais espertas do que você pensa. Suas atitudes harmoniosas e corajosas farão com que você sempre as avalie, fique atento e pense. Caminhar e acampar em lugares desabitados será uma necessidade essencial se vocês quiserem ficar em harmonia. As emoções de noz serão direcionadas para o esplendor e a grandeza dos espaços ao ar livre, e isso fará com que vocês vivenciem as suas emoções e os seus sentimentos mais íntimos. Essas pessoas em geral são retraídas e não precisam de você ou, no que diz respeito ao assunto, de ninguém mais. Isso fará com que você fique atento. Você não terá nenhuma segurança com essa pessoa.

Noz-pecã

Esta não é, na maioria dos casos, uma boa combinação. As pessoas de noz-pecã buscam o significado da vida através da beleza do corpo — permanecendo jovens, sem querer mudar. Isso, na verdade, não o atrai realmente, uma vez que você é mais do que realista. Assim sendo, aprenda a lidar com isso. Não há nenhuma situação onde vocês dois possam ficar juntos, nem mesmo se encontrar. Vocês dois são pessoas determinadas que não irão ceder. Esta não é a base ideal sobre a qual se possa construir um relacionamento. Vocês podem achar essas pessoas retraídas e reservadas, muito distantes do seu modo de pensar.

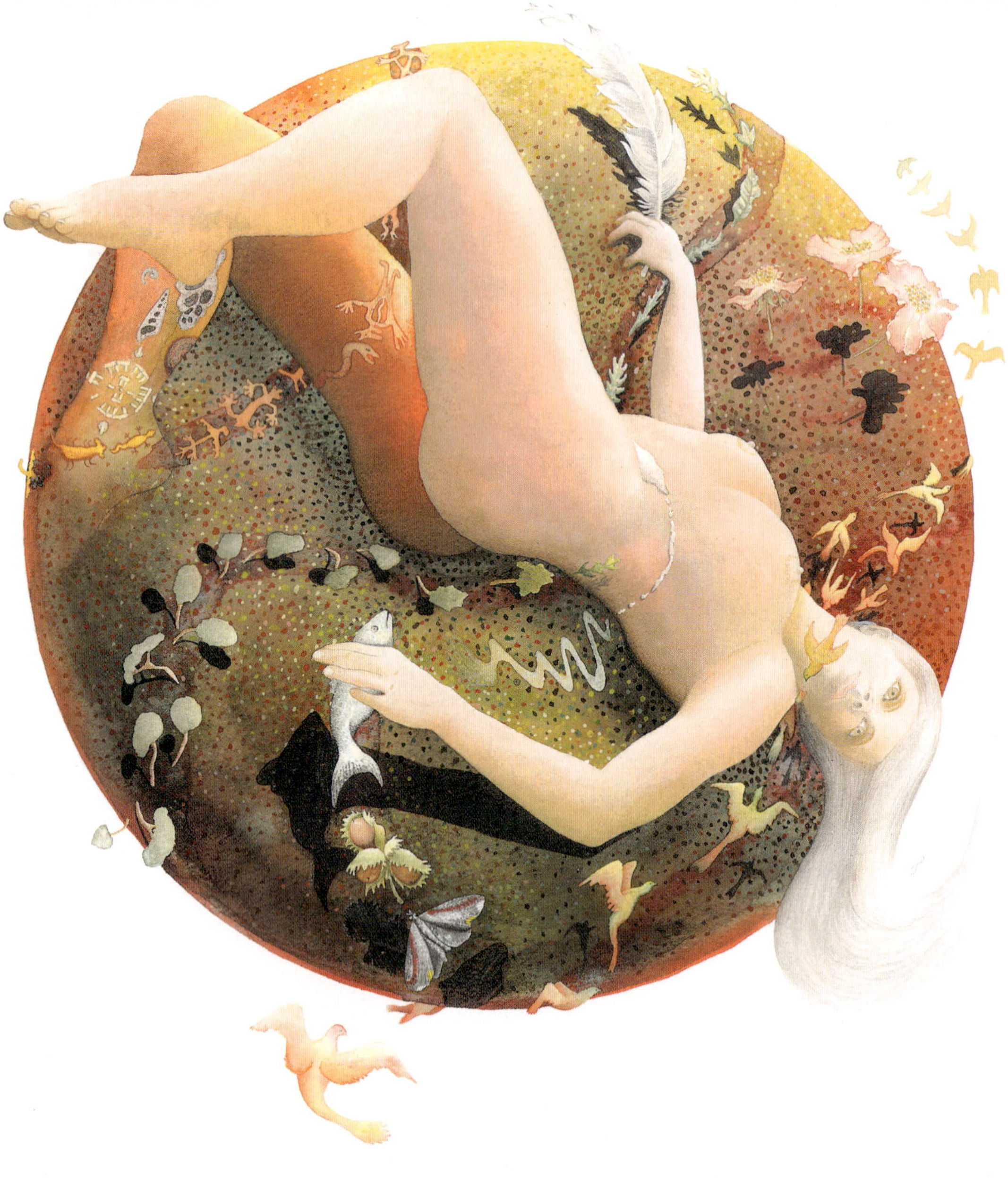

A avelã nos relacionamentos

Responsável
Amante da paz
Adaptável

Como uma pessoa de avelã, você está em busca de um profundo e significativo relacionamento com alguém que tenha princípios idênticos aos seus. Você é muito ligado às suas crenças; assim, os pontos de vista do seu parceiro precisam combinar com os seus. Você pode ser terno e sensual e, em outras ocasiões, prático. Você leva em consideração as coincidências que acontecem à sua volta. Você pode atrair o seu parceiro sendo você mesmo. Outras pessoas atribuem isso à sorte, mas você sabe que isso acontece por causa da energia que o cerca.

A sua personalidade tem dois aspectos. Existe o conhecimento interior, que você mantém oculto até conhecer e confiar no parceiro; isso faz parte da personalidade cautelosa, que se mantém em segundo plano. O outro aspecto, que é muito mais conhecido, diz respeito ao seu forte sentimento pela Mãe Terra. Seu sincero interesse global ou pessoal pelo ambiente afeta o modo como você se relaciona com o seu parceiro. No passado, as pessoas de avelã eram muito férteis e tinham muitos filhos, mas atualmente a fertilidade da mente está mais de acordo com as condições de vida. Numa escala menor, mas igualmente importante, o seu lar deve ter o tipo certo de energia para que você possa relaxar.

INTIMIDADE

Quando você está com a disposição mental correta, as energias fluem perfeitamente em torno de você e do seu parceiro. Não há inibições; vocês dois são realmente uma só pessoa. Você gosta de práticas eróticas diferentes.

Avelã e...

Abacaxi

Vocês dois são pessoas objetivas, práticas e sinceras. As pessoas de abacaxi são atraídas pela mente das pessoas inteligentes, em especial quando essa mente é educada. Elas são livres de corpo e alma. Você irá se apaixonar e passará a fazer parte da vida delas bem depressa. Com as pessoas de abacaxi, você é quem toma as decisões, porque elas preferem conversar antes de tentar fazer alguma coisa. Isso também se aplica à atividade sexual; portanto, tome a iniciativa. Isso não será por muito tempo. As pessoas de abacaxi vêem a vida de uma maneira despreocupada, mas tão logo a atividade comece elas estarão presentes. As roupas não são o que mais importa a elas; as pessoas é que contam. As pessoas de abacaxi gostam de se divertir.

Amêndoa

Você vai achar as pessoas de amêndoa dominadoras e egoístas. Elas gostam de ser bem-sucedidas em tudo, e os relacionamentos não são exceção. Gostam de obedecer às regras estabelecidas; assim, no trabalho, irão conquistar posições, mas dentro dos limites da empresa. A sua energia e a energia das amêndoas nem sempre serão da sua preferência, a menos que elas estejam preocupadas com o meio ambiente e o futuro. Emocionalmente, você pode não ficar tão satisfeito quanto gostaria; as pessoas de amêndoa estão preocupadas com a própria vida, e pode parecer que você está ali só para ajudá-las. O relacionamento será excelente durante um certo tempo, uma vez que você gosta de manter a paz. É possível que elas jamais compreendam ou descubram quem você é realmente.

Amendoim

As pessoas de amendoim mantêm-se tão ocupadas que pode parecer que não estão realmente presentes. Elas ficarão muito envolvidas com a família, com os esportes ou com a comunidade, esquecendo que existem na sua vida pessoas reais que precisam de atenção. A necessidade da pessoa de avelã de ter intimidade com outra pessoa geralmente não é satisfeita pelas pessoas de amendoim. A sexualidade é ótima quando essas pessoas têm tempo. Embora você possa se adaptar à maioria das coisas na vida, este relacionamento irá reprimir e extinguir a sua centelha criativa. Se vocês encararem a realidade, irão saber que, no fundo, estão comprometidos com idéias e valores diferentes.

Avelã

Os semelhantes se atraem. Este relacionamento dará certo para ambos, mas a que custo? Vocês podem se apaixonar um pelo outro, e a paixão pode significar que irão deixar de cumprir a incumbência de trabalhar para o bem do planeta. Você pode dar aos outros a impressão de que é organizado, mas é mais provável que você seja um caos organizado. No entanto, isso é de pouca relevância para as pessoas de avelã. A intimidade será a combinação de duas energias, o que pode ser vulcânico. Isso poderá até provocar uma terceira energia, só que irá se manifestar como clarividência.

Avelã e...

Café

Você trocará muitas idéias com as pessoas de café, uma vez que elas gostam de conversar, e quando você começa a discorrer sobre a região e o lugar de onde veio, ambos se sentem à vontade. Seus corpos se adorarão mutuamente; o sexo faz parte de sua vida e pode ter sido o principal motivo para essa união. Nas conversas do café da manhã, elas podem evitar falar a respeito dos seus verdadeiros sentimentos. Isso pode significar que você tem de adivinhar os seus pensamentos, com o que você concorda durante algum tempo, mas às vezes você precisa deles para dar seqüência à conversa.

Caramelo

As pessoas de caramelo gostam de relacionamentos, e você está à procura de alguém sincero e interessante. Este relacionamento irá se desenvolver se vocês estiverem comprometidos com uma causa. Os caramelos gostam de fazer planos e de ter um modo de agir próprio. Você é mais dado a deixar que as coisas aconteçam, por causa de sua confiança na energia à sua volta. As pessoas de caramelo podem achar que isso é uma tolice, o que pode provocar um grande abismo difícil de ser atravessado. Quanto mais flexível elas forem, mais o compreenderão, bem como às suas idéias holísticas. Elas gostam de manter suas emoções em segredo, ao passo que você confia nos seus sentimentos e nas suas intuições.

Castanha-do-pará

Para você, as pessoas de castanha-do-pará são superficiais, materialistas. No fundo, você também gostaria de ser assim, mas a que custo? Se elas puderem ser conquistadas com integridade, tudo bem. Num relacionamento, você estará em busca de uma vida social, conquistando novos amigos e conhecidos. Será difícil entender as verdadeiras pessoas de castanha-do-pará, uma vez que elas mantêm a maioria das coisas à distância. A força oculta dessas pessoas provém do fato de elas estarem fazendo o que lhes parece certo. Você vai precisar de um relacionamento particularmente íntimo para que as castanhas-do-pará comecem a confiar e ficar sexualmente em sintonia com você.

Cereja

As cerejas irão abalar a tranqüilidade do seu ambiente. As pessoas de cereja representam todas as coisas das quais você se afastou, das quais você não gosta nos relacionamentos. Do ponto de vista positivo, elas irão fazê-lo lembrar do passado e reforçar quem você é agora. Você terá de acalmar essa pessoa selvagem e maravilhosa. De fato, algumas de suas impetuosas paixões pela vida poderão desgastá-lo. As emoções serão excitantes, uma vez que você compreenda seu potencial subjacente e sinta que precisa assumir a responsabilidade por essas pessoas. Você precisa ser compreensivo, mas esse relacionamento o levará aos limites, e quem sabe com que padrões você terá de romper?

Avelã e...

Chocolate

Esta é a sua Utopia — não existe nada que o faça parar agora. Esta parceria irá consolidar suas crenças e fortalecer a sua harmonia com a Mãe Terra. As pessoas de chocolate criam um equilíbrio que você não encontrará em ninguém mais. Elas deixam que você expanda a sua mente. Você tem tendência para se apaixonar pelas pessoas de chocolate; portanto, não se esqueça de que elas precisam de você tanto quanto você precisa delas. Com essas pessoas, as emoções serão levadas a um novo nível. Para as pessoas de chocolate, o sexo é quase uma meditação. Você pode ajudá-las a atingir a perfeição.

Coco

Na maioria das vezes, as pessoas de coco terão crenças semelhantes. O modo despreocupado de ver as coisas dessas pessoas mostra ser falsa uma condição de vida especial. Elas possuem um temperamento artístico, que você ajudará a manifestar e, por sua vez, elas lhe mostrarão como apreciar toda a beleza que o cerca. Você irá deleitar-se com a música e a harmonia, e meditar por meio delas, como fazem as pessoas de coco. Elas não conseguem ficar quietas, embora você prefira descansar e meditar. Às vezes elas podem fazer castelos no ar e serem suscetíveis a fantasias; você prefere a ação. Este nem sempre é o modo de agir das pessoas de coco e você terá de se acostumar com isso. Sexualmente, vocês se sentem mútua e completamente satisfeitos.

Damasco

O amor não conhece limites. Um parceiro tranqüilo, carinhoso e sensível: o que você quer mais? O único problema é que você não pode se isolar do mundo e viver no seu pequeno retiro. Se isso acontecer, você será o primeiro a fugir e a ir embora, uma vez que tem uma imperiosa necessidade de fazer parte do futuro deste planeta. Os damascos irão se adaptar às suas idéias, ao mesmo tempo que você também irá reconhecer seus poderes ocultos, que muitas pessoas não percebem nem conhecem. Emocionalmente, vocês são excelentes, partilhando pensamentos e sentimentos. Sexualmente, a Terra e os céus se movem em seu favor — de um modo suave, é claro!

Doce de leite caramelado

O egocentrismo das pessoas de doce de leite caramelado não combina facilmente com você. Nos momentos de lazer, vocês se darão muito bem. Somente quando você começar a avaliar onde se encontra e para onde está indo é que vai querer saber se a sua companhia é conveniente. Os doces de leite são pessoas cordiais, amistosas, afetuosas e acessíveis. Às vezes essas pessoas concordam com você, graças ao seu cartão de crédito ou ao cartão de crédito delas. Contanto que tenham meios para fugir da realidade, elas são maravilhosas. Sexual e emocionalmente, elas estão buscando a si mesmas; portanto, serão necessários algum tempo e muita energia da sua parte para conseguir um verdadeiro relacionamento de duas vias.

Avelã e...

Doce sírio

Você pode ser considerado estranho por algumas pessoas, mas atrai outras, inclusive as de doce sírio. O lótus de mil pétalas está fora do alcance de muitas pessoas de doce sírio, não obstante elas prosseguem em sua jornada mística na vida. As energias da dupla que vocês dois criam serão estimuladoras para ambos e para as pessoas que os cercam. Os dois gostam de crianças e de animais. Você se sente completamente feliz nesse relacionamento, embora os doces sírios estejam se esforçando para entrar em contato com o cosmos. Emocionalmente, você é uma pessoa participativa, carinhosa e fiel. Fazer amor, para ambos, significa reconhecer o divino que existe dentro de vocês.

Gengibre

Neste relacionamento, você será a pessoa com os pés no chão. As pessoas de gengibre pensam de maneira diferente e isso fará com que você as valorize. Será o temperamento sonhador dessas pessoas que atrai ou elas estão em busca de novas idéias? Seu ambiente de amor e paz será perturbado de vez em quando pela explosão das reprimendas dos gengibres, enquanto dão vazão a uma nova idéia ou mudam de assunto. O outro aspecto dessas pessoas é a capacidade de viver de acordo com o que pensam. Isso pode acontecer se você assumir muita responsabilidade por elas. Quando estão focalizadas em você, são muito generosas e solícitas, e a intimidade será uma bênção para ambos.

Framboesa

Para que este relacionamento dê certo, deverá haver uma clara distinção entre os papéis desempenhados pelo sexo de cada um. As pessoas de framboesa preferem relacionamentos à moda antiga. Suas emoções são mantidas às escondidas, raramente reveladas — definitivamente não em público. Este será um relacionamento totalmente privado. As pessoas de framboesa gostam que as coisas permaneçam como eram no passado. Se forem propensas ao conservadorismo, podem se ajustar aos seus ideais. Quanto ao sexo, você vai se sentir frustrado, porque não estará tão satisfeito quanto desejaria. A intimidade poderá estar presente algumas vezes, mas você vai precisar de muitas outras coisas para ocupar a sua mente porque as pessoas de framboesa, embora adorem uma carícia, não desejam necessariamente fazer sexo.

Laranja

Este relacionamento dará certo para ambos. As pessoas de laranja irão gostar de suas atitudes responsáveis e do seu jeito tranqüilo de fazer as coisas. Você vai adorar sua generosidade e qualidades espirituais. As avelãs devem estar conscientes de que as laranjas são muito propensas à co-dependência para com alguém que elas respeitam. Se você gosta dessa dependência, então desça desse pedestal. Num nível sexual, de intimidade, você irá tomar a iniciativa e possibilitará que elas descubram a si mesmas de um modo completamente diferente. As laranjas são pessoas de confiança, cheias de bons pensamentos e de boas ações. Às vezes elas podem se sentir um tanto perdidas, ajudando os outros e esquecendo-se de si mesmas e de seus parceiros.

Avelã e...

Lima

Você sente a força vital de uma pessoa de lima que manterá você interessado no que está fazendo. Você vai descobrir que as pessoas de lima necessitam de espaço para serem claras a respeito de problemas; do contrário, o raciocínio delas é obscuro. Você usa a energia da Terra como sendo a sua, do mesmo modo que as pessoas de lima, uma vez que sejam orientadas para esse fim. No nível sexual, isso será um novo despertar até para você, uma vez que elas amam tão abertamente. Vocês serão como uma só pessoa, e isso continuará durante o seu próximo relacionamento sexual. Se as pessoas de lima se sentirem firmemente seguras a respeito de um assunto, irão explorá-lo até as raízes e não desistirão. Como uma avelã, você irá ajudar as limas em suas investigações.

Limão

As pessoas reservadas de limão não irão atraí-lo. Você se preocupa mais com a natureza e elas não têm tanta preocupação. Pelo fato de essas pessoas se manterem isoladas de si mesmas ou de pessoas de opiniões semelhantes, elas estarão envolvidas em profissões ou instituições de aprendizagem. As pessoas de limão tendem a ir aos extremos. Por outro lado, elas não precisam de relacionamentos. Elas podem ser felizes sem depender dos outros e se sentem realizadas com o seu trabalho; elas não gostam de se aproximar de ninguém. Esse isolamento pode não combinar com a maioria das avelãs.

Marshmallow

Você irá considerar as pessoas de marshmallow muito inconstantes. Elas o apoiarão, e suas idéias serão as mesmas, mas nunca manifestarão um ponto de vista contrário ao seu. Isso pode aborrecê-lo, uma vez que você gosta de ter uma pessoa que reaja às suas idéias e tenha uma opinião diferente. As pessoas de marshmallow o levarão a muitas festas e eventos sociais. No nível íntimo, não haverá a profundidade que você exige. Isso não quer dizer que não haverá momentos maravilhosos, cheios de risos e alegria. Às vezes, a mente do marshmallow irá confundi-lo com informações triviais que são reservadas para a hora e o lugar certos. Sua vida sexual será animada. Não haverá nenhum momento enfadonho na companhia dessa pessoa.

Mel de abelha

Você precisa gostar de viajar para ficar ao lado das pessoas de mel de abelha. Você vai de um lugar para outro e fica observando o ambiente de diferentes perspectivas. Num nível superficial, vocês se dão muito bem. Os níveis mais profundos podem ser esquecidos por elas. Sexualmente, será ótimo, mas isso se refere mais à luxúria e ao prazer do que à intimidade. As pessoas de mel de abelha estão sempre procurando algo fora de si mesmas, mas, na realidade, esse algo está dentro delas. Seu temperamento realístico pode ajudá-las com isso. Vocês se divertirão muito.

Avelã e...

Menta

Em toda parte encontramos pessoas de menta sem parceiros. Poucas dessas pessoas sabem exatamente o que desejam na vida; por isso, precisam de alguém que as oriente. Elas são muito talentosas, mas se sentem confusas a respeito de que talento deve ser utilizado em determinadas ocasiões. Essas pessoas podem ser ótimos parceiros para você se estiverem no comando da parceria. Elas têm energia e ambição, um pouco além dos limites em certos momentos, mas, e daí? Elas acreditam realmente no que estão fazendo. No aspecto emocional, elas podem encorajá-lo, se assim desejarem, Se você servir de apoio para essa pessoa, ambos serão recompensados.

Morango

As pessoas de morango podem se apaixonar por gostarem disso. Elas são generosas e solícitas, ávidas por agradar. Todas elas já sofreram desilusões na vida por causa de sua necessidade de amar a qualquer custo. Isso resulta em rejeições, e significa que às vezes elas são tratadas como capachos. Os morangos irão se ajustar à sua vida sem nenhuma objeção. Tão logo se sintam seguros, eles poderão começar a abrir as asas e vocês dois juntos começarão a progredir. Eles permitirão que você saiba o que estão sentindo a qualquer hora do dia ou da noite. Ambos gostam de paz, mas fique atento para ocultar assuntos que precisam ser debatidos. No sexo, você assumirá o comando.

Noz

Esta parceria será gratificante para você. A pessoa de noz pode levá-lo a grandes espaços ao ar livre, onde você amplia o seu relacionamento com a Terra. Levará algum tempo para você conhecer a noz, mas o esforço valerá a pena. Vocês irão descobrir que têm muitas coisas em comum. Este é um relacionamento harmonioso, cheio de desafios; com uma pessoa de noz, você poderá ir acampar num lugar selvagem, ou então ficar em casa, tomar um banho de chuveiro e sair para ir à ópera. Sua mente se expande. Nenhum de vocês está programado para comandar; ambos se sentem satisfeitos alternando o comando. Seja da alma ou do corpo, a comunicação e a intuição fluirão entre vocês.

Noz-pecã

Você vai achar interessante a vaidade das pessoas de noz-pecã. No entanto, um relacionamento é outra coisa. A busca destas pessoas pelo elixir da vida e da longevidade está muito distante da sua visão da natureza, na qual as coisas envelhecem e retornam para a terra. Você precisará se lembrar de que as pessoas de noz-pecã não têm um relacionamento com a terra idêntico ao seu. No nível emocional, você ficará reassegurando constantemente às pessoas de noz-pecã que elas são perfeitas como são. Elas não vão acreditar em você. Elas precisam ter sua segurança reafirmada em todos os níveis. A intimidade só irá acontecer quando você for bem-sucedido na orientação dessas pessoas para a realidade. Esse é um trabalho árduo.

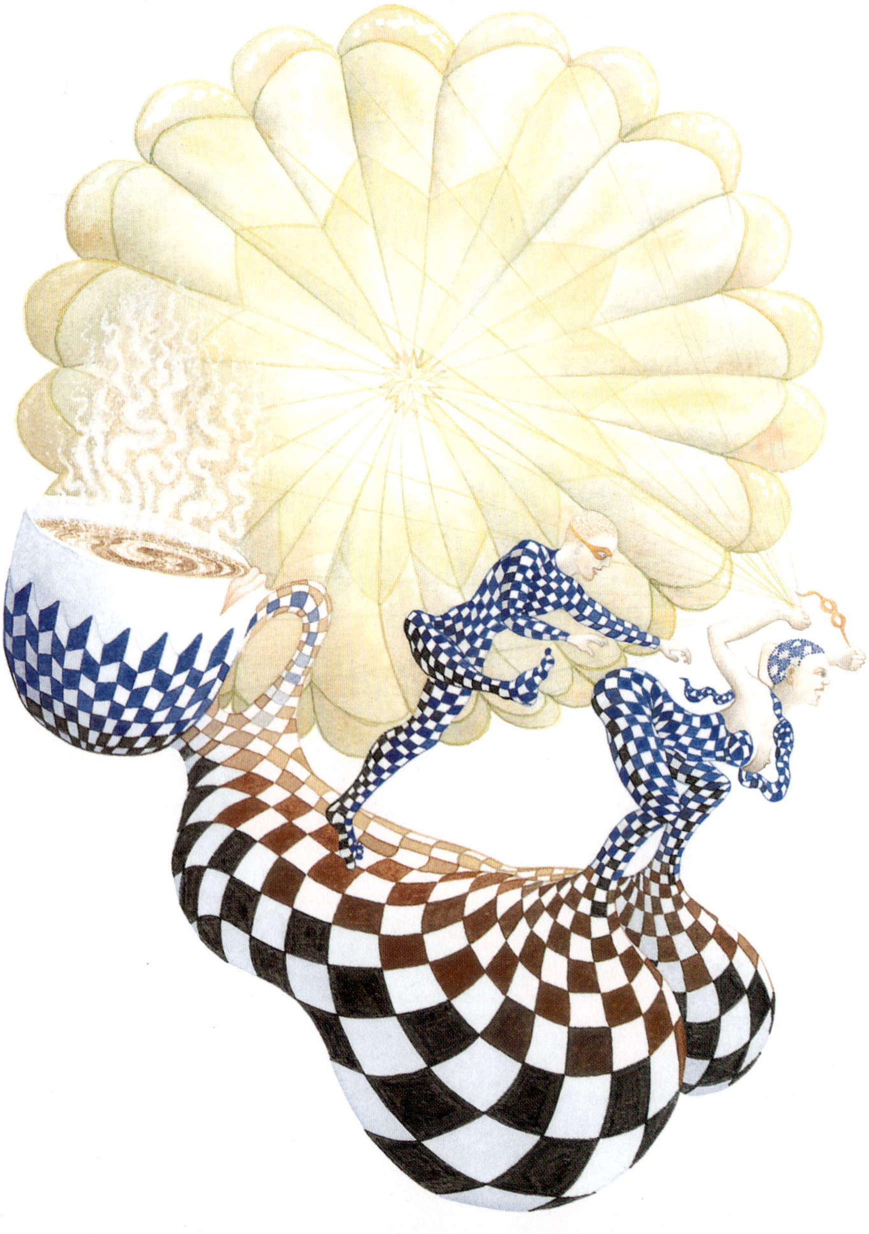

☆ café nos relacionamentos

Poderoso
Reservado
Filosófico

Como uma pessoa que tem grande predileção por café, seus relacionamentos são importantes e você sabe que lugar ocupa. Você se sente como se não tivesse tempo para brincadeiras num relacionamento. Seu parceiro deve ser capaz de se adaptar a você em pensamento e nas discussões dos assuntos da vida diária. Você pode não estar disposto a falar a respeito dos seus sentimentos, o que deixa o seu parceiro indeciso sobre o papel que desempenha na sua vida. Uma vez que você já disse o que sente e nada mudou, então não há por que repeti-lo. A comunicação é o seu forte, mas as emoções são outra coisa; elas parecem permanecer na sua mente. Os outros podem apenas continuar a fazer conjecturas. Sua tendência para ter muitas idéias ao mesmo tempo pode parecer uma incoerência para o seu parceiro. As pessoas de café adoram participar de festas. Faça tudo para que isso não fique apenas na sua mente.

INTIMIDADE

As pessoas de café praticam o sexo quase como um vício. Aqui, a comunicação é por meio dos corpos, e embora isso seja surpreendente para o seu parceiro, há muito mais a ser experimentado além da atividade sexual. Você também pode ser muito carinhoso com o seu parceiro.

Café e...

Abacaxi

Você vai deleitar-se com o temperamento alegre das pessoas de abacaxi. Sua mente é cheia de criatividade e elas gostam de debates e coisas semelhantes, o que vai atraí-lo. Este relacionamento permitirá que você seja você mesmo. As pessoas de abacaxi não estão interessadas em como alguém se veste — as roupas não fazem o homem ou a mulher. O trabalho ético é importante para o abacaxi — como é o seu trabalho? Um equilíbrio entre o trabalho e o vida no lar irá ajustar vocês dois; você não é uma pessoa caseira, a menos que trabalhe em casa. Você vai gostar da tendência do abacaxi para ver o melhor em tudo. Quando ambos ficam sossegados e param de conversar, a sexualidade não conhece limites.

Amêndoa

Como uma pessoa de café, você pode se sentir ofendido pela postura autoritária da amêndoa. Por outro lado, vocês dois podem se dar extraordinariamente bem por causa do dinamismo e da energia dela. Ela tem seus objetivos; portanto, você tem de se adaptar ao seu modo de ver o mundo, no trabalho e em casa. Emocionalmente, você pode ficar afastado e deixar que as coisas aconteçam, mas não é assim que a pessoa de amêndoa age. Você pode achar que, de vez em quando, ela tenta fazer isso com todo o empenho.

Amendoim

A pessoa de amendoim é tão firme em suas idéias quanto você. Esta parceria será interessante com duas pessoas obstinadas; as discussões serão muito animadas. Você pode considerar os assuntos preferidos pelo amendoim como triviais, mas ele consegue provocar mudanças na família ou na comunidade, não em você. A sua filosofia é não competir com a abordagem prática das coisas por parte do seu parceiro. O amendoim está sempre correndo contra o relógio, mas quando ficarem juntos realmente, será algo inesquecível. Vai sair faísca se este relacionamento perdurar, mas as pessoas de amendoim estão acostumadas a isso.

Avelã

Este será um relacionamento muito agradável. As pessoas de avelã são altamente responsáveis e tranqüilas. Mas, exatamente como a Terra, quando são magoadas muitas vezes elas irão urrar com todas as forças que possam reunir. Poderá haver muitas discussões, uma vez que vocês dois têm boa memória e podem facilmente seguir um pensamento. As pessoas de avelã podem surpreendê-lo com o conhecimento que têm das pessoas. Elas podem orientar o seu processo de pensamento para a sua melhoria e a das pessoas que o cercam. Sexualmente, vocês dois desfrutam a familiaridade e o amor que esta união pode proporcionar.

Café e...

Café

Este relacionamento é um misto de tudo ou de nada. Às vezes vocês parecem duas pessoas diferentes, uma na mente e outra no corpo, mas não ao mesmo tempo. Você é conhecido em toda parte como uma pessoa imprudente, ou por não falar absolutamente nada. Como a sua natureza emocional pode parecer fria e distante para os outros, este relacionamento pode parecer um espelho. Você poderá aprender a falar sobre seus sentimentos; você sabe quais são as suas intenções, mas os outros saberão? Esta união pode fazer com que vocês dois conheçam suas verdadeiras personalidades.

Caramelo

Este relacionamento irá fazer com que você se concentre nos detalhes da vida. As pessoas de caramelo têm planos para a vida delas — você tem? Você pode ser sensível à firme influência do caramelo, da qual às vezes tem necessidade. As pessoas de caramelo têm relacionamentos duradouros; elas não desistem nem se separam facilmente. Você está preparado para isso? A espontaneidade não condiz muito bem com as pessoas de caramelo; elas gostam de saber o que está acontecendo. Sexualmente, este relacionamento pode ter bom êxito, mas levará algum tempo, uma vez que os caramelos são amantes muito cautelosos.

Castanha-do-pará

Neste expressivo relacionamento, a pessoa de castanha-do-pará irá apresentá-lo a muitas pessoas e levá-lo a muitas festas, e vocês dois brilharão. Você vai adorar esse convívio em sociedade, que faz parte de quem e do que você é. Mas você vai querer mais e isso pode criar tensão. Se você for paciente com a pessoa da castanha-do-pará, isso pode trazer recompensas para ambos. Este não é um relacionamento fácil depois que a excitação do romance diminui.

Cereja

A paixão, a excitação! Será que vocês conseguirão sair da cama? Este relacionamento tem todos os indícios de uma experiência estimulante e sólida. Você será um dos pouquíssimos que podem entender e gostar dessa pessoa de cereja. Pelo fato de você poder se relacionar com os altos e baixos das pessoas de cereja, elas podem ser o que são com você. Isso possibilita à cereja direcionar a sua energia e o seu dinamismo para áreas positivas; assim, os dramas diminuem à medida que o êxtase da vida aumenta.

Café e...

Chocolate

O relacionamento perfeito. O sexo não será um problema; pode nem sequer ser mencionado. Este relacionamento acontece todo ele a partir do coração e da mente. Esta união de êxtase divino (que alguns dizem que não é possível) não é realmente deste mundo. As pessoas de chocolate irão intensificar as suas crenças e você preservará as delas. Quando e se a conscientização do corpo não estiver presente, ela virá dos mais elevados planos espirituais. Vocês são almas gêmeas.

Coco

A natureza discreta da pessoa de coco irá intrigá-lo. Eis aqui outra pessoa na qual se pode confiar, exatamente igual a você. Quanto mais você conhece as pessoas de coco, mais há para você conhecer. As qualidades artísticas e a vitalidade delas harmonizam-se com você. Elas nunca perdem uma oportunidade; estão sempre muito conscientes do que acontece à sua volta, e você gosta disso. Uma pessoa de coco irá afetá-lo profundamente; portanto, fique ciente dessa influência. Elas podem direcionar suas idéias para a realidade. As pessoas de coco adoram fazer carícias, brincar, e isso irá aproximá-los de uma maneira positiva.

Damasco

Este relacionamento é interessante, considerando-se que você poderá ficar conhecido em toda parte. A pessoa de damasco irá amá-lo, protegê-lo, tratá-lo com carinho e cuidar de você. Com sua mente profundamente lógica, você irá atrair os damascos, enquanto eles têm um toque espiritual para o seu modo de ser. Você pode ser predisposto aos vícios, mas as pessoas de damasco estão presentes para apoiá-lo em todos os seus esforços. A relação sexual será um prazer para ambos. Um terno romance.

Doce de leite caramelado

As pessoas de doce de leite caramelado o divertirão de diversas maneiras, mas a dificuldade está em que, não importa quão interessante você ache o jeito tranqüilo e sensual delas, elas não o compreendem. Elas podem entender a sua necessidade de ter espaço para si mesmo para pôr em ordem as suas idéias e os seus pensamentos. Elas podem interpretar isso como discrição. Você achará as pessoas de doce de leite caramelado sinceras; você acredita no que vê. A intimidade com as pessoas de doce de leite caramelado é perfeita e intensa. Elas irão gostar sempre de saber como você se sente; assim as suas emoções serão reveladas, quer você goste ou não, e isso pode ser bom para ambos.

Café e...

Doce sírio

Com as suas idéias prudentes, o doce sírio irá fasciná-lo e confundi-lo. Estar com alguém tão harmonizado com as energias irá fazer com que você reconsidere as próprias idéias. A busca do doce sírio irá tornar este relacionamento incomum, mas, como uma pessoa de café, você vencerá os obstáculos; este parceiro irá causar uma ótima impressão nas profundezas da sua alma. Não se trata de uma parceria fácil; às vezes, você gostaria que ela fosse mais "normal". Mas quem necessita de coisas materiais? Este relacionamento pode inspirar pensamentos originais e um amor que não é facilmente compreendido neste mundo.

Framboesa

Muitas pessoas de café são amantes secretos da framboesa; assim, esta combinação poderá dar muito certo. A natureza prática da framboesa tem seu encanto, e isso permite que você busque seus objetivos sem ocultar esse desejo. As pessoas de framboesa são muito interessadas no papel que desempenham nos relacionamentos e esperam que você assuma as suas responsabilidades. Vocês passarão muitos momentos tranqüilos juntos, rememorando e falando sobre todos os bons tempos passados. Isso pode dar certo para você já que as pessoas de framboesa não têm tempo para expressar suas emoções, mas elas se sentem bem com isso.

Gengibre

Pelo fato de o gengibre ser um sonhador e você um intelectual, vocês têm muito em comum. As pessoas de gengibre podem inspirar e motivar você e os outros com as idéias delas ou com as suas. Elas parecem ter um senso de orientação inato. É por isso que estão sempre em atividade, enquanto você pensa profundamente antes de agir. Esta parceria será rara se perdurar, uma verdadeira boa amizade. A intimidade é maravilhosa, mas o gengibre não é bom em comprometimentos. Um relacionamento aberto pode ser mais adequado para ambos.

Laranja

Você pode achar as pessoas de laranja afetuosas e tranqüilas demais. Elas podem ter a tendência de concordar com você, em vez de discutir os problemas. As pessoas de laranja gostam de ter limites e normas de procedimentos para a sua vida, mas serão as primeiras a apoiá-lo em qualquer aventura que você venha a empreender. Elas são muito afetuosas; enquanto você fica pensando na vida, elas podem estar lá fora ajudando os outros. Apesar de você poder parecer muito exagerado em matéria de sexo, haverá muitos momentos de intimidade. Com o fascínio e o amor dessas pessoas, este relacionamento pode ser ardente e afetuoso.

Café e...

Lima

As pessoas de lima irão provocar algumas reações de sua parte. Elas gostam de saber o que você está pensando e em que direção está indo. Você vai perceber que as limas necessitam de espaço e gostam de grandes espaços, o que pode fazer com que vocês saiam de casa e viajem. Às vezes, você pode achar que as limas são um tanto confusas ao tomar decisões (você irá compreendê-las). Está na hora de passar algum tempo na praia ou de recarregar as baterias. As pessoas de lima se apaixonam rapidamente. Elas se entregam totalmente num relacionamento e, a menos que você esteja preparado para esse envolvimento, elas partirão em busca de outros horizontes.

Limão

Estando ambos com o pensamento direcionado para coisas diferentes, quando vocês irão se encontrar? Vocês dois mantêm as emoções confinadas dentro de si; então, onde está o envolvimento? Mas você acha que tem realmente algo em comum com as pessoas de limão. Ambos vivem absortos em seus pensamentos que às vezes podem parecer desinteressados. A estratégia é saber disso e se apoiarem mutuamente. Os limões são vulneráveis neste relacionamento ou em qualquer outro, já que podem não ter tido muito apoio no passado. Tão logo o amor tenha sido despertado, a pessoa de limão passa a ser afetuosa e ardente.

Marshmallow

Você vive pulando de uma festa para outra sem, no entanto, encontrar definitivamente uma pessoa interessante. Você achará difícil ter momentos íntimos com os marshmallows, uma vez que eles são pessoas sociáveis, que adoram viver em grupos e cercadas por pessoas. Elas podem parecer que têm medo da intimidade, mas geralmente isso não acontece! Nem sequer pensam nisso. Quando vocês seduzirem realmente um ao outro, haverá muita felicidade e alegria. Você só terá de ficar atento para não se queimar, pois as pessoas de marshmallow têm a surpreendente capacidade de se recuperar.

Mel de abelha

Quando você estiver sentado num café observando a vida, pode perceber de relance as pessoas de mel de abelha ou ouvi-las conversando ou rindo a respeito de suas viagens. Essa jovialidade é o que irá atraí-lo. Elas tornam mais claro o seu modo de pensar. Elas não levam a vida ou os relacionamentos muito a sério. Se alguém as abandona, haverá sempre outra pessoa por perto. Elas acham que as coisas sempre irão acabar bem. Isso é um tanto superficial para você; portanto, simplesmente divirta-se. Há muita liberdade para que você se sinta como parte do relacionamento sem ser sufocado.

Café e...

Menta

Você pode fazer com que se revele o radicalismo da pessoa de menta. Haverá muita conversa nesta parceria, mas as ações ocorrerão poucas vezes. Isso não será suficiente para essa pessoa, pois ela precisa de uma proteção maior do que a que você pode dar. Emocionalmente, a comunicação será formal, sem muita concessão mútua. A intimidade estará ausente nesta parceria; haverá alguns momentos de prazer, mas vocês serão melhores amigos do que amantes.

Morango

O coração do morango irá se apaixonar por você. Você descobrirá que ele é amável, gentil e ávido por satisfazê-lo. Os morangos estão dispostos a concordar com o seu ponto de vista na maioria dos casos; mas, quando se sentem mais seguros com você, começam a abrir as asas e a defender aquilo em que acreditam. A sua profunda compreensão torna isso possível; custa muito aos morangos fazer isso, uma vez que são naturalmente pessoas que gostam de sossego. Os morangos estão sempre querendo saber como você se sente a respeito deles; afinal de contas, eles estão sempre lhe dizendo como se sentem. Eles precisam se reassegurar constantemente de que podem cativá-lo, demonstrando cada vez mais os seus sentimentos.

Noz

Com a pessoa de noz, você se sente tão contente à luz das estrelas numa floresta como se estivesse num teatro assistindo a uma peça ou ouvindo uma orquestra. As pessoas de noz conhecem a si mesmas e ficam satisfeitas com isso. Sexualmente, vocês são perfeitos, comunicando-se mutuamente por meio de seus corpos. As nozes têm um generoso coração de ouro e não irão magoá-lo conscientemente. Elas não irão brincar com as suas emoções. Você ficará surpreso com a generosidade dessas pessoas. A noz irá adicionar harmonia à maneira como você vê o mundo.

Noz-pecã

Esta parceria pode ser muito boa, pelo fato de a sua atitude descontraída permitir que as pessoas de noz-pecã façam o que quiserem. Elas gostam de se divertir e de estar nos lugares certos, porque são sensíveis ao que é bom e bonito. As tradições da família são importantes para as pessoas de noz-pecã; portanto, para que esta associação dê certo, deverá existir convivência com os dois lados da família. A busca dessas pessoas por alguém não significa, na verdade, que elas estão mudando constantemente, o que acontece só na aparência. Suplementos alimentares e comidas saudáveis provavelmente farão parte da sua vida.

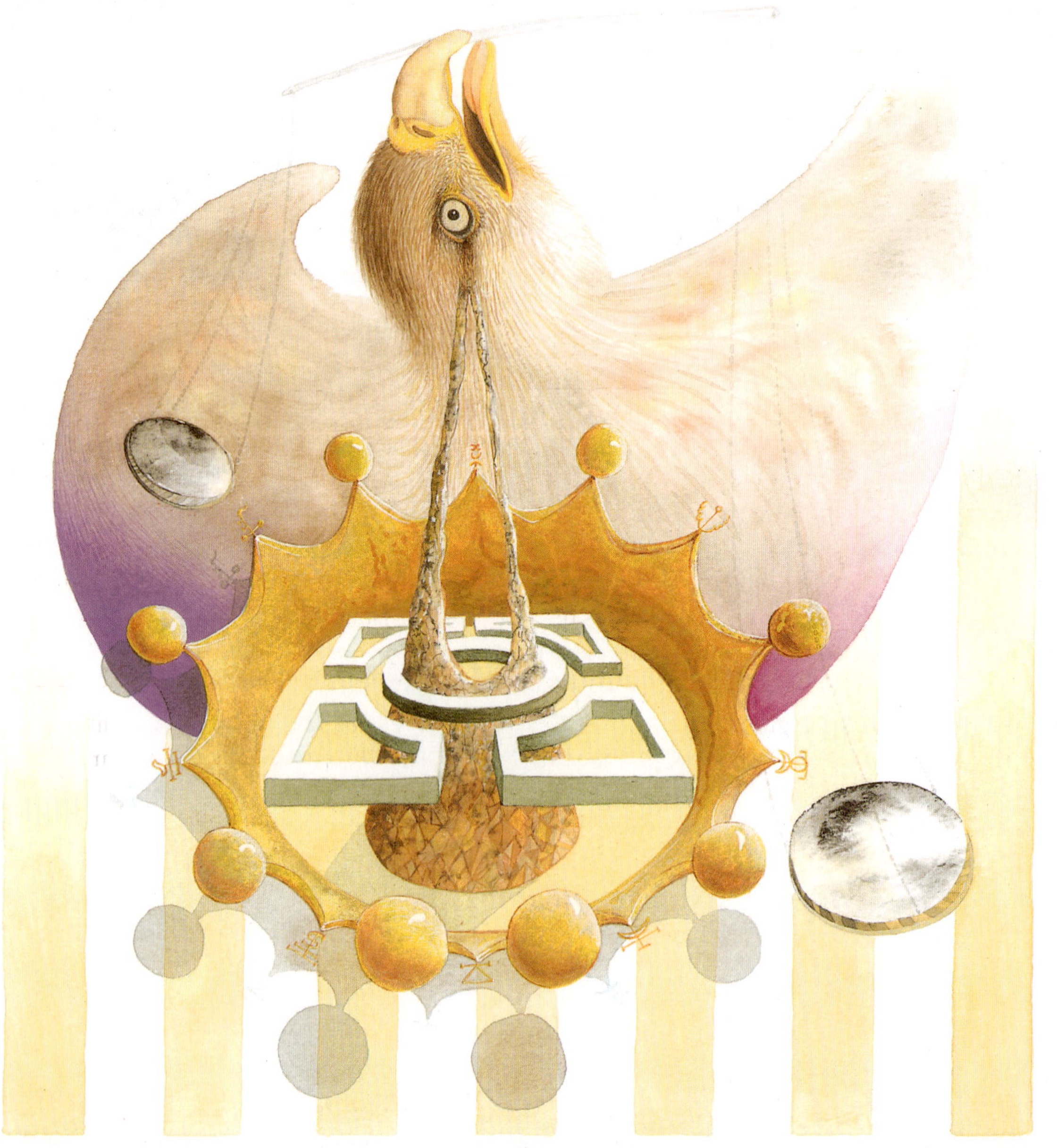

O caramelo nos relacionamentos

Limitador
Perfeccionista
Próspero
Íntegro

As pessoas de caramelo entram nos relacionamentos com toda a intensidade. A flexibilidade da mente e do corpo depende de sua escolha entre o caramelo duro (inflexível) e o mole (flexível). As pessoas do caramelo duro gostam da instituição do casamento e de um relacionamento duradouro, seja ele realmente bom ou não. O caramelo dura muito tempo, o mesmo acontecendo com os seus relacionamentos; às vezes, você tem de interrompê-los. Sua visão idealista do casamento e dos relacionamentos algumas vezes não pode sobreviver à realidade. Você gosta de ter as coisas nos seus lugares — uma mente metódica e uma casa bem arrumada, mas onde você se enquadra realmente? Você tem uma boa percepção do que é correto num relacionamento, e do que é correto para ambos, na medida em que se torna mais flexível (caramelo mole). Você pode ser muito seguro a seu respeito e espera que os parceiros sejam igualmente seguros e decididos. Você terá de adaptar esse poder mental à vida real ou poderá ser chamado de tirano. Como um caramelo mole, você irá descobrir que está confuso a respeito dos problemas e não tem aqueles pontos de vista firmes e ditatoriais.

INTIMIDADE

Você é um amante cauteloso e leva tempo para se sentir seguro; na verdade, os parceiros podem tomar a iniciativa porque estão cansados de esperar. Mas você se transforma num amante muito estável. Não se preocupa muito com sexo e geralmente quer saber a razão de toda essa preocupação a respeito disso.

Caramelo e...

Abacaxi

Estas duas coisas são opostas: a limitação da pessoa de caramelo e a liberdade da pessoa de abacaxi. Os opostos se atraem, mas por quanto tempo? Seja de caramelo duro ou mole, você irá desempenhar um papel importante nesta parceria. Haverá muita conversa mas pouca ação. A penetrante e perspicaz mente da pessoa de abacaxi poderá impressioná-lo. Você será capaz de oferecer-lhe o afeto que busca? Este relacionamento pode provocar uma mudança maior em você do que nas pessoas de abacaxi. As investidas delas naquilo que você considera o desconhecido irão modificar suas idéias fixas e transformá-lo numa pessoa flexível, maleável e íntima. Os dois têm um ponto de vista prático a respeito das emoções, e você adora o otimismo da pessoa de abacaxi.

Amêndoa

O sucesso da pessoa de amêndoa o atrairá e o encantará. Você irá contribuir para esse sucesso, fornecendo à amêndoa estrutura e organização. Este poderá ser também um maravilhoso relacionamento de negócios; a amêndoa com suas idéias e capacidade de venda, você encarregando-se dos detalhes. As amêndoas podem ficar ressentidas por estarem limitadas por você, como acham que estão. Emocionalmente, sua firmeza e prudência irão proporcionar um alicerce seguro para a pessoa de amêndoa construir um relacionamento. E você pode prosperar e progredir com a amêndoa nesta união. A intimidade virá com o sucesso.

Amendoim

Neste relacionamento, a espiritualidade raramente é classificada como uma obrigação. Você dois estão muito ocupados na vida. Estão empenhados em idéias palpáveis, concretas. Você consegue o que quer. Os familiares e amigos são importantes para os amendoins e você gosta dessa relação. A pessoa de amendoim mais jovem é mais radical do que você. Você acha que as emoções são para as pessoas que têm tempo para serem indulgentes consigo mesmas; você não tem tempo e o amendoim certamente não o tem. Haverá intimidade, mesmo que, algumas vezes, a culpa esteja no fato de não passarem mais tempo juntos.

Avelã

A pessoa de avelã lhe ensinará a ser responsável pelo ambiente. Seu temperamento alegre e condescendente irá se enquadrar muito bem com você, pois ambos estão buscando um relacionamento significativo. As idéias da avelã (pode ser até clarividência) irão surpreendê-lo. A confiança que se desenvolve com o passar do tempo só poderá contribuir para a parceria em todas as áreas. As avelãs são pessoas realistas e responsáveis; portanto, você pode manifestar e confiar suas emoções com segurança. Com as suas emoções não mais ocultas, a parceria será cheia de intimidade e amor.

Caramelo e...

Café

As pessoas de café assumem mais riscos que você; elas não seguem regras, nenhuma regra! Isso irá causar conflitos, uma vez que você gosta de seguir algum tipo de esquema. As profundas tendências filosóficas das pessoas de café podem proporcionar-lhe um conhecimento mais amplo. Elas guardam a maioria das emoções para si mesmas, mas haverá um ocasional afloramento. Você nunca terá certeza do que elas estão pensando; muitas vezes elas parecem estar mudando de assunto. Há muitas diferenças nessa união, mas também pode haver muita semelhança. Sexualmente, essa não é uma boa união para qualquer um dos dois, mas vocês podem fazer com que ela dê certo.

Castanha-do-pará

Sua natureza firme e respeitada na comunidade irá atrair a pessoa de castanha-do-pará. No nível emocional, o relacionamento pode ter um bom resultado, uma vez que vocês dois são pessoas práticas e irão concordar exatamente com isso. Onde estão a ternura, o amor, a alegria de viver? De vez em quando, a personalidade materialista da pessoa de castanha-do-pará pode não estar em harmonia com a econômica pessoa de caramelo. Este relacionamento pragmático pode ser conveniente para você; você irá estender os seus limites. As pessoas de castanha-do-pará trazem glamour e organização para a sua vida. A intimidade será controlada pelas circunstâncias.

Caramelo

Este perigoso relacionamento prosseguirá ininterruptamente. Isso pode ser prejudicial, uma vez que nenhum de vocês admite uma falha — ou algo semelhante. Você deve estar se esforçando muito, não importa quanto esteja gastando em cursos, conselheiros e livros. Às vezes, um relacionamento não significa apenas que a pessoa faz parte dele. Os dois deverão estar buscando o mesmo objetivo e economizando para um tempo de privações. Quando vocês irão desfrutar o que possuem? A espontaneidade e a alegria de viver podem estar faltando, sem falar da intimidade.

Cereja

Nada é perfeito. Essa é a lição que a pessoa de cereja pode lhe oferecer. Este relacionamento não será perfeito, mas a vitalidade e a energia dessa pessoa pode simplesmente excitá-lo e estimulá-lo. Sua honestidade e seu apoio serão uma novidade para ela. Este relacionamento pode dar certo, em grande parte para surpresa de todos, ou pode ser destruído com enorme estrépito. A pessoa de cereja o levará a pensar a respeito do que é importante neste relacionamento. Suas emoções serão postas à prova; se você não era flexível antes de encontrar essa pessoa, logo o será. E poderá descobrir um tipo de intimidade quando a cereja aprender que amor não é luxúria.

Caramelo e...

Chocolate

Uma pessoa de chocolate irá contribuir simplesmente para as suas qualidades positivas; é como ter um anjo da guarda ao seu lado em todos os momentos. Isso possibilitará que você se torne um pilar da sociedade, um sustentáculo para os negócios, um apoio para os membros da família, e fará com que o amor flua do seu coração de um modo particular. A aspereza do caramelo será suavizada pelo chocolate. Isso equilibra as suas emoções e cria momentos para a intimidade, agora e no futuro.

Coco

O problema neste relacionamento é o contraste total do modo de ver a vida dos dois. O coco é despreocupado e deixará que as coisas aconteçam, enquanto você gosta de tê-las sob controle. Os caramelos são melhores quando dão ordens (para terem certeza de que elas serão cumpridas). Este não é um relacionamento fácil. Embora as pessoas de coco facilmente possam assumir uma posição secundária, depois de algum tempo elas irão sentir falta de uma intimidade emocional e sexual com você. Essa intimidade não pode ocorrer enquanto vocês viverem em mundos diferentes.

Damasco

Esta poderá parecer uma parceria estranha e restritiva; com as limitações do caramelo e a natureza protetora do damasco, o mundo pode ser ignorado por ambos. Dentro desses limites, o damasco se sente seguro e pode se transformar numa pessoa afetuosa e carinhosa que o levará a uma situação de confiança e amor. Se você for mais propenso ao caramelo duro, pode ser firme demais para um damasco. Quanto mais mole o damasco, mais maleável você será. Quem sabe para onde o temperamento carinhoso do damasco mole o levará?

Doce de leite caramelado

Quanto mais inflexível você for, pior será o relacionamento. As pessoas de doce de leite caramelado gostam de conforto e de parceiros carinhosos e que satisfaçam seus desejos sexuais. Via de regra, você gosta de trabalhar muito; assim, a espontaneidade e o inusitado temperamento do doce de leite, dado a compras, não se adapta ao seu padrão de vida. Seria interessante tentar. Você estará sempre tentando demonstrar a essa pessoa o que você entende por sentimentos. As emoções dessa pessoa estão aí para que você as controle — não o seu ponto forte. Você pode parecer frio e distante para elas. Elas têm necessidade de intimidade de sua parte, para que aqueles sentimentos estranhos seus venham à tona.

Caramelo e...

Doce sírio

O seu materialismo pode ser um grande obstáculo para o doce sírio e vocês nunca estarão satisfeitos. A busca mística do doce sírio não faz parte da sua vida e você o rejeitará sem cogitar. O doce sírio poderá tentar mudá-lo, mas essa não será uma tarefa fácil, você sempre age de acordo com o seu pensamento. Os doces sírios preferem raciocinar antes de agir, e suas emoções irão massacrar os seus sentimentos. As pessoas do doce sírio podem sofrer uma crise da meia-idade, mas você pode entender isso e não verá nisso motivo de preocupação.

Gengibre

Este pode ser o seu parceiro ideal; a extasiante união amorosa da sua vida. A engenhosa índole do gengibre pode inspirá-lo. Você gosta de pôr os planos em funcionamento para dar apoio moral e auxiliar o gengibre a realizar as suas fantasias de construir um império. Mas o que o gengibre chama de pensamento você chama de sonho. Com essas pessoas as emoções sofrem altos e baixos. A intimidade sofrerá oscilações. Não será tão constante como você preferiria. É difícil obrigar as pessoas de gengibre a assumir o compromisso que você deseja.

Framboesa

Um relacionamento extremamente prático, que caminha de acordo com as regras e satisfaz os dois. Ambos estão interessados em preservar o que acham que é valioso nos relacionamentos, o que pode significar que vocês se resguardam e podem se afastar do convívio dos outros. Quando tiverem conseguido fazer isso, juntos terão força para adotar um modo de vida de acordo com sua situação. Embora os dois gostem de romance e intimidade, vocês são experientes a respeito desses temas. Você pode achar que as pessoas de framboesa são emocionalmente mais reservadas do que você.

Laranja

Se você exercer uma profissão que diga respeito aos cuidados com a saúde, esta será uma união perfeita. A laranja irá cuidar de você, para o que der e vier. As pessoas de laranja gostam de limitações e de conhecer os seus limites, e porque isso está muito próximo da sua maneira de pensar, descobrirão que os dois têm muito em comum. O único obstáculo neste caso é a espiritualidade. Ela é muito forte nas pessoas de laranja; assim, se isso puder ser esclarecido, a harmonia pode fluir. Você precisa ser cordial e carinhoso com as laranjas para permanecerem juntos; se você ficar indiferente, elas passarão muitas horas ajudando os outros. E elas não estão ali para isso.

Caramelo e...

Lima

As pessoas de lima irão confundi-lo e intimidá-lo; você não tem idéia de onde elas vêm. As limas surgem devido ao amor que elas têm e não existe lógica para isso. E você ou rejeita totalmente as limas e vai embora, ou elas o conquistam e o seu coração irá aprender a ficar aliviado e viver com equilíbrio entre a mente e o corpo. As emoções que estarão em jogo com essa pessoa podem fazer com que ambos tenham uma intimidade sexual que você não julgava possível. Se você deixar que as pessoas de lima tenham seu espaço e assumam o comando, isso será maravilhoso para os dois.

Marshmallow

A vida social do marshmallow fará com que você freqüente e conheça outras pessoas, quer queira quer não. Não há regras para o marshmallow, e você não se adapta facilmente a isso. As pessoas de marshmallow são frívolas demais para você, são alegres e divertidas demais. Você quer que elas parem e encarem a realidade (de acordo com você). A ingenuidade do marshmallow o levará ao desespero. Quando você vê o que conseguiu, achará isso verdadeiramente encantador. Isso é o que fascina você. Dizem que os opostos se atraem, portanto isso pode ser uma curva positiva no gráfico de aprendizado para ambos.

Limão

As pessoas de limão serão do seu agrado por serem instruídas e por causa de suas profissões; a ordem e a lógica dessas pessoas irão atraí-lo. Se ambos tiverem uma profissão ligada à comunicação, trabalharão nisso e em nada mais. Sexualmente, vocês dois são compatíveis e progredirão na vida. Você irá apoiar os limões se eles ficarem muito desligados, trazendo-os de volta à realidade. Ambos são pessoas sérias e irão precisar de uma pausa ou de um feriado para recarregar as baterias. Nessas ocasiões, irão descobrir a intimidade e a força emocional para conseguir atingir suas metas e realizar suas aspirações.

Mel de abelha

A benéfica atitude de "nunca permanecer desanimado por muito tempo" do mel de abelha pode ser um sopro de ar fresco. Este relacionamento não será por muito tempo. Os amigos da pessoa de mel de abelha irão ampliar o seu círculo social, dando lugar a novas oportunidades de viagens e trabalho. Você vai descobrir que elas estão sempre procurando encontrar o seu ponto fraco, e isso pode ser um pouco frustrante. A sua estabilidade pode dar a essas pessoas um senso de equilíbrio e uma base sólida. As idéias delas não irão se deteriorar como no passado. A intimidade só acontecerá quando elas pararem de fixar a atenção no mundo exterior.

Caramelo e...

Menta

Você pode exercer uma influência permanente necessária sobre a menta, que tira proveito da sua constante energia. A menta está, portanto, ligada ao seu modo de ver as coisas. As pessoas de menta são expansivas no que diz respeito às suas idéias e você deve deixar que elas as sigam para o bem do relacionamento. Com a menta por perto, nada será o mesmo. O seu equilíbrio será posto à prova, mas divirta-se. O grande coração delas transforma-o numa pessoa muito atenciosa. As emoções intermitentes dessas pessoas podem preocupá-lo, mas o tempo e a sua visão equilibrada irão contrabalançá-las.

Morango

Você pode controlar o morango nesta parceria. Os morangos são pessoas tranqüilas e delicadas que podem facilmente consentir em desempenhar um papel secundário; mas elas possuem uma força interior que muitos não conhecem ou não se preocupam em descobrir. As pessoas de morango estão à procura de amor a qualquer preço e irão se ajustar ao seu mundo sem resmungar. Quando os morangos se sentem protegidos, você verá a sua força. Como um caramelo, você vai descobrir a fortaleza do ego dessas pessoas maravilhosas, e elas podem fazer maravilhas pela sua carreira profissional, mas você pensa nisso? O amor dessas pessoas pode ajudá-lo a amar e a reagir de modo a fazer de você uma criatura equilibrada.

Noz

Por ser uma pessoa reservada, a noz não será, de maneira nenhuma, controlada por você. A noz pode levar as artes para o seu modo de vida. Na realidade, a natureza harmoniosa da noz não se submeterá à natureza ditatorial da pessoa de caramelo duro. Se estiverem ao ar livre, caminhando ou andando de bicicleta, isso pode acontecer. Pode haver uma corrente e um fluxo em duas direções de pensamentos e de aprendizado mútuos. Se as suas idéias sobre como viver combinarem, este pode ser um relacionamento estável. Caso contrário, a pessoa de noz se afastará.

Noz-pecã

Este é um relacionamento que precisa ser melhorado sempre e cada vez mais. A insegurança da noz-pecã pode piorar por causa do seu temperamento crítico. Na verdade, vocês podem alimentar a negatividade um do outro, e isso põe à vista o pior de ambos. Vocês dois gostam de dinheiro, mas você é econômico e a noz-pecã gosta de gastar com ela mesma. O ânimo da noz-pecã é exaltado, o que afeta a sua idéia de um relacionamento estável e equilibrado. As pessoas de noz-pecã são enérgicas e precisam de apoio para prosperar. Será você essa pessoa?

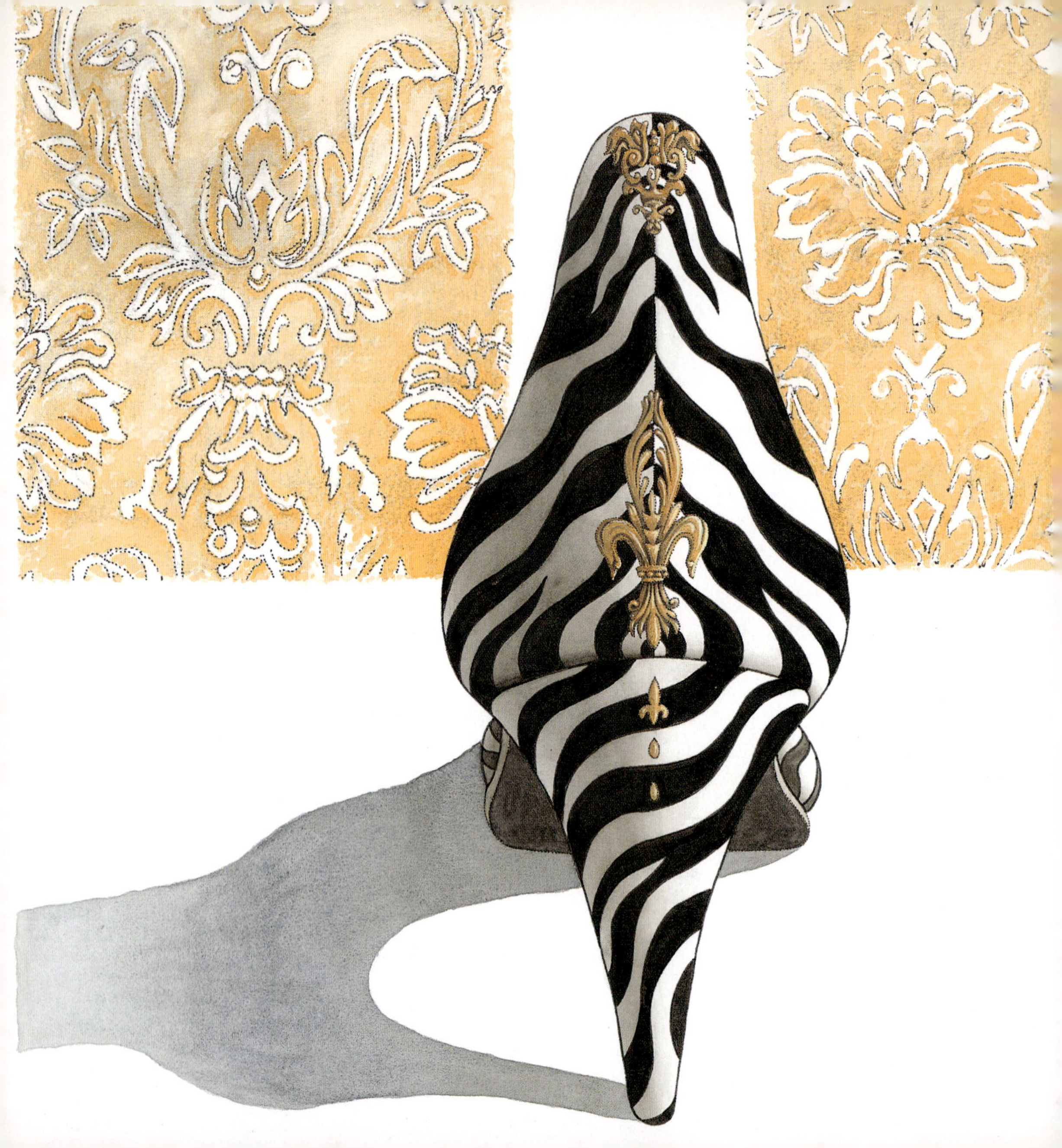

A castanha-do-pará nos relacionamentos

Generoso
Diplomático
Dominador

As pessoas de castanha-do-pará são conhecidas por seus casamentos arranjados, talvez um acordo entre duas famílias. Este pode ser um relacionamento muito planejado, mas onde está o amor? As emoções estão numa posição de inferioridade, na medida em que você faz o que acha correto, ou o que lhe disseram que é correto, e concorda com isso. Não é um erro seu; foi assim que você é ou foi educado. Você encontra mais prazer sendo você mesmo do que no sexo, que é apenas parte da vida. A pessoa de castanha-do-pará gosta de manter as pessoas à distância; assim você pode deixar de manifestar afeto e piedade, exceto pelas suas esmolas e/ou pelo seu trabalho na comunidade. Como um indivíduo sociável que se encontra com um grande número de pessoas, pode haver possibilidade de casos amorosos, mas um amor secreto lhe interessa mais do que o relacionamento. Você finge muito bem. Às vezes, pode ser uma pilha de nervos, mas isso não é nada que uma boa massagem não possa consertar.

INTIMIDADE

Você não está familiarizado com isso: você é quase frígido, se for mulher, e impotente ou apenas desinteressado, se for homem. Poder e situação social ou econômica podem ser mais importantes do que a intimidade. Mas um parceiro que o ame ardentemente irá despertar em você uma ternura que você não sabia onde se encontrava.

Castanha-do-pará e...

Abacaxi

Você vai achar que as maravilhosas e alegres pessoas de abacaxi podem ser demasiadamente relaxadas e negligentes. Você gosta de uma estrutura melhor para a sua vida diária. Mas a liberdade e a ternura dessas pessoas irão contribuir para a sua experiência de vida. Com as pessoas de abacaxi haverá mais conversas a respeito do que alguém deve fazer em vez do que ela está fazendo no momento. Elas têm mentes generosas, e realmente conseguem as coisas, mas à sua maneira. Muitas idéias e crenças que você defende não fazem parte da filosofia delas. Portanto, ligue-se a elas ou afaste-se delas.

Amêndoa

As pessoas de amêndoa devem ser um sucesso antes até de serem notadas por você. Elas podem proporcionar-lhe o que você estava buscando: paixão, excitação, dinheiro. Isso será muito favorável se você estiver numa posição neutra, e não depender de outrem. Às vezes, as suas grandes idéias podem ter feito as amêndoas rirem delas. Elas sabem que você as ajudou muito nos negócios e gostam de você por causa disso. As emoções pessoais não fazem parte desse relacionamento; elas estão guardadas para os sucessos mundanos. As ocasiões de intimidade são uma celebração desse sucesso. Algumas pessoas podem considerar isso como um relacionamento de conveniência, mas você é quem sabe.

Amendoim

Esta não é uma boa combinação! Cada um de vocês é de uma classe, e duas pessoas de grupos diferentes jamais entrarão em acordo. As pessoas de amendoim estão sempre ocupadas, e onde você fica nessa situação? As emoções são escondidas nessa parceria. Ambos se concentram no que está fora do relacionamento. Isso acontece com os dois; portanto, não sobra nenhum tempo para desenvolver uma intimidade profunda. Você precisa de um bocado de compreensão e comunicação para fazer com que ela aconteça.

Avelã

Este relacionamento pode se desenvolver com grandes idéias da sua parte para incentivar o trabalho e/ou as idéias da avelã. No nível emocional, o conhecimento da avelã irá descontrolar o seu temperamento, ou será isso mais do que um choque? A empatia e o envolvimento com os outros podem ser um tanto exagerados para acontecerem ao mesmo tempo. Você logo se acostumará com isso, mesmo que não confie totalmente nos motivos que estão por trás. Você será atraído para o mundo das pessoas de avelã. A intimidade dessas pessoas o seduzirá, embora elas a desconheçam totalmente. Este relacionamento irá consolidar a consciência da Terra, com nuances cósmicas, uma maravilhosa experiência de aprendizado para ambos.

Castanha-do-pará e...

Café

Isso irá dar certo se a pessoa de café fizer parte do cenário social. Os ideais do café irão fasciná-lo. Você gosta de alguns desses debates, discussões, filosofias. As emoções são mantidas à distância por ambos, e nem sequer são discutidas. O caráter sexual do café pode ser uma preocupação para você, uma vez que o seu temperamento não costuma expressar suas emoções pessoais. Você não é tão sensual quanto o café mas, se receber um estímulo, pode se surpreender.

Caramelo

Este será um relacionamento interessante por tudo que a ele diz respeito. Seu temperamento generoso pode ou irá revelar à pessoa de caramelo o grande e rico mundo. A prudência do caramelo só pode intensificar a parceria. Este relacionamento não será baseado em sexo, mas no que for prático para ambos. As emoções só irão atrapalhar; por isso, vocês precisam renunciar a elas. As pessoas de caramelo gostam de parceiros fortes e pacientes, e acreditam firmemente em promessas — do tipo até que a morte nos separe.

Castanha-do-pará

Isto pode começar como uma atração superficial, os beijinhos do enredo do "vamos almoçar". Pode ser uma parceria agradável (mais do que um relacionamento amoroso), mas levará tempo. Ambos recearão demonstrar suas emoções pessoais, guardando-as para uma exposição numa galeria de arte ou em outro evento público desse tipo. Adaptar-se ao que está acontecendo ao seu redor exige tempo e energia. Você é admirável na ajuda a outras pessoas menos afortunadas, o que reforça o seu perfil de pessoa caridosa. Infelizmente, isso não lhe deixará tempo ou energia para o lado íntimo da sua vida.

Cereja

O grande *affair*. Você ficará fascinado pelo caráter ativo, enérgico e apaixonado da pessoa de cereja, tão diferente de você. Sua paixão será acesa por essa pessoa e as emoções irão precipitar-se quando essa pessoa o forçar a observá-las e talvez a começar a compreendê-las. Em meio a esse desequilíbrio, você precisa encontrar o seu equilíbrio e o seu centro. Isso levará a intimidade a um nível completamente diferente para você. Ambos entram para mundos diferentes e só você saberá se o relacionamento pode durar. Você jamais será o mesmo novamente.

Castanha-do-pará e...

Chocolate

As pessoas de chocolate irão revelar algo que está no seu íntimo, uma abordagem mais harmoniosa da vida. Elas farão com que você se sinta completamente amparado nesse relacionamento. As emoções pessoais serão cansativas, mas depois você vai se sentir à vontade com elas. O lado sexual e íntimo dessa rara união irá despertá-lo para o seu verdadeiro potencial, em todas as áreas da sua vida. Esse equilíbrio só irá ajudá-lo a socorrer os outros com o seu tempo e energia. Agora você começa a ver a verdadeira beleza em todas as coisas.

Coco

Pode haver dificuldades nessa parceria. A vitalidade e o gênio artístico da pessoa de coco o atrai, mas o seu caráter sonhador e abstrato não o faz. As pessoas de coco podem parecer materialistas demais para você. Elas têm a capacidade de perceber as intenções das pessoas pela aparência, e logo reconhecem o que é verdadeiro ou falso. Embora essas pessoas sejam calmas, suas emoções podem ser instáveis quando não existe harmonia com o seu parceiro, e você terá de tomar muito cuidado para falar a esse respeito. A intimidade com essa pessoa existe apenas da sua parte. Esse relacionamento pode ser muito difícil.

Damasco

A pessoa de damasco oferece um refúgio para o qual você pode fugir quando os tempos estão difíceis. O caráter terno e receptivo das pessoas de damasco é difícil de satisfazer, mas para você ele é profundo. O excesso dessas emoções poder fazer com que você se sinta constrangido, levando-o a se afastar. Este relacionamento pode então transformar-se num tipo de união intermitente, profunda ou superficial, embaraçosa para vocês e para os outros. A menos que você recorra a elementos emocionais, não haverá tempo para a intimidade profunda que a pessoa de damasco deseja.

Doce de leite caramelado

Vocês ficam juntos como seres da mesma espécie e o apoio mútuo de vocês faz com que as outras pessoas sintam inveja. A doçura das pessoas de doce de leite os harmoniza, e o seu caráter generoso e diplomático pode ajudar essas pessoas a sair de situações confusas nas quais quase sempre se encontram. Elas irão ajudá-lo a se tornar mais acessível sexualmente e a agir de acordo com os seus sentimentos. A pessoa de doce de leite adquire uma enorme resistência estando perto de você, aprendendo como você vê os acontecimentos. Essa pessoa irá, na realidade, encorajá-lo a falar franca e abertamente — de uma maneira bondosa e amável, é claro,

Castanha-do-pará e...

Doce sírio

Haverá um conflito um tanto longo nessa parceria se as pessoas de doce sírio estiverem empenhadas numa busca espiritual. Você não tem tempo para o que elas descobrem. Você gosta das características da realidade; gosta de saber o que está conseguindo. Enquanto elas estão buscando, seguindo suas emoções, você se aborrece, pois as emoções não fazem parte nem interferem no modo de explorar a vida real, que é o aqui e agora. Mas as pessoas de doce sírio são fiéis e permanecerão ao seu lado, enfrentando todas as dificuldades. Este relacionamento pode dar certo se ambos compreenderem e aceitarem o fato de que são muito diferentes.

Gengibre

As pessoas de gengibre irão atraí-lo pelo seu temperamento empreendedor e ativo. Isso, é claro, só acontece quando a pessoa de gengibre muda do sonho para a realidade. Você fará com que elas penetrem num mundo diferente e encontrem um novo estilo ou mescla de pessoas que lhes darão novas idéias. Mas isso pode não ser duradouro, uma vez que a pessoa de gengibre estará sempre mudando. Não tire conclusões erradas por causa disso; elas não estão usando você — isso acontece porque você conhece muita gente. Para elas, as emoções estão ligadas às suas últimas iniciativas, e não às pessoas. A intimidade é transitória, se um dia acontecer.

Framboesa

Neste relacionamento, você vai se sentir protegido. A mente prática da pessoa de framboesa pode atraí-lo; você sabe onde se encontra. As pessoas de framboesa gostam do romantismo da vida e da parceria, e esse idealismo só faz crescer o seu amor por elas. Se você gosta de colecionar, você terá sucesso por causa disso. Com as framboesas, todas as pessoas e coisas terão o seu papel ou os seus papéis; elas gostam de rótulos, de nomes para os objetos, e sem eles elas podem ficar confusas. As emoções também são desconcertantes para elas, assim elas progridem na vida e não se emocionam excessivamente. A intimidade sexual é apenas uma parte, um aspecto do relacionamento, nada com que se entusiasmar.

Laranja

A pessoa de laranja precisa ter este relacionamento para a sua própria satisfação. A grande quantidade de idéias concebidas pela sua mente irá envolvê-lo com novas oportunidades. A generosidade e a cooperação dessas pessoas farão você crescer e se sobressair. Você será bom para elas, uma vez que elas precisam da estabilidade de um relacionamento a longo prazo. As emoções serão aplicadas no trabalho que você faz, e não no trabalho do outro; contudo, o tempo poderá modificar isso. Mas os momentos de intimidade não predominam na agenda de qualquer um dos dois. Na companhia dessa pessoa, você irá descobrir que as crenças espirituais e religiosas podem estar se infiltrando lentamente no seu pensamento.

Castanha-do-pará e...

Lima

As pessoas de lima oferecem orientação para você, o que o ajudará a se concentrar no que realmente importa. Você está pronto para isso? Elas agem com o coração, o que pode ecoar dentro do seu coração e permitir que você se liberte de emoções passadas e descubra um novo tipo de relacionamento. As pessoas de lima se destacam em reuniões sociais, uma vez que gostam de conversar e ter pessoas à sua volta. No nível de intimidade, você não terá escolha senão deixar passar o tempo junto com elas. Inicialmente, você pode achar isso um tanto claustrofóbico, mas agüente firme, já que isso pode levar a um relacionamento muito gratificante.

Limão

A inteligência das pessoas de limão irá fasciná-lo; você adora o modo como a mente delas funciona. Elas parecem colocar a carreira à frente do relacionamento, mas essa frustração desaparece quando você percebe como elas adoram a sua vida social, que pode ser uma fantástica compensação para a vida intelectual da pessoa de limão. Pelo fato de as pessoas de limão serem empreendedoras, os outros podem considerá-las arredias, mas você as vê como pessoas atenciosas. Essa atenção acontece quando elas se concentram em você. A intimidade virá no tempo certo.

Marshmallow

Esta parceria pode ser uma viagem de autodescoberta ou de desespero. Às vezes vocês dois podem ser profundamente superficiais e a sua habilidade de comunicação irá precisar de algum esforço — vocês dois acham difícil dizer o que realmente desejam. Pelo fato de ambos esconderem suas emoções pessoais de si mesmos e um do outro, tendem a ser petulantes e a ignorar as reais necessidades do outro. Mas irão crescer para ver que têm muitos interesses em comum. As pessoas de marshmallow, como você, estão longe de perturbar ou de magoar a outra pessoa. A intimidade de vocês crescerá com o tempo.

Mel de abelha

Você se sentirá atraído pelo temperamento jovial da pessoa de mel de abelha e pelo seu gosto por viagens. Você descobrirá o seu senso de alegria e o amplo arsenal de idéias divertidas; você não deve ter sorrido muito enquanto aguardava essa pessoa. Sempre otimistas, elas vêem o melhor nas pessoas. As emoções são mantidas muito escondidas no peito, enquanto está ao seu lado. Vocês têm intimidade até certo ponto, mas nunca têm tempo suficiente para ficar juntos. Isso pode durar algum tempo, mas a realidade é que vocês dois estão circulando em ambientes diferentes e têm necessidades diferentes.

Castanha-do-pará e...

Menta

As pessoas de menta são muito imprevisíveis quanto ao que diz respeito a você. Você quase chega a gostar de surpresas, mas a pessoa de menta pode levar isso ao extremo. Você terá de ser cuidadoso neste relacionamento. A espontaneidade pode entusiasmá-lo a ponto de distraí-lo e eventualmente irritá-lo. Mas a vida não será enfadonha. Com essas pessoas as emoções são livres, e seus interesses, às vezes, determinam quão intensas as emoções delas devem ser. Isso pode significar que você está sendo dominado por uma montanha-russa dessas emoções, não das suas! Sua intimidade também é assim — aparece num minuto e logo depois desaparece. Isso pode se estabilizar com o passar do tempo.

Morango

A pessoa de morango pode ser um tanto enjoativamente doce para você, sempre esperando fazer a coisa certa e, depois de algum tempo, esgotando a sua paciência. As pessoas de morango só querem o melhor para você, mas isso não é necessariamente o que você deseja. Elas são pessoas muito emotivas comparadas a você, mas que inspiram simpatia com seus pequenos e ocasionais acessos de raiva. São tão dependentes quanto você é independente; elas precisam dos outros. Isso enche você de ansiedade. Sexualmente, a pessoa de morango se ajusta a tudo o que você deseja.

Noz

Com o coração de ouro das pessoas de noz, como você pode estar errado? Você precisa gostar do ar livre para fazer parte da vida dessa pessoa. Isso irá torná-lo uma pessoa com os pés no chão e tranqüila, o que pode proporcionar um equilíbrio que você não encontraria com qualquer outra pessoa que o atraísse. As pessoas de noz envolvem o seu coração e, portanto, os seus sentimentos; com seu sólido apoio, não há nada a temer. As emoções são para os espaços abertos, as montanhas, os vales, lugares que aumentam o seu respeito pela humanidade e pelo seu lugar dentro da natureza. Ter intimidade com essa pessoa é ter intimidade com o mundo.

Noz-pecã

Parece verdadeiro e divertido — estilo, juventude, agitação. Vocês são pessoas simpáticos, sendo assim, passarão bons momentos juntos. Num nível mais profundo, essa também é uma união perfeita, porque vocês demonstram amor de um pelo outro. Suas emoções podem desaparecer com essas pessoas, porque elas podem ser determinadas nos próprios pensamentos e emoções, quase a ponto de dominar os outros. Isso pode significar que você precisa conhecer e compreender as suas emoções para poder influenciá-las e continuar a ser você mesmo. A intimidade sexual dependerá da noz-pecã.

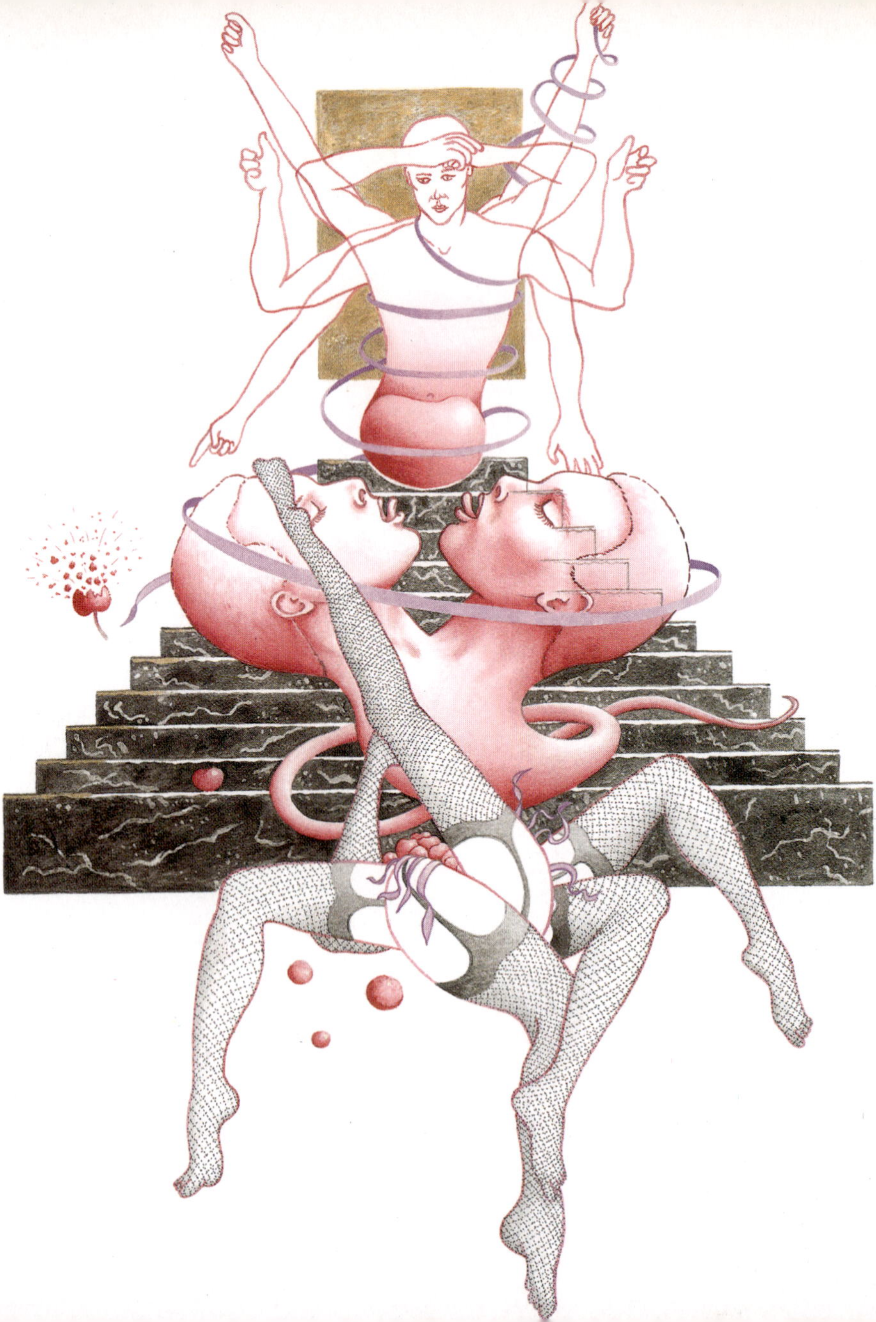

A cereja nos relacionamentos

Vigoroso
Impetuoso
Possessivo
Apaixonado
Lascivo

As pessoas de cereja gostam da excitação dos relacionamentos, vivendo a vida intensamente, mas haverá altos e baixos. No entanto, você acha que isso faz parte da vida. Você deverá ter cuidado para não desgastar os parceiros; afinal de contas, a sua energia é ilimitada, e isso nem sempre pode ser apreciado. Como uma pessoa muito impetuosa, você pode perder as estribeiras por causa de pequenas coisas, o que pode, inicialmente, surpreender os parceiros. Isso, porém, não dura muito tempo, e então será como se nada tivesse acontecido. As pessoas de cereja geralmente se entregam de corpo e alma a um relacionamento. Isso pode acontecer depois de um relacionamento sexual passageiro — o parceiro compreende isso? Você fica com remorso, mas parece que isso tem um efeito contrário sobre você, mais do que sobre os outros. Uma vez que você tenha aprendido a canalizar essa impetuosa energia para áreas positivas e construtivas, como o esporte, você descobrirá que tem relacionamentos estáveis. Você é uma pessoa apaixonada, e essa paixão é devotada à vida, não apenas aos parceiros. Essa paixão é que o leva a conseguir tudo aquilo em que acredita.

INTIMIDADE
Você tem uma tendência para confundir luxúria com intimidade; o que é dito no calor do momento pode não ser sensato à luz fria do dia. Essa grande paixão das pessoas de cereja é muito atraente para a maioria das pessoas, mas é preciso que haja algo mais entre os momentos de amor.

Cereja e...

Abacaxi

A mente das pessoas de abacaxi irá fasciná-lo — a liberdade que elas parecem ter a respeito da vida e de seu corpo. Essa parceria se baseará na intimidade; qualquer outra pessoa será um intruso. Na verdade, ela poderá ser tão tranqüila que você pode criar um drama ou dois só para sentir que ainda está vivo. Você pode até ser estimulado a estudar com entusiasmo para ser mais culto. O foco dos abacaxis sobre o que eles são o levará a meditar sobre a vida e as emoções. As pessoas de abacaxi têm suas mudanças de humor controladas principalmente pela variação do tempo.

Amêndoa

A pessoa precisa ser muito forte para continuar a seu lado, e a de amêndoa pode ser essa pessoa. Vocês se ajustam sexualmente (a paixão está presente) e têm interesses semelhantes, embora a pessoa de amêndoa às vezes possa ficar preocupada. Você vai descobrir que essas pessoas têm em mente o próprio sucesso, não o seu. Sua natureza enérgica e vigorosa pode ajudá-las a conseguir o que desejam. Mas elas estão quase sempre muito ocupadas para importuná-lo a respeito de seus sentimentos e, se as suas emoções variam, elas não querem saber disso, o que é muito frustrante. Não há nada de errado na sua vida sexual, uma vez que a pessoa de amêndoa está com você de corpo e alma.

Amendoim

As pessoas de amendoim são tentadoras, se você gosta de esportes e de ficar em casa. De muitas maneiras, vocês são semelhantes, mas existe uma diferença suficiente para que se atraiam. Por baixo da casca do amendoim, você encontrará uma pessoa honesta. Você pode canalizar suas energias e seu amor pela vida para este relacionamento. Sexualmente, elas não têm restrições quando o momento permite e elas não têm outra coisa em mente. Os sentimentos pessoais estão mais concentrados na família e no que está acontecendo com ela do que em profundos problemas emocionais. Isso irá satisfazê-lo na medida em que você usa a sua energia e o seu entusiasmo no relacionamento.

Avelã

Você será como um furacão na vida da pessoa de avelã. Se você estiver usando o seu entusiasmo e a sua energia para cuidar do meio ambiente, as pessoas de avelã irão amá-lo. Caso contrário, isso não acontecerá. A profunda compreensão e confiança que as pessoas de avelã têm podem simplesmente resultar num conhecimento mais profundo de si mesmo. Isso pode significar uma mudança na sua busca por um relacionamento significativo. Você só poderá ficar com essa pessoa se um de vocês mudar ou se houver um acordo. A principal lição para vocês será a diferença entre amor e lascívia. Vocês podem aprender como transformar lascívia em amor e dar origem a uma intimidade duradoura, e assim passar bons momentos.

Cereja e...

Café

A falta de emoção das pessoas de café pode aborrecê-lo. Essas pessoas não são dadas ao drama e a fazer brincadeiras; portanto, não tente. Elas têm a mente profunda e perspicaz, e gostam de debates saudáveis. Você deverá estar preparado para oferecer as próprias justificativas, para ajudar qualquer afirmação que faça. Sexualmente, elas são muito mais comedidas que você, profundamente interessadas na vida e nas paixões de todo tipo. Você só pode proporcionar-lhes mais uma paixão. O encanto dessas pessoas é a liberdade que elas proporcionam a você.

Caramelo

Você não sabia que hoje iria ser descoberto. Isso diz respeito à sua união com as pessoas de caramelo. Um relacionamento comercial terá mais êxito com esta combinação. Elas criarão os papéis, você os desempenhará. Se for um relacionamento sexual, o resultado será melhor com um caramelo mole; o caramelo duro será um ditador. Qualquer relacionamento com essas pessoas subsistirá por muito tempo; como os caramelos, eles duram bastante. Elas não são regidas pelo coração, como você, mas resultam do uso de pensamentos cautelosos e da força da mente. Essa forte influência pode operar maravilhas para a sua segurança. Um relacionamento no qual você e muitos outros não acreditavam pode causar inveja nas pessoas.

Castanha-do-pará

O relacionamento fora do casamento. Isso, como tudo o que você faz, será importante, o melhor, com toda a certeza. O único problema é o fato de as pessoas de castanha-do-pará acharem que, socialmente, têm muito mais prestígio do que você. Elas não têm a mesma energia que você no que diz respeito ao sexo. Você pode achar que elas só pensam na própria sensualidade, o que é bom, mas você não tem tempo para gastar com pessoas que só pensam em si mesmas. A falta de emoções manifestadas por essas pessoas pode levá-lo à loucura. Com as pessoas de castanha-do-pará o que importa é como esse relacionamento é visto pelas outras pessoas e não o que você sente ou pensa. Para essas pessoas, você será um agente catalítico de mudança.

Cereja

Com certeza, vocês vão se entender muito bem. Os dois são tão semelhantes que podem apagar o fogo um do outro — a paixão, o calor, a energia. A energia será direcionada para os dramas que resultam da natureza possessiva de vocês. Este não é um relacionamento tranqüilo — é cheio de debates verbais. Há muito ciúme de ambas as partes durante algum tempo. Os dois precisam de outras paixões exteriores que outros interesses podem oferecer; do contrário, ficarão demasiadamente voltados para si mesmos. Isso pode destruir a liberdade de expressão.

Cereja e...

Chocolate

Este relacionamento dará equilíbrio à sua natureza impetuosa. A pessoa de chocolate irá conciliar a sua parte possessiva com uma maior compreensão do que realmente importa nesta parceria. Ela irá mostrar-lhe que o sexo não diz respeito apenas à luxúria e ao comportamento hiperativo, mas é o fluxo de energia de um centro para outro. Essa pessoa pode demonstrar suas emoções e energias em grande proporção, não se limitando a pessoas e fronteiras insignificantes. Isso possibilitará que você se defronte com um grande problema, usando a paixão positivamente para valorizar a sua vida, não para prejudicá-la.

Damasco

A sedução afetuosa e terna das pessoas de damasco vai simplesmente contribuir para melhorar a sua natureza apaixonada. Esta união terá um resultado extremamente positivo: a sua energia, a sua emoção, o seu caráter vigoroso e as características protetora, carinhosa e sensível do parceiro. Você vai descobrir que a pessoa de damasco tentará prendê-lo para fazer com que pare de se sentir parte da excitação que inicialmente a atraiu; mas isso é apenas a natureza protetora dela entrando em ação. Sexualmente você estará num nível muito mais profundo de amor e de confiança.

Coco

O ritmo da pessoa de coco vai contagiá-lo. A vitalidade dela pode se harmonizar com a sua, contanto que você siga a direção do fluxo. Essas pessoas às vezes podem enfiar a cabeça na areia para não encarar a realidade. Você concorda com isso? Climas quentes são uma necessidade para elas; portanto, espere por alguns feriados. Nessas ocasiões, tente praticar esportes, para fazer uso daquela impetuosa energia que o faz conhecido. As pessoas de coco são ativas, mas a maioria pode ficar mergulhada em pensamentos, ou são ótimas pelas idéias que têm e para dar conselhos. Essas pessoas preferem falar em vez de colocar em prática suas idéias quando se defrontam com uma adversidade. Isso para você não é um problema.

Doce de leite caramelado

As pessoas de doce de leite caramelado ficam impressionadas com você. A sua energia e o seu entusiasmo podem desagradá-las, por fazê-las sair da sua tranqüila rotina. Esta parceria promete, porque a pessoa de doce de leite caramelado está presente para acalmar as coisas e para fugir quando as situações ficam tensas. A realidade é sempre difícil para essa pessoa — será real a sua vida? Vocês dois podem caminhar juntos no próprio ritmo e se divertir. Emocionalmente, vocês estão interessados em paixão e excitação; essas pessoas observam como se sentem e como isso as afeta. Elas são muito mais sensíveis que você, o que pode permitir que você veja como afeta os sentimentos dos outros. Além do mais, você deve se manter afastado de qualquer outra paixão.

Cereja e...

Doce sírio

Só quando você mostrar que é muito inflexível e está buscando o significado da vida das pessoas de doce sírio é que elas o atrairão. Elas podem tentar transformá-lo, mas só quando você estiver disposto a isso, e até lá essas pessoas estarão longe. Se você é sincero a respeito da sua busca mística, você não poderá ter um parceiro melhor. Com essa pessoa, você chegará a um novo modo de pensar, porque vocês estarão concentrados na sua energia interior e no seu entusiasmo. Sexualmente, vocês estão próximos a fazer um acordo. Muitos serão os chamados mas poucos os escolhidos.

Framboesa

Esta combinação não é, de modo algum, benéfico para você. Você tem energia e entusiasmo demais para ficar olhando para o passado; então, por que ficar com alguém que só vê em branco-e-preto e deseja vivenciar, neste momento, um modo de vida ultrapassado? As pessoas de framboesa gostam de ser conservadoras e você não tem medo de ser liberal. Nenhum dos dois admite as emoções; você está ocupado demais com a vida para se preocupar com essas coisas confusas. As framboesas têm por você amor e simpatia que não são manifestados; as emoções são guardadas para coisas do passado. Sexualmente, elas gostam mais de romance e envolvimento do que de desejo e prazer.

Gengibre

Hoje aqui, amanhã já se foi; os dois estão em busca do parceiro ideal. Seria este? E quanto à pessoa lá adiante? Quando isso irá acabar? As pessoas de gengibre mudam o tempo todo neste mundo, ou gostariam de fazê-lo. Seus parceiros mudam quando elas fazem o mesmo. É isso o que você deseja, ou é só mais um drama? Essas pessoas ficarão suas amigas depois que a intimidade tiver desaparecido. O lado sonhador da pessoa de gengibre não o atrai. Nenhum de vocês irá avaliar as emoções. A intimidade sexual será intensa, mas inconstante e esporádica.

Laranja

A pessoa de laranja irá cuidar de você, se é isso o que você quer. A maioria dessas pessoas está à procura de tranqüilidade. Neste momento, a necessidade espiritual dela tem de ser levada em conta. E quanto à sua? É compatível? Sexualmente, elas suprem as suas necessidades. É fácil para você subestimar o valor das pessoas de laranja, mas isso será um erro, uma vez que vocês podem facilmente viver juntos e se amar. No início, esta parceria será cansativa, porque a pessoa de laranja precisa saber quem você é realmente. Tão logo exista compreensão nesta parceria, vocês dois poderão partilhar seus conhecimentos íntimos.

Cereja e...

Lima

Você pode ter todo o poder, mas a lima tem o comando. A lima age com sinceridade e isso fará com que você pense a respeito do seu modo de agir. As pessoas de lima são abertas aos relacionamentos; você certamente irá saber onde se encontra. Nos altos e baixos da vida em comum, vocês se equilibram. Haverá muita comunicação, tanto verbal quanto sexualmente; as pessoas de lima gostam de falar e de fazer sexo ao mesmo tempo, e você adora isso. Quando se sentirem muito isolados, a pessoa de lima o levará para uma nova direção numa surpreendente viagem de intimidade.

Limão

As pessoas de limão não terão tempo para dedicar a você ou para notar que você existe. Elas podem ficar tão envolvidas com a própria vida que nada mais existe para elas. Elas irão afetar os seus níveis de energia de uma forma negativa. Sua natureza vigorosa estará muito acima das qualidades da maioria das pessoas de limão. Você pode achá-las maçantes e tediosas; elas podem considerá-lo frívolo. Essa discórdia não pode perdurar. Até sexualmente vocês estão em pólos opostos. Portanto, se possível, divirta-se ao máximo e depois caia fora. Este relacionamento poderá chocá-lo profundamente quando você dispuser de tempo para assimilar mentalmente a experiência.

Marshmallow

Vocês dois gostam de festas. As pessoas de marshmallow nada têm de possessivas, portanto, não comece nenhum drama. Elas apenas adoram o convívio em sociedade, para se divertir. Elas não são tão boas em relacionamentos individuais. Qualquer que seja o tempo que você passe com elas, será cheio de alegria e de risos. A pessoa de marshmallow não gosta de suas demonstrações dramáticas e patéticas, e isso pode provocar muitas desavenças. Você precisa compreender que, embora os dois tenham muitas coisas em comum, o relacionamento físico não será duradouro.

Mel de abelha

Vocês devem estar procurando o arco-íris. Essa busca faz parte da personalidade das pessoas de mel de abelha. Elas gostam do desafio da busca, não do compromisso. O senso de humor dessas pessoas irá sempre agradá-lo; você não consegue ficar com raiva na companhia das pessoas de mel de abelha. Somente quando houverem terminado suas jornadas e descoberto o mundo é que elas podem se acalmar. Você ainda estará interessado nessa ocasião? Nenhum de vocês está, de algum modo, preocupado com as emoções. Sexualmente, vocês não são diferentes de qualquer outro, procurando ainda aquela pessoa que lhes possa dar o que desejam. Se ambos reduzirem a velocidade dessa busca, quem sabe o que poderão encontrar?

Cereja e...

Menta

Este relacionamento acontecerá ao mesmo tempo em toda parte. Normalmente, seus parceiros não sabem de onde você vem, mas agora as circunstâncias mudaram completamente. Exatamente quando você pensar que conhece essas pessoas, elas irão mudar. Isso manterá vivo o seu senso de dramaticidade; não será preciso buscar excitação em qualquer outro lugar. A desconcertante sensação de confusão emocional que vocês dois criam só irá piorar com as energias sexuais de vocês combinadas. Preserve o físico e desfrute o momento pelo que ele é. Se puder concentrar a sua energia em outra boa causa, esse relacionamento poderá dar certo para ambos; caso contrário, desista.

Morango

As pessoas de morango sempre estarão dispostas a se reconciliar com você, mantendo a paz. Elas não são pessoas mandonas que não possam estar ao seu lado, uma vez que não irão se rebelar contra você. Estão cheias de amor e fazem o que acham que é melhor para manter o relacionamento. Elas estão sempre ao seu dispor, com muita gentileza e dando-lhe apoio. Você pode deixar que o seu lado romântico venha à tona. Elas podem servir de proteção contra o que vier a acontecer com você; são decididas e de confiança, mas sempre alegres. As pessoas de morango irão ensiná-lo a respeito das emoções delas, que você irá descobrir por si mesmo. Saber que elas estarão sempre ao seu lado pode fazer com que você represente alguns dramas só para ver até onde elas vão.

Noz

Até que ponto vai a sua impulsividade? As pessoas de noz podem conquistá-lo com suas idéias e seu coração de ouro. A paixão delas pelas artes, pelas caminhadas, por acampar sob um céu cheio de estrelas — são atividades e conhecimentos que passarão a integrar a sua vida se você ousar. O diálogo, a comunicação e o contato podem servir de complemento para a sua energia; como o yin e o yang, vocês dois podem ser um só. Elas estarão sempre perguntando como você se sente a respeito do que estão fazendo. Você irá adorar a natureza e a influência tranqüilizadora dessas pessoas. Não seja possessivo com as pessoas de noz; elas gostam de ter o seu espaço, e nunca o abandonarão quando comprometidas com você.

Noz-pecã

A noz-pecã pode lhe parecer um tanto narcisista, embora o fato de as cabeças se voltarem quando você entra num restaurante possa agradar o seu lado dramático. Vocês podem estar indo a festas, mas a vida pode não tomar conhecimento de vocês. Para manter ao seu lado esse amante cheio de juventude e beleza, será melhor que comece a cuidar do seu corpo e da sua mente. Faça isso, pois essa união pode se tornar interessante. As pessoas de noz-pecã têm uma forte percepção das tradições da família e farão com que você se sinta como se pertencesse a ela. Uma vez que vocês tenham adquirido uma sensação de equilíbrio, vocês podem entender suas emoções e descobrir o que vocês esperam de um relacionamento.

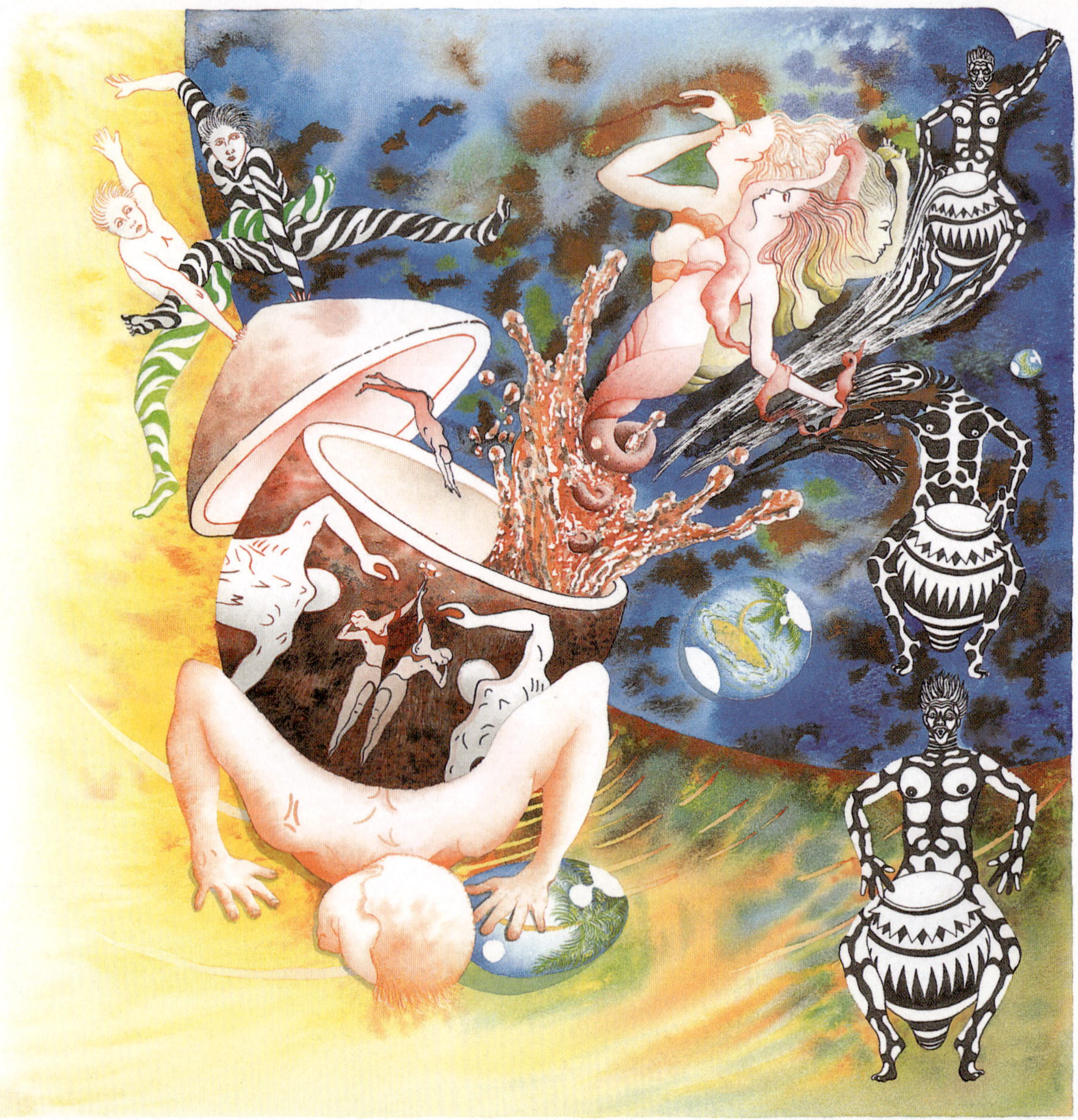

☾ O coco nos relacionamentos

Harmonia
Vitalidade
Arte

As pessoas de coco são muito criativas e sensuais nos relacionamentos. Você pode ser reticente na sua aproximação aos outros, mas você percebe tudo. Gosta dos grandes espaços ao ar livre; assim, quanto mais quente for o clima, melhor. Se você vive onde o clima é mais frio, seus períodos de lazer serão melhores quando estiver fazendo calor. Alguns romances de férias podem não durar muito porque as suas emoções mudam quando você volta para a sua vida rotineira. Quanto mais você permite que o seu lado artístico aflore, mais estará em contato com o seu verdadeiro eu. Seu parceiro precisa gostar de música e deixar que você fique concentrado nela (o que, de qualquer modo, irá acontecer). Algumas vezes, deixar que a vida flua livremente à sua volta não é algo que o atraia. Nessas ocasiões, um parceiro lhe dará motivação e ainda permitirá que você seja o que é. Seus devaneios podem perturbar as pessoas; aqueles súbitos acessos de emoção irão chocar os outros. Talvez eles precisem de uma mudança drástica. Acreditem: esse sou eu — aceitem-me ou me esqueçam.

INTIMIDADE

A intimidade não é problema para as pessoas de coco — ela flui naturalmente. Esse é o seu verdadeiro eu; portanto, não a bloqueie quando ela aparece em outras áreas da sua vida.

Coco e...

Abacaxi

As pessoas de abacaxi gostam de parceiros educados. Você irá se dar bem com essas pessoas; a imaginação delas e o seu pendor artístico irão caminhar de mãos dadas. A sua maneira de agir irá permitir que as pessoas de abacaxi tenham a liberdade que almejam. O mau humor delas é algo que você compreende; assim, você pode ficar afastado e não interferir, dando aos abacaxis espaço para conhecerem a si mesmos. Esse mau humor diminuirá com você por perto. Sexualmente, você assumirá o comando até que eles comecem a entender o próprio corpo; então, tome cuidado.

Amendoim

Esta combinação exigirá algum esforço. Quando os dias festivos acabarem, o que restará para ambos? Você achará as pessoas de amendoim excelentes para a vida do dia-a-dia. A família, os filhos, o trabalho — nem sempre nessa ordem — fazem parte da personalidade delas; afaste-as dessas coisas e nada lhes restará. Elas são obstinadas; a sua vida irá mudar ou você se afastará deste relacionamento. Sua vitalidade e sua natureza artística serão as primeiras coisas a desaparecer, e você será o último a perceber. As pessoas de amendoim são atarefadas; portanto, não espere longos encontros sexuais.

Amêndoa

Você acha que as amêndoas mudam rapidamente, sempre à procura de uma nova idéia. A determinação das amêndoas para ter sucesso é algo que atrai você. A sua despreocupada maneira de encarar a vida não irá se adequar às pessoas de amêndoa e isso provocará muitas discussões e desentendimentos. Você irá alcançar seus objetivos, porém de uma maneira mais calma, ao passo que essas pessoas irão deixar que todos saibam quando, onde e o que elas estão tramando. Sexualmente, você pode pensar que elas estão fazendo um show. Você estará querendo saber onde elas estão escondendo as emoções e quem elas são realmente.

Avelã

Esta é uma combinação improvável, mas tende a dar certo. As avelãs estão interessadas na Mãe Terra e em todo o seu esplendor; elas adoram crianças, bichinhos de estimação, flores. Gostam de ficar sentadas tranqüilamente e de meditar a respeito dos problemas, ao passo que você precisa se movimentar para pensar. Essas pessoas que amam a paz não têm medo de se levantar e de ajudar, se necessário. Você gosta do seu modo de agir responsável e da maneira como tratam as pessoas à sua volta. Quanto ao sexo, é divertido e sem inibição. Não é preciso dizer nada mais.

Coco e...

Café

O sexo será fantástico, Você achará as pessoas de café obstinadas, sem medo de expressar seus pensamentos a respeito de uma ampla variedade de assuntos, às vezes deixando-o confuso. As pessoas de café podem adquirir vários vícios — café, sexo, debates, e assim por diante —, enquanto você se contenta mais em ceder e deixar a vida correr. Vocês dois podem ficar perdidos com a cabeça vazia, com idéias e sonhos; por isso, precisam prestar mais atenção aos detalhes. Seu ritmo e sua natureza artística serão uma atração para as pessoas de café.

Castanha-do-pará

As castanhas-do-pará são um tanto imponentes para você. Elas podem estar atraídas pelo seu talento artístico, pela sua maneira despreocupada, pela sua concepção de vida, mas essa atração pode desaparecer rapidamente. Elas tendem a se entediar facilmente e então transferem seu interesse para outra pessoa. Você é demasiado realista para as pessoas de castanha-do-pará. Secretamente, elas gostam de um relacionamento, mas o que seus amigos irão dizer? Sexualmente, você pode ajudá-las a compreender tudo o que significa a relação sexual, mas a consciência delas não será capaz de lidar com isso.

Caramelo

Este relacionamento poderá ser igual a viver com os pais. Seu modo descontraído de ver a vida não se ajustará aos caramelos. Você os fará sentirem-se mal, não porque está fazendo algo errado, mas porque vocês têm idéias totalmente diferentes de como as coisas devem ser feitas. A pessoa de caramelo terá uma maneira (autoritária) e você terá várias maneiras de agir; isso leva ao conflito, não à harmonia. Os caramelos podem esperar durante muito tempo, e sabem que você com o tempo irá mudar.

Cereja

Com essas pessoas à sua volta, você será afastado da sua zona de conforto. As cerejas trarão entusiasmo para a sua vida, fornecerão uma centelha para a sua vitalidade. Do seu ponto de vista, elas são demasiadamente emotivas, mas podem permitir que você expresse as suas emoções; elas o alfinetam até que o faça. Tão logo o vendaval desapareça ou você fique habituado a ele, este relacionamento será um tempo maravilhoso de aprendizado e intimidade para ambos. Você irá conhecer a si mesmo e o motivo pelo qual está aqui.

Coco e...

Chocolate

Este relacionamento será cantado em prosa e verso. Uma pessoa verdadeiramente de chocolate irá acolhê-lo, acalmá-lo e deixá-lo em liberdade. Você vai deixar que isso aconteça e desfrutará todos os seus momentos. Vocês revelarão o melhor de si mesmos um para o outro. Geralmente, as pessoas de chocolate têm facilidade para lidar com pessoas de coco. Portanto, esteja alerta: as coisas nunca mais serão as mesmas. Como uma pessoa despreocupada, o chocolate irá transformá-lo. Você está pronto para esse novo modo de viver?

Coco

Este relacionamento pode ser bem-sucedido para ambos com ritmo e vitalidade. Vocês têm muitos interesses em comum e as coisas não serão obscuras. O lado negativo disso tudo é que não haverá ninguém para estimulá-los, enquanto vocês sonham e adoram música — alguma coisa está sendo feita? Vocês passam horas se abraçando, brincando e massageando um ao outro. Para a intimidade, isso não pode ser melhor. Os detalhes práticos da vida podem deixá-lo indiferente e por isso você pode perder a oportunidade de atingir seus objetivos.

Damasco

A natureza sensual do damasco irá atraí-lo. Este relacionamento tem muitos aspectos positivos: vocês se compreenderão mutuamente. Um olhar dirá tanto ou mais do que uma palavra. Vocês dois poderão passar horas se divertindo juntos; o mundo não existe. O único lado negativo neste relacionamento é que você poderá ficar muito retraído. O ritmo, a pulsação da Terra que regula a sua vida, irá ressoar no coração do damasco.

Doce de leite caramelado

Esta parceria é a ideal para você, se você for uma pessoa de coco tranqüila e reservada. As pessoas de doce de leite caramelado se encarregam das conversas, das brincadeiras e das compras, e você deixará que isso aconteça. Nesse *playground* do mundo, você estará mantendo o equilíbrio do doce de leite caramelado. Essas pessoas nem sempre sabem quando parar ou até por que devem fazê-lo. Você é o seu protetor; embora possa ser o mais calmo dos dois, tem a vitalidade e o ritmo que falta a elas. As pessoas de doce de leite caramelado são facilmente emotivas e imprevisíveis, o que torna esta união tão sincera quanto você, uma vez que você também é imprevisível. Você as amará até a morte.

Coco e...

Doce sírio

Embora esta combinação possa dar certo, ela é rara. Como uma pessoa de coco, você faz parte das energias da Terra, que podem se tornar acessíveis através do seu amor pela música. As pessoas de doce sírio querem e precisam de uma experiência espiritual que já faz parte de você. Aqui, o conflito é que você medita através do movimento e do som, ao passo que os doces sírios precisam de paz, de música suave e de incenso para se sentirem como se fizessem parte dessa nova era. O relacionamento, quando dá certo, será maravilhoso para os dois.

Framboesa

Com a sua natureza reservada, você deixará as framboesas agirem por conta própria. O passado, que representa muito do presente para as framboesas, às vezes pode aborrecê-lo. Você achará a framboesa prática neste relacionamento, o que pode fazer com que você procure o lado sonhador da sua natureza. Aqui, a intimidade acontece em momentos de tranqüilidade de vocês dois, um abraço, um olhar. Elas podem achar excessivos o seu ritmo e a sua atividade sexual e achar que você sempre deve ter agido dessa maneira.

Gengibre

O gengibre deu alguma atenção a você? As pessoas de gengibre estão sempre indo de um lugar para outro, à procura de alguém ou de algo mais brilhante ou mais importante. Isso pode lhe criar alguns momentos de falta de confiança em si mesmo. Vocês dois são sonhadores, idealistas, mas os gengibres são mais discretos a respeito de seus sonhos. Você vai se sentir motivado e inspirado apenas por estar junto do gengibre. Quando se ligam sexualmente, vocês desfrutam os prazeres que podem oferecer um ao outro.

Laranja

Você vai gostar da espiritualidade das pessoas de laranja. Elas irão cuidar de você, que pode ser atraído pelo modo despreocupado de viver. As pessoas de laranja são naturalmente disciplinadas, o que é algo que você jamais conseguiu ser. Elas buscam diretrizes e limites para trabalhar ou viver, e isso pode parecer estranho para você. Sexualmente, não espere ser um líder para elas; mas a intimidade não será um problema, uma vez que a animação e o bem-estar que podem oferecer são extraordinários.

Coco e...

Lima

A lima irá provocar mudanças na sua vida. As pessoas de lima sabem para onde estão indo e, se você estiver perto delas, você as acompanhará. Pelo fato de trabalharem com afinco, elas podem ser estimulantes e provocadoras, e, de um modo estranho, você sempre se apaixona por elas. Você não pode deixar de amar as pessoas de lima que estão ao seu lado dando tudo de si. Elas têm corações generosos, mas podem ficar magoadas facilmente. Quando estão deprimidas, podem ser indecisas, o que deixa vocês dois confusos. Sexualmente, vocês vão adorar os momentos que passarem juntos.

Limão

Certamente você irá revelar algumas poucas coisas a respeito de suas emoções. Você vai achar este relacionamento relevante, ao passo que os limões estão ocupados apenas com o seu trabalho e não se preocupam com uma união emocional. As pessoas de limão são, todas elas, exteriormente alegres, mas, no fundo são medrosas e reprimem suas emoções. Elas acreditam que a cabeça, e não o coração, rege o corpo. Os limões podem levá-lo a seguir uma profissão que você jamais imaginou. A predisposição dessas pessoas para as discussões irá mantê-los longe de encontrar o ponto de convergência desse relacionamento. Suas emoções e vitalidade podem mostrar ao limão um outro modo de se tornarem íntimos. Boa sorte.

Marshmallow

Você gosta do seu relacionamento com o marshmallow, que pode ser muito amistoso e alegre. A parte reservada da sua natureza pode vir à tona, deixando o marshmallow ser o que é; você se diverte com a alegria dele. A intimidade com as pessoas de marshmallow exigirá tempo, uma vez que elas gostam muito mais da vida social do que você. Sexualmente, os marshmallows deixarão que você faça algumas tentativas, mas só para experimentar algo novo; como acontece com tudo mais, eles se cansam facilmente do sexo. Você gosta da alegre vivacidade deles e acha este relacionamento agradável — mas não espere nada excepcional.

Mel de abelha

Esta parceria será um tanto instável. As pessoas de mel de abelha têm muitos amigos; elas são joviais e gostam da vida social. Você vai ter problemas para se ajustar ao modo de pensar dessas pessoas, que estão sempre à procura de alguma coisa, pois nunca estão satisfeitas com o que têm. Você não sente a necessidade de viajar ou de fazer uma jornada de descoberta interior. Isso não o interessa; você tem tudo de que necessita; oxalá os outros compreendam essa característica sua. Muitas risadas com dias cheios de alegria.

Coco e...

Menta

Este relacionamento irá alterar o seu modo normal de agir por causa do temperamento indeciso da menta. Um grande número de pessoas de menta não tem a mínima idéia do que gostaria de fazer na vida; assim, você precisa estar preparado para orientar o seu parceiro. Quando as pessoas de menta estão envolvidas firmemente num projeto, não há nada que as faça desistir. Emocionalmente, elas têm um grande coração, e irão debater esses assuntos com você. Sexualmente, elas não podem ser classificadas porque isso depende da pessoa com quem estejam na ocasião.

Morango

Este relacionamento pode decorrer com harmonia. Você irá achar o morango muito satisfeito por apoiá-lo de todo modo possível. As pessoas de morango permitirão que você explore o seu lado criativo, a sua vitalidade. Exatamente pelo fato de serem delicadas, carinhosas e sensíveis, não esqueça que essas pessoas podem ser a força que está por trás de tudo o que você faz. Isso pode significar uma divisão igual das energias, que ajudarão os dois a crescer. Sexualmente, o amor incondicional é o segredo deste relacionamento.

Noz

Você vai achar este relacionamento um encanto. A natureza sensata da noz pode contribuir para a sua estabilidade. As pessoas de noz adoram os momentos em que estão sozinhas, seja pescando ou caminhando. Essa atividade ao ar livre permite que você tenha o próprio espaço. Quando estiverem juntos, o tempo dessas pessoas é dedicado a você, o que será sumamente agradável. O ciúme não faz parte deste relacionamento. Sexualmente, ele é apenas uma parte da sua vida plena e agradável. As pessoas de noz se relacionam melhor com um parceiro estável do que com casos amorosos esporádicos.

Noz-pecã

Você é sensível à beleza, mas não do modo que a noz-pecã a vê. Você gosta das tradições da família que a noz-pecã mantém porque vocês têm sentimentos semelhantes. Mas não gosta da mania de estar sempre se olhando no espelho e da obsessão com a aparência de tudo. Essas pessoas, que buscam a eterna juventude, estão interessadas em suplementos vitamínicos e em outras poções contra o envelhecimento: você terá de se envolver com isso. Permanecerá afastado e observará de longe. Não se trata de um relacionamento íntimo, fechado.

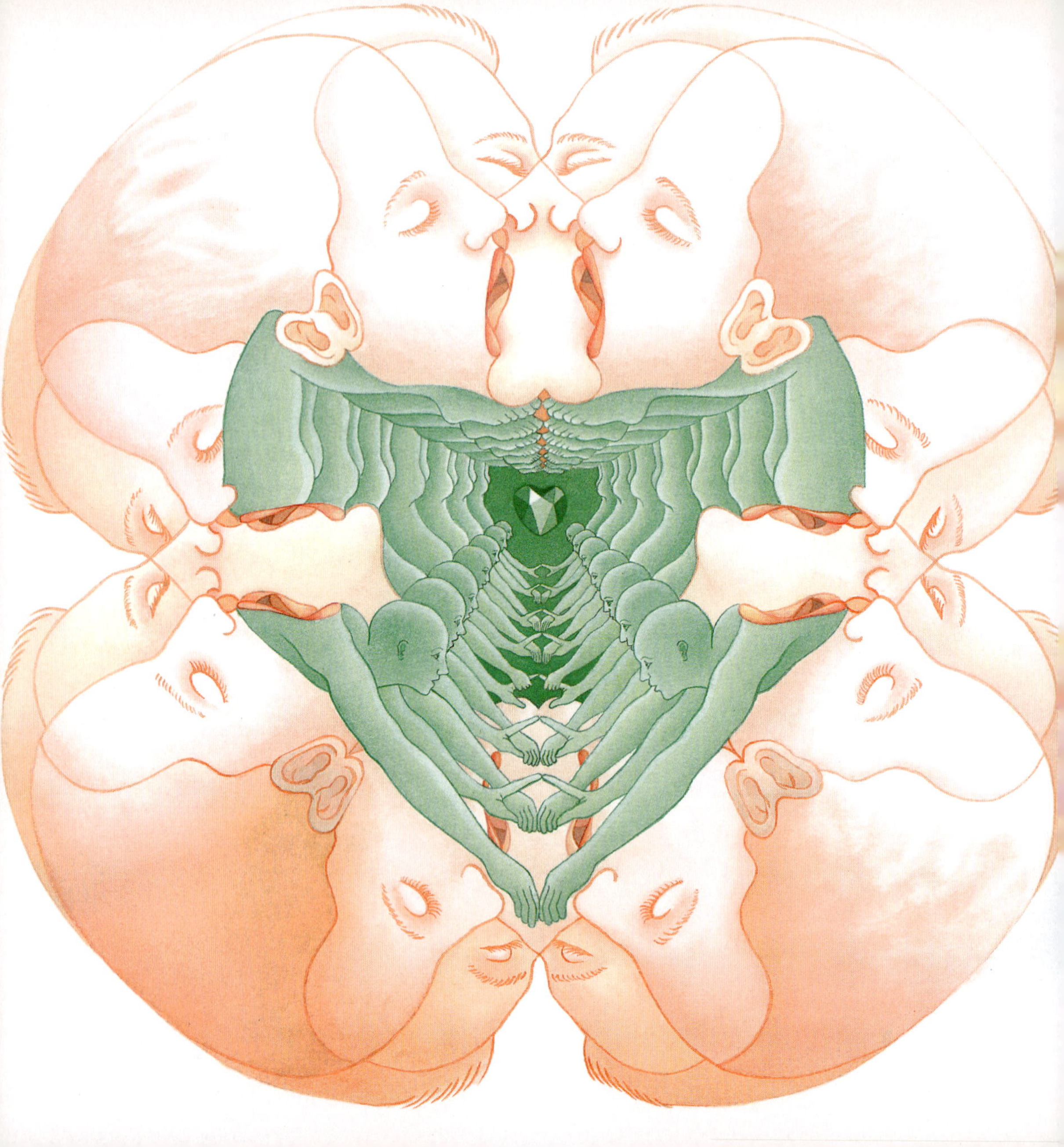

☾ damasco nos relacionamentos

Receptivo
Carinhoso
Protetor
Sensível

Para você, o relacionamento ideal, como uma pessoa de damasco, é com alguém sincero, carinhoso ou parecido com você. Você pode consegui-lo porque é uma pessoa amável e muito paciente, preparada para esperar. Você está à procura e precisa de alguém exatamente igual a você. Você é muito protetor e sensual e convida as pessoas a participarem do ambiente que criou, o seu *sanctum sanctorum*. Qualquer pessoa com quem você se envolva terá de atingir o seu padrão, só para ser admitido no seu círculo íntimo. Pelo fato de você ter um grande coração, problemas emocionais passados virão à tona; chegou a hora de deixá-los para lá. Você é mais meticuloso do que realmente gostaria de ser no que diz respeito a assuntos do coração. Sua natureza generosa e sensível significa que, de vez em quando, você está à procura de pessoas fracas.

INTIMIDADE

Contanto que esteja dentro dos limites de suas emoções, você é amável, carinhoso e divertido com o seu parceiro. O sexo para você é estimulante.

Damasco e...

Abacaxi

Esta parceria será bem-sucedida? Vocês continuarão juntos por algum tempo porque ambos têm muita coisa em comum: você é generoso, compreensivo e protetor; ambos gostam de conversar. Mas os abacaxis podem mudar de atitude, dependendo do tempo; eles podem sofrer de enfermidade depressiva sazonal (EDS). Isso pode significar férias no inverno. Os abacaxis sempre verão o melhor em você. Essas pessoas sempre mantêm suas emoções em segredo, e mais de uma vez dirão que você é muito emotivo. A intimidade poderá surgir depois de muito tempo para vocês.

Amendoim

O amendoim é o mais forte neste relacionamento; assim, você terá de se certificar de que não está ameaçado por coisas de que não necessita na sua vida. O amendoim não tem muito tempo para a sua natureza sensível. Isso não quer dizer que o amendoim é frio; apenas está muito ocupado para dar atenção aos sentimentos dos outros. Essas pessoas de amendoim podem ser muito carismáticas, motivo pelo qual você se sente, antes de tudo, atraído por elas. Elas podem mostrar interesse pelas suas crenças pessoais, mas não durante muito tempo. A intimidade sexual será prazerosa enquanto durar.

Amêndoa

Se você for um damasco que gosta de mais estímulo, esta pessoa o dará para você. Você é receptivo às amêndoas e sensível; isso irá permitir que você progrida, sabendo que elas têm alguém para ajudá-las. As amêndoas estarão avançando num ritmo que deixa pouco tempo para serem suscetíveis a problemas emocionais. Você irá adorar os momentos nos quais estiverem realmente juntos e vai querer repeti-los seguidamente. As amêndoas gostam de ter tempo e espaço para si mesmas. Uma vez que o tenham, a intimidade irá prosperar. Não tenha medo, elas sabem o que estão fazendo.

Avelã

É este o Jardim do Éden? Vocês dois certamente concordarão, elevando o amor aos planos mais altos com os quais podem sonhar. Todas as profundas e significativas energias da Terra estarão presentes neste relacionamento. Mas você jamais deixará o seu ninho de amor? Você trabalha tendo como base a sua intuição e as emoções com essa pessoa; mantenha a harmonia e as realizações aparecerão. A maioria das pessoas irá comentar a respeito das energias que cercam o seu lar. Este é um relacionamento fecundo, no que diz respeito à mente ou ao corpo.

Damasco e...

Café

As pessoas de café irão fasciná-lo, se tiverem como base os mais elevados princípios filosóficos; caso contrário, elas nada têm a ver com esse problema. Você vai adorar as sábias maneiras por meio das quais elas cuidam da própria vida. Você estará sempre em busca do compromisso emocional que acompanha essas pessoas. Elas não revelam seus verdadeiros sentimentos nem falam sobre os mesmos, porque são assuntos pessoais contrários às idéias e aos debates comuns. Haverá intimidade sexual, mas você precisa ter a sua confiança freqüentemente renovada para se sentir em sintonia com uma pessoa de café.

Castanha-do-pará

Nesta parceria, você será influenciado pela natureza espiritual da castanha-do-pará. Sua índole generosa e sensível pode fazer maravilhas no relacionamento. A castanha-do-pará irá acrescentar novas dimensões à sua noção de conforto e indicar lugares para onde fugir da realidade. Na verdade, as castanhas-do-pará só podem enternecer-se com essa parceria. As suas emoções estarão sob o controle delas, se você não tiver força suficiente para enfrentá-las. O que quer que você faça, não fique dependendo dessas pessoas; elas odeiam isso. Da mesma forma que você, elas não se comovem com isso, pois são muito mais retraídas do que você. Este relacionamento exigirá tempo.

Caramelo

Pelo fato de o caramelo ser tão prático, isso pode exercer pressão sobre este relacionamento. Embora você não goste das limitações impostas por ele, você gostará da segurança dos limites. Sexualmente, isso pode funcionar muito bem. As pessoas de caramelo não são sensíveis às emoções e às explosões sentimentais. Sua paciência com essas pessoas será recompensada; elas gostam realmente de relacionamentos e compromissos. Isso permite que você seja você mesmo, embora as questões espirituais possam levar o relacionamento a extremos, a menos que você seja membro de uma igreja ou tenha uma profissão que cuida das pessoas.

Cereja

A cereja pode realmente sobressair-se aqui, enquanto você estará chegando de um lugar mais profundo do que o lugar superficial com que a cereja está acostumada. Sua índole cordial, receptiva e generosa confunde inicialmente as cerejas, mas a paixão pode se transformar em amor. Sendo apenas o que você é, você revelará a elas o significado do amor, oposto ao da luxúria. Você gosta de protegê-las do mundo ou será para ter todas elas sob a sua dependência? A energia e a paixão da cereja também irão fazer-lhe bem.

Damasco e...

Chocolate

Esta dupla só engrandece a ambos. O chocolate irá desenvolver as suas qualidades, levando-o mais longe do que jamais imaginou ser possível. Freqüentemente, você estará trabalhando com chocolates em grupos de pessoas, nos quais estarão partilhando seu amor e alegria de viver; desse modo, os outros podem ser felizes em suas vidas. O parceiro irá contrabalançar a sua ânsia de fugir para dentro de sua encantadora toca distante do mundo. Isso ainda pode acontecer, mas então será porque você precisa descansar e relaxar. Você ficará pasmo por ver como a consciência de si mesmo continua a crescer.

Coco

Você irá adorar o vigor artístico que flui da pessoa de coco e ela irá adorar o seu apoio e a sua atitude protetora. Os lugares confortáveis para os quais irão nas férias só enfatizarão a sua predileção por se manterem isolados. Isso irá permitir que a criatividade da pessoa de coco e sua essência de ternura aflorem. Este pode ser um relacionamento emocional e íntimo, mas poderá ele ser mantido no mundo real?

Damasco

Este relacionamento pode dar certo para os dois durante algum tempo. Vocês podem, ambos, se isolar, protegendo e cuidando um do outro; lá fora está um mundo muito perverso. Isso pode proporcionar aos dois muitos momentos íntimos para curtir e guardar na memória. Este relacionamento será introspectivo e pode estagnar à medida que se apóiam mutuamente, sem nenhuma outra influência. Infelizmente, para que os relacionamentos sejam duradouros, será melhor que ambos sejam amigos e tenham outros parceiros.

Doce de leite caramelado

Este relacionamento pode ser divertido, uma vez que ambos estão, de certa maneira, se escondendo um do outro. A pessoa de doce de leite caramelado ficará dependente da sua natureza protetora, e você será receptivo à ajuda que ela oferece. Com isso, tudo ficará bem? O plano espiritual pode predominar, se essa pessoa simpatizar com essas idéias. Você sempre estará buscando mais do que o que ela pode lhe dar. Essas pessoas podem parecer um pouco materialistas demais para você. Se você compreender que elas precisam ser dessa maneira para que ambos sobrevivam, isso poderá mudar o que você sente por elas.

Damasco e...

Doce sírio

Esta parceria pode levá-lo a sair da sua área de tranqüilidade. O seu lado espiritual sofrerá uma grande influência e você atingirá novas dimensões. O fiel doce sírio só pode engrandecê-lo, permitindo que você veja a beleza além do seu padrão. Você achará que é um prazer tê-lo junto de si. Vocês aprenderão um com o outro; não é um caso unilateral. A intimidade sexual será diferente para ambos, mas será gratificante.

Framboesa

Como você gosta de se apegar ao que possui, e a framboesa gosta do passado, este pode ser um relacionamento maravilhoso. Será uma parceria até certo ponto prática, e a sensação de posse será forte. As framboesas trarão coisas que colecionam, coisas sem valor, e você achará um lugar para isso. As emoções das framboesas ou as suas manifestações exteriores estão restritas a objetos, não a sentimentos pessoais. Mas você tem muitas emoções para partilhar com todos à sua volta. Às vezes, as framboesas podem achá-lo demasiado emotivo e maçante; se assim for, você pode afastar-se e dar-lhes algum espaço. A intimidade sexual é algo muito particular para essas pessoas, mas, apesar disso, vale a pena.

Gengibre

O lado sonhador de gengibre não o atrai, mas a falta de segurança não se adapta à maioria dos damascos. Talvez vocês possam girar em torno do amor sem sequer manter contato realmente um com o outro. As pessoas de gengibre são alegres e darão a você muitas idéias, nem todas necessariamente construtivas. A experiência permitirá que suas emoções fluam sem esperar nada em troca. A intimidade com as pessoas de gengibre é excelente, do ponto de vista delas, mas você precisa atingir níveis mais profundos.

Laranja

Há duas coisas que podem acontecer neste relacionamento: a energia mais forte irá levar à realização; a energia mais fraca pode levar os dois a afundar na autocomiseração. Com aspirações mais elevadas, você e a laranja estarão apoiando-se mutuamente em todas as caminhadas da vida, visando grandes realizações. Na esfera da energia mais fraca, os dois podem ser levados às angústias e à negatividade da vida diária, mas se ajudarão mutuamente quando isso acontecer. Quem é o guru ou qual guru devemos seguir? As emoções e a intimidade caminharão juntas.

Damasco e...

Lima

Limas gostam de espaço, não de confinamento. Elas precisam acercar-se de uma árvore ou sentar-se perto dela para organizar seus pensamentos — por iniciativa própria! As pessoas de lima podem vê-lo como não liberal, e isso irá causar conflitos. As emoções são fortes de ambos os lados e as limas não têm receio de demonstrá-las. Ambos trabalham com empenho, mas de modo diferente. Com compreensão, isso será bom. A conversa será um dos principais pontos do relacionamento; ambos possuem o dom da loquacidade. A intimidade não será um problema.

Marshmallow

O estímulo de marshmallow é um chamariz. Sempre se movimentando com um sorriso e muita energia, o marshmallow, no entanto, parece frívolo demais para o seu ego sensível e refinado. A profunda alegria do marshmallow pode nascer da índole protetora de uma parceria. A frivolidade do marshmallow o perturbará porque você gosta das coisas ordenadas. Você não pode ter tudo. Você gosta das suas emoções, mas o marshmallow não se preocupa com essas coisas. A intimidade acontecerá mais devagar do que você gostaria.

Limão

Você é por demais emotivo para que os limões o controlem. Eles podem gostar do seu entusiasmo, mas vêem isso como parte do tipo de personalidade que costumam evitar. Você os achará desinteressados e arredios, como se fosse um desafio para você descobrir a beleza que existe sob o lado intelectual do limão. Eles vêem alguém que pode ofuscá-los, impedindo-os de ser eles mesmos. Não tome isso como algo contra você. O que eles não compreendem é que você atende às necessidades básicas deles. Este relacionamento só irá dar certo se vocês ficarem juntos durante algum tempo.

Mel de abelha

Esta combinação levará você para a sua zona de bem-estar. Você irá gostar de seduzir e proteger as pessoas de mel de abelha. Isso as deixará muito irritadas, uma vez que não podem ficar confinadas no seu conjunto de valores. Elas gostam de viajar, de observar, de fazer novas experiências, mas isso não acontece com você. Os sentimentos por essas pessoas estão concentrados em novas experiências, não em relacionamentos pessoais. Elas estão ocupadas na busca do arco-íris. Sua necessidade de intimidade não é precisamente com referência a elas. Você estará sempre presente para consertar o que estiver errado, para ouvir e amar.

Damasco e...

Menta

As pessoas de menta não ficam calmas; elas são mutáveis e muito amáveis. Seus limites podem atraí-las, já que elas não têm nenhum. Elas gostarão da segurança e da receptividade, do equilíbrio emocional que podem encontrar em você. O grande coração da menta irá fazer com que você as admire. Você gostará do seu modo de ver as coisas e da sua crença de que nada é impossível; isso fará você pensar e irá motivá-lo. A intimidade sexual será agradável e prazerosa; você levará a sério este relacionamento. Esta parceria pode ajudá-lo a crescer.

Morango

As mais elevadas vibrações do morango se adaptarão muito bem a você. Essas pessoas têm o amor incondicional que jamais foram capazes de expressar sem o alicerce seguro que encontraram em você. Por outro lado, a natureza persuasiva e tranqüila do morango jamais permitirá que você seja você mesmo, e o relacionamento pode ficar paralisado. Você poderá ser feliz com as emoções positivas que ambos criam. Tão logo os alicerces tenham sido assentados, a intimidade pode e irá acontecer. O único lado negativo é que vocês dois são vulneráveis às opiniões das outras pessoas. Não as acolha de um modo muito pessoal.

Noz

Seus limites desaparecem com essa pessoa. Você precisa amar o espaço ao ar livre, o que não é uma coisa comum para você. Em outras áreas, tais como as artes e a música, você pode estar muito bem adaptado. Suas emoções serão notadas, mas não exercerão nenhuma influência. As pessoas de noz mantêm suas emoções afastadas de outras pessoas — quase até de si mesmas. Mas elas são fascinantes, pessoas compreensivas que tentam fazer com que você encontre as respostas no seu íntimo. Vocês se dão bem na cama, talvez por causa do grande coração da noz ou da intimidade que vocês criaram. Este pode ser um relacionamento no qual existe compatibilidade.

Noz-pecã

Esta não é uma boa combinação. As pessoas de noz-pecã irão expor o seu instinto maternal. Elas nunca se satisfazem com o que têm. Estarão sempre em busca do elixir da vida. Você está satisfeito no seu espaço, e isso pode provocar ciúme nessa pessoa. Você não se preocupa com a beleza ou com a juventude; você está interessado no que está no seu íntimo. As pessoas de noz-pecã podem não admitir intimidade, devido a sua hesitação. Você não pode ter intimidade com alguém que está com o pensamento longe.

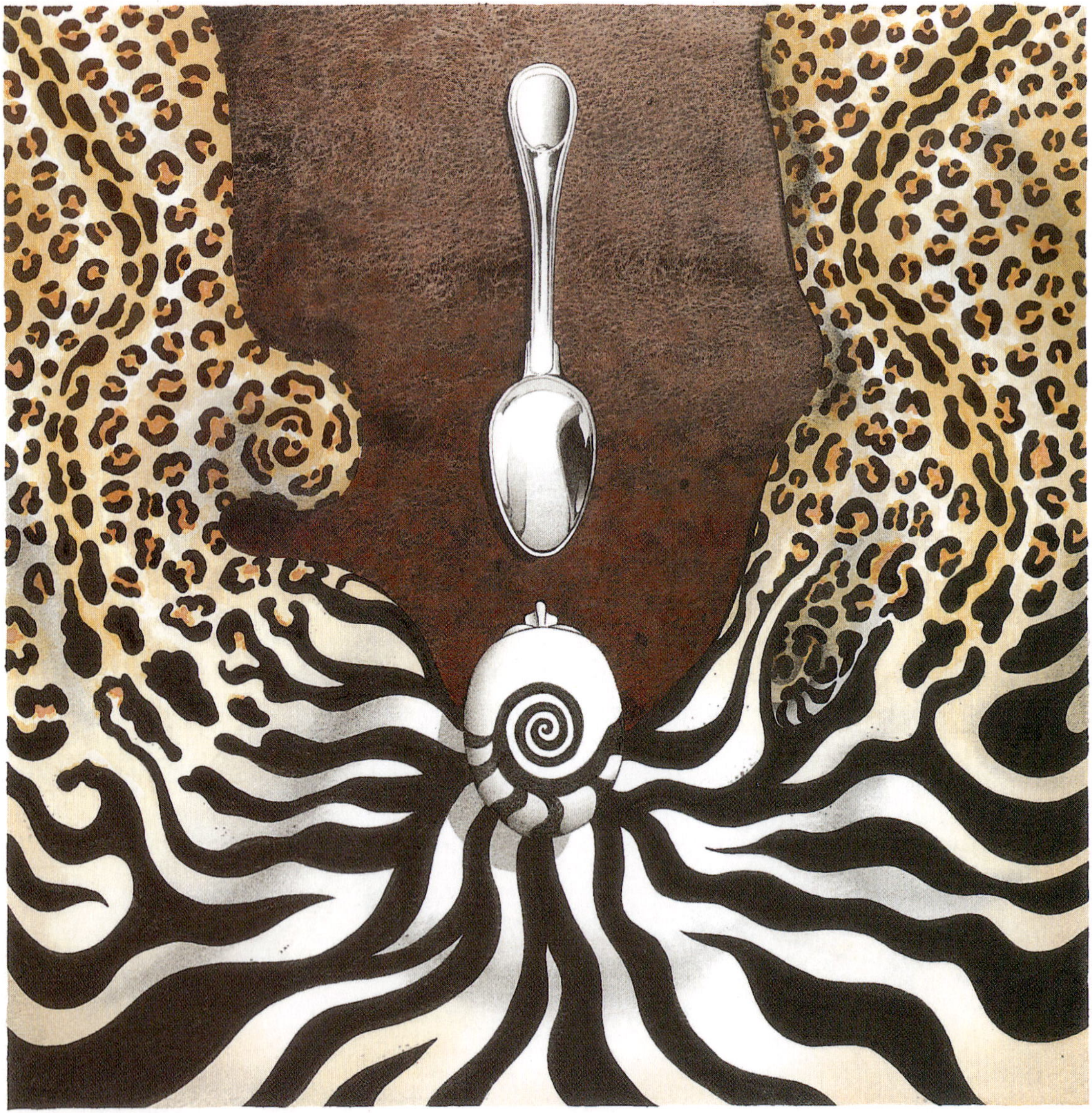

☆ doce de leite caramelado nos relacionamentos

Impressionável
Invulgar
Fuga

Como tudo mais na sua vida, os relacionamentos amorosos acontecem serenamente para as pessoas de doce de leite caramelado. Você tem uma surpreendente habilidade para viver a sua vida sem problemas no seu mundo, sem ligar para o que acontece à sua volta. Você tem uma maravilhosa convicção de suas qualidades essenciais. Fundamentalmente romântico, você adora tudo o que revele luxo: jantar à luz de velas, flores, restaurantes. O dinheiro não faz parte de suas ambições e você acha que tem direito a ele; no entanto, as pessoas de doce de leite caramelado irão passar bons momentos e se divertir, sem se preocupar com seus cartões de crédito. Terapia de consumo é um dos seus vícios e as vitrines o atrairão igualmente. Pode ser difícil encarar a realidade; seu parceiro irá lhe mostrar que há outras maneiras de fazer as coisas e de ver o mundo. As pessoas de doce de leite caramelado adoram as coisas supérfluas, e você irá comprá-las para seus parceiros como um sinal de amor e prazer. Os parceiros de doce de leite caramelado devem se acostumar a esperar enquanto vivem juntos.

INTIMIDADE

Você pode se encontrar em situações inusitadas porque adora estar apaixonado. Isso acontece, na maioria das vezes, porque você é uma pessoa calma e sensual. Você gosta que o levem a sério e de algum modo é um pouco egoísta; gosta de ser amado de acordo com suas necessidades e desejos.

Doce de leite caramelado e...

Abacaxi

Você adora a liberdade das pessoas de abacaxi, a ausência de complicações, sua ternura e o modo como usam a mente. Elas irão proporcionar-lhe tudo isso, e sua alegre disposição irá evitar que você fique muito confuso. Elas irão impelir a sua mente superior para novas áreas. Irão retirá-lo rapidamente desse seu nicho aconchegante, mas apenas porque ampliam esse aconchego; elas não separam uma área de outra. Sua abordagem tátil é exatamente o que elas precisam para equilibrar o corpo e a mente delas. Isso irá possibilitar que elas se tornem sensuais para aqueles momentos íntimos cada vez mais longos.

Amendoim

Esta parceria cria dinâmicas interessantes. Os amendoins adoram competições esportivas; você prefere ficar em casa confortavelmente e talvez assistir jogos pela televisão. À medida que o amendoim torna-se um pilar da sociedade e dos valores da família, sua natureza alegre e amorosa será vista como um antídoto para o mundo real. Aqui você representa o emotivo, enquanto o amendoim está ocupado demais para expressar suas emoções em nível pessoal. Sexualmente, o relacionamento será ótimo, se você conseguir forçá-lo a abandonar a sua vida de trabalho por alguns fins de semana prolongados.

Amêndoa

Você gosta de amêndoas? Esta parceria é divertida desde o primeiro dia. As amêndoas têm inteligência e conduta capazes de impressioná-lo. Mas não queira que elas fiquem sempre ao seu lado; elas não gostam da sensação de claustrofobia. Você pode e irá crescer ao lado delas e será um maravilhoso apoio para elas. Você poderá achar que elas guardam suas emoções para manifestá-las em suas realizações em vez de nos problemas pessoais, mas dê-lhes tempo — elas precisam de você. Você ficará encarregado das questões referentes ao sexo porque elas estão muito ocupadas e se esquecem disso.

Avelã

Este relacionamento subsiste fundamentado no fato de você, como doce de leite caramelado, pretender ser responsável pela Terra e por todas as criaturas que vivem nela. Essa é uma grande tarefa. Você só está assumindo responsabilidade por si mesmo. Problemas que não fazem parte realmente do seu mundo não o preocupam. Você encontrará alguém com quem irá se divertir. As pessoas de avelã são sinceras e se expressam com clareza, e esperam que você também o faça. Engano. A intimidade existirá por alguns momentos, uma vez que as pessoas de avelã gostam de carinho e de conforto.

Doce de leite caramelado e...

Café

Este relacionamento pode funcionar. Você gosta da grande energia do café, das festas, dos debates, mas de onde veio essa pessoa? — você se pergunta freqüentemente. Quanto ao sexo, não há problema — é só saber quando parar. Você tem realmente de ler nas entrelinhas e fazer suposições. As emoções irão confundi-lo com essas pessoas profundamente honestas: a ausência de coisas em comum. Você sempre as perdoará por causa de sua habilidade e pelo fato de, quando elas estão junto de você de corpo e alma, nada mais pode interessá-las. É como se você estivesse sendo beijado pela primeira vez.

Caramelo

Esta não é uma união preparada no céu. Você não irá gostar dos limites que os caramelos vão lhe impor, sem falar no temperamento crítico e parcimonioso dessas pessoas. Você estará disposto a se libertar, enquanto elas podem dizer que há limites para os cartões de crédito. Você se sentirá como se suas asas tivessem sido cortadas, e não por alguém que o fez para seu bem. Elas são pessoas práticas, românticas, à moda antiga. Você as perturbará, sendo exatamente o que é. Com elas, a intimidade não tem chance. Por isso, acabe com esse relacionamento e vá embora.

Castanha-do-pará

Exteriormente, este relacionamento será aparentemente bom: roupas bonitas, ambos parecem estar muito bem. A castanha-do-pará poderá levá-lo para um mundo diferente, que pode satisfazer a natureza das famílias ricas e aristocráticas de ambos. Sua índole frívola pode trazer calor e disposição para as castanhas-do-pará, tornando-as menos tímidas e reservadas. Mas as castanhas-do-pará não são emotivas, enquanto você gosta de ternura e de carinho. Elas são retraídas e não muito sensíveis. A intimidade será para elas uma exigência, o que pode causar desarmonia entre vocês.

Cereja

Este relacionamento irá surpreendê-lo ou, quem sabe, espantá-lo? Sua vida tranqüila e calma será entremeada com energia, vitalidade, paixão e luxúria. Mas quanto tempo isso pode durar? Você poderá ter momentos de excitação, mas onde estão o romance e todas as coisas fascinantes das quais você tanto gosta? Desfrute-os enquanto perdurarem. No início, a intimidade com as cerejas quase não existe: luxúria e alegria, sim, mas intimidade, não. Isso pode e irá mudar tão logo a cereja se acostume com o seu modo de agir e com a sua proximidade.

Doce de leite caramelado e...

Chocolate

Que mistura deliciosa! Pense nisto por um momento: a história é feita por vocês dois. A pessoa de chocolate combina com você e intensifica seus sentimentos pela vida e pelo amor. Esta é uma combinação perfeita para ambos. Os chocolates proporcionarão uma profunda compreensão de quem você é dentro do relacionamento, e gostará de você por ser sensual e calmo, exatamente igual a eles. A intimidade está presente para vocês dois; o problema é ter tanto prazer que o impeça de voltar para o mundo real. Só as pessoas que assumem riscos são verdadeiramente livres.

Coco

É bom que você aprenda rapidamente a dançar. O ritmo e o compasso deste parceiro são algo a mais. Você gosta de conforto, ele gosta de calor — isso não significa uma cama de casal numa praia tropical? O coco pode, às vezes, ser emotivo, o que pode perturbar a sua paz. (Depois, você também pode ser emotivo.) Mas este é um preço pequeno a ser pago pela sensibilidade e a harmonia sexual. As pessoas de coco estarão à sua disposição de diferentes maneiras, proporcionando uma intimidade que você pode sentir de longe. Isso faz com que a sua atraente personalidade fique conhecida em novas áreas. Isso pode não significar muito, mas você sabe os que elas estão pensando. Não lhes diga nada.

Damasco

Como uma pessoa de doce de leite caramelado, você irá se abrigar sob o guarda-chuva do damasco. Você poderá estar se escondendo do seu verdadeiro eu e da realidade do mundo. O damasco poderá levá-lo para dentro de dimensões espirituais ou deixar que você seja mais generoso com os outros. Este relacionamento pode dar certo para ambos. Vocês são muito semelhantes; portanto, não deixem que o mundo os ignore. Usado com sabedoria, o seu envolvimento irá permitir que você se desloque para outras áreas da vida ou do trabalho, que você não atingiria sem esse apoio do damasco. O contato, a proximidade e intimidade são para essas pessoas tão importantes quanto a união sexual é para você.

Doce de leite caramelado

Este pode ser um relacionamento desastrado, uma vez que vocês irão se apegar mutuamente buscando apoio, escondendo-se do mundo. Esta é uma interdependência inquietante para os dois parceiros; assim, talvez possa ter um bom resultado. Fazer compras é uma aventura para ambos, mas quem pagará as contas? A falta de motivação é uma possibilidade — nada de novo no seu mundo isolado. Uma vez que se entendam tão bem mutuamente, quem precisa falar? A intimidade e as emoções serão intensas. Este relacionamento pode impedir que ambos se realizem nesta sociedade materialista.

Doce de leite caramelado e...

Doce sírio

Este relacionamento não é duradouro. Você gosta de gastar; as pessoas de doce sírio gostam de passar horas meditando. Elas irão se deleitar com o amor e a intimidade, mas para elas existe muito mais a ser vivido. Será ótimo se vocês passarem pela fase de guru ao mesmo tempo; mas, por outro lado, isso não é imperioso. A apreciação da alegria e da beleza da vida é a idéia do doce sírio; a sua ainda está num nível pessoal. Vocês podem aprender um com o outro e este relacionamento será lembrado ternamente por muito tempo.

Gengibre

Embora no começo você fique impressionado com as pessoas de gengibre, a mente ágil e inquiridora dessas pessoas pode perturbar a sua paz e a sua estabilidade. Há mudanças demais na vida para o seu gosto. Quando elas estão ao seu lado, são muito carinhosas e amorosas, mas com elas é assim: longe dos olhos, longe do coração. Isso não satisfaz absolutamente o seu ego. As pessoas de gengibre não gostam de se comprometer e não têm tempo para intimidades, o que você considera necessário. Este não é realmente um relacionamento aconchegante e duradouro.

Framboesa

Este relacionamento talvez pudesse ser mais firme, mas poderá dar certo. As pessoas de framboesa gostam de preservar o que marcou o início do namoro. Gostam de colecionar objetos e, dependendo do que eles são, isso pode atrair o seu senso pelo inusitado. Vocês dois adoram os momentos de tranqüilidade passados juntos. Você irá despertar a excitação para este relacionamento e ensinar às pessoas de framboesa como sorrir e viver. Elas o protegerão e estarão prontas a ajudá-lo, embora muitas vezes você as perturbe. A intimidade sexual estará presente, mas isso é suficiente para você?

Laranja

O seu lado mais otimista será atraído pelas laranjas. Elas irão recebê-lo e adorar a sua natureza sensual e tranqüila. As pessoas de laranja precisam de limites para se sentirem protegidas e seguras. Você se dá bem com essas pessoas porque gosta do seu retraimento e de seus carinhos. E as ama pelo fato de elas necessitarem de alguém como você. Este envolvimento fará com que venha à tona o seu lado altruísta, que muitos não vêem. Emocionalmente, no início você tomará a iniciativa; mas tão logo as laranjas saibam onde estão pisando, elas serão tão acessíveis quanto você. Isso pode ser muito bom.

Doce de leite caramelado e...

Lima

Esta parceria irá controlá-lo, quer você goste ou não. Você se sente bem na companhia das limas, que trabalham com empenho para que você saiba qual o seu lugar. Elas o amam por você ser quem é. Você é uma pessoa emotiva, embora elas possam ter uma limitada margem de controle sobre suas próprias emoções. A intimidade está presente e pode se aprofundar, se ambos ouvirem o seu eu interior. As limas estarão sempre precisando de espaço, como você. Vá à procura dele.

Limão

Você vai trazer à luz o lado mais alegre das pessoas de limão, fazendo com que elas deixem de ser tão circunspectas. O seu charme natural e a sua atitude diferente irão permitir que elas vejam o seu mundo de informações, sua inteligência e sua profissão sob um novo prisma. Você é um ótimo tônico anti-*stress* e elas o amarão por causa disso. Pelo fato de não poderem relaxar na sua companhia, emoções, idéias, sonhos e antigos ciúmes virão à tona, a maioria para surpresa dessas pessoas. Sua ternura e seu amor pelas carícias irão subjugá-las. A intimidade vai demorar um pouco, mas vale a pena esperar.

Marshmallow

Esta combinação funciona muito bem; você poderá ser acusado de ser muito piegas. A pessoa de marshmallow vai fazer com que você saia de casa muitas vezes, fazendo com que encontre um grande número de novos amigos ou outros parceiros. Você poderá levar as inquietas pessoas de marshmallow para o seu ninho com toda a facilidade. Elas não se sentem bem quando sozinhas; assim, este relacionamento representará um progresso para elas e a intimidade sexual pode ter início.

Mel de abelha

Este relacionamento pode ser agradável enquanto durar. Será difícil conseguir o comprometimento de um mel de abelha, mas você realmente deseja isso? Se você gosta de viajar (com classe, naturalmente) essa pessoa poderá satisfazer suas expectativas. Essa viagem poderá lhe parecer desconfortável. Você pode atrair as pessoas de mel de abelha por causa do seu modo incomum de encarar a vida, que elas consideram muito agradável. Suas emoções serão alternadas com as delas, enquanto elas estiverem tentando descobri-las.

Doce de leite caramelado e...

Menta

O coração da menta anseia por você. Você aceita mudanças? Não saber o que a menta fará no dia seguinte? Vocês dois podem variar de uma idéia para outra, sem nada planejar realmente. Essa constante variação irá desempenhar um grande papel no seu relacionamento. A menta irá adorar a sua capacidade de sorrir para a vida e o seu senso de honestidade. Vocês conversarão incessantemente, que é o que este relacionamento precisa para ser bem-sucedido. Não tão tranqüilo quanto você gostaria, mas cheio de alegria e prazer.

Morango

Você é a energia dominante neste relacionamento. A docilidade natural dos morangos só irá aumentar ao seu lado. Vocês podem passar horas se divertindo e se acariciando no pequeno mundo de vocês. O romance pelo qual vocês dois lutaram está aqui. A generosidade dos morangos irá conquistá-lo e revelar o seu lado sensível. As pessoas de morango possuem uma força que irá entrar em cena tão logo tenham confiança em você. Elas compreendem muitas de suas qualidades individuais, e gostam de você por causa delas. Estão em busca das suas emoções; não se esqueça das delas. Esta será uma parceria íntima maravilhosa.

Noz

Este poderá ser um relacionamento incomum, mas harmonioso — se você gostar de caminhadas, de acampar (com conforto, é claro), do romance das noites sob o céu estrelado, das florestas, da proximidade no interior da barraca. Esta parceria possibilita a abundância de espaço para que ambos cresçam e se movimentem. O outro lado da noz o atrai para as artes, o teatro, a música. As emoções entre ambos irão fluir com sinceridade. A alegria que você vai encontrar na companhia dessas pessoas irá transformá-lo, ainda que elas não precisem das pessoas. Você ficará imensamente surpreso pela mudança que sofrerá ao lado delas.

Noz-pecã

Beleza, juventude e dinheiro, tudo em grande quantidade: o que mais você deseja? Isso é um sonho ou será verdade? Que intensidade pode ter a beleza? A vida pode ser excitante, e você pode dar espaço à noz-pecã para amar e ficar em paz. Mas, mesmo assim, elas terão dúvidas. Você gosta de ter a confiança renovada, mas pode ter de renunciar a esse pequeno luxo, enquanto a noz-pecã precisa renová-la constantemente. Mas você descobrirá que "aquilo que você dá, lhe será devolvido em dobro" — muito embora isso demore um pouco. A busca das nozes-pecã pela vida eterna contrasta com o seu modo de pensar no aqui e agora. A intimidade irá variar com a indecisão dessas pessoas.

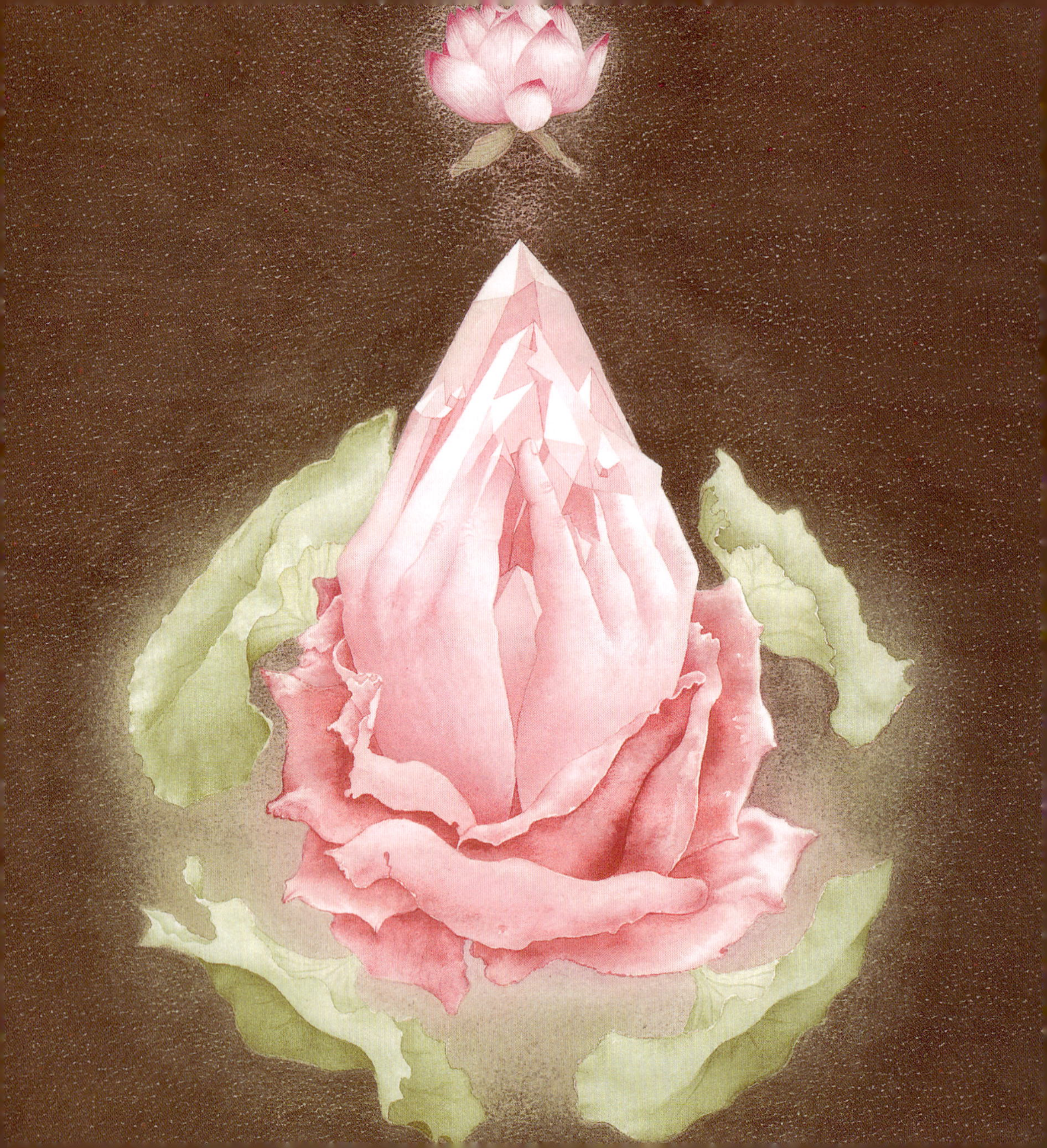

☾ doce sírio nos relacionamentos

Espiritualizado
Fiel
Místico

Como uma pessoa de doce sírio, você vê apenas o lado bom das pessoas e dos parceiros, mas nem sempre está em harmonia com os outros porque não pode aceitar as fragilidades e as pequenas excentricidades que tornam única a pessoa.

Você está em busca de muito mais do que do mundo material. Sabe que existe mais do que está vendo conscientemente, e precisa preencher a sua existência. Esse empenho para incluir a espiritualidade nos seus relacionamentos significa que você está procurando um parceiro que concorde em caminhar junto com você e na mesma direção.

Vejam os dervixes sírios, carregados da energia do místico e do extático; eles doaram sua vida à energia da dança, e isso se traduz como "não é a minha vida, mas a tua". A vida apenas flui; eles estão no lugar certo, no momento certo. Eles têm plena confiança em si mesmos, e você está trabalhando para incluir isso na sua vida.

Poderá haver conflito entre o físico e o metafísico, uma vez que a maioria das pessoas ainda está avançando para compreender o que existe nos domínios mais elevados para a nossa vida. Você acredita que a humanidade algum dia será capaz de progredir para o mais puro amor.

INTIMIDADE
Você adora os momentos de intimidade que passa junto com o parceiro, se abraçando, se amando, se acariciando. Para você, a atividade sexual no seu todo é uma meditação; portanto, todas as coisas de cada dia fazem parte da atividade sexual. No entanto, quanto aos relacionamentos com outros seres humanos...

Doce sírio e...

Abacaxi

Esta jovial união pode fortalecer a sua mente. As pessoas de abacaxi irão questioná-lo o tempo todo. Isso irá acelerar a sua habilidade verbal e os processos mentais — e frustrá-lo. Mas você gosta delas por causa disso. Essa tentativa de aproximação intelectual o leva a pensar por si mesmo, sem desprezar o que você leu ou o que lhe ensinaram. Quem está aprendendo de quem? As pessoas de abacaxi dão liberdade para você pensar da maneira que lhe aprouver, para usar a sua imaginação. E isso faz com que elas pensem e talvez o compreendam. Quando ambos deixarem de falar, a intimidade será sublime. Esta não é a linha de conduta normal das pessoas de abacaxi, mas elas podem segui-la.

Amêndoa

Esta não é uma situação que certamente acabará fracassando. Para você, as pessoas de amêndoa são por demais mundanas e apegadas aos valores materiais e ao sucesso. Seus adereços externos são todos muito tentadores. Você não gosta de entrar em competições, mas com estas pessoas poderá fazê-lo. A mente ágil delas pode levá-lo a se interessar por muitas coisas, mas você logo ficará aborrecido com a vida material que elas levam. As suas emoções estarão em constante estado de irritação porque o seu espírito não estará sendo saciado. A intimidade sexual será algo com que você sonhava. As pessoas de amêndoa são conhecidas por sua prosperidade e seus feitos. Você vai querer que elas diminuam sua velocidade de vez em quando, pois não se trata de uma corrida.

Amendoim

Quanto mais você se voltar para assuntos espirituais, menos bem-sucedido será este relacionamento. As religiões em voga serão toleradas, mas qualquer outra coisa será muito nebulosa para que as pessoas de amendoim a compreendam. Você está sempre voltado para o seu interior, e essas pessoas estão sempre voltadas para o exterior para ver como as coisas podem ser mudadas. Elas podem não compreendê-lo, mas você terá ocasião para fazer uma exploração interior neste relacionamento. Você pode achar que elas estão se privando de muitas coisas por não estarem na sua companhia. Elas vão achar que as suas emoções vão além dos limites. A intimidade sexual diminuirá com o passar do tempo, e outros compromissos terão precedência.

Avelã

Compreenda a personalidade das pessoas de avelã e irá compreender as energias da Terra. Que tarefa — meditação, num quarto fechado, trabalhando juntos para a percepção consciente de Gaia! Este relacionamento até certo ponto estranho pode dar certo para ambos. Quando as pessoas de avelã, amantes da paz, são fortes, nada vai detê-las. Elas lhe dão espaço e são excessivamente leais. Isso fortalece as suas crenças e os seus sentimentos no que diz respeito ao relacionamento e às pessoas em geral. A intimidade pode realmente ser limitada, uma vez que não pode ser expressa por palavras.

Doce sírio e...

Café

Estas pessoas devem achar que têm todas as respostas, mas o fato de se adaptarem a você é o que conta. As pessoas de café, às vezes, podem ser um tanto desvairadas, e não a pessoa calma que você procura. Elas têm profundos pensamentos filosóficos, mas parece que eles não serão transformados em ação. Você pode fazer com que os conhecimentos por elas aprendidos sejam aplicados nas diversas situações e que elas as vivam. Na companhia de uma pessoa de café, as suas emoções oscilarão de um extremo a outro, uma vez que elas não manifestam seus sentimentos, não importa o quanto elas falem a respeito de moral, filosofia e integridade. A intimidade sexual o levará a outro plano; elas conhecem o próprio corpo e a própria mente.

Caramelo

Os limites impostos pelas pessoas de caramelo também podem limitar a mente. Estaria você disposto a isso? Elas podem não entender a sua luta para descobrir mais a respeito do seu eu interior, mas apoiarão os seus esforços. Elas gostam de agir de uma maneira preestabelecida, com todas as coisas em seus lugares. Você pode impedir que isso aconteça por estar em busca do imponderável; você é enigmático demais para que elas se sintam à vontade ao seu lado. As suas emoções serão reprimidas na companhia desse parceiro. A intimidade sexual existe para ambos quando a pessoa de caramelo tem tempo para isso; mesmo assim, você pode se sentir como se estivesse faltando alguma coisa.

Castanha-do-pará

Você poderá ser tratado pelas pessoas de castanha-do-pará como se fosse uma novidade, alguma coisa diferente para entreter os amigos delas. Você pode perceber o que existe no íntimo delas, mas elas não gostam de ficar expostas; algo muito profundo significa que elas realmente pensaram nisso, deram um nome a isso, tiveram sentimentos. Você é paciente, mas a vida mundana significa muito para as pessoas de castanha-do-pará. As emoções dificilmente são mencionadas, embora você compreenda essas interessantes pessoas. A intimidade sexual não é o forte delas, mas quanto mais elas confiam em você, mais podem relaxar e ter tempo para fazer o que o corpo delas estiver exigindo.

Cereja

Você adora a paixão destas pessoas. Você as considera pessoas verdadeiras, agradáveis, que vêem o mundo de sua própria maravilhosa perspectiva. Elas já exploraram a área física e agora estão em busca da área mística. Pode ser por meio dos exercícios Tantra de realização sexual, levando dois corpos a se unirem num só. Você oferece as dimensões espirituais, criando o vínculo extra que confirma este relacionamento. As emoções estão pairando à sua volta e a pessoa de cereja irá apanhá-las; nada ficará oculto. Você poderá explorar a luxúria e o amor. Uma grande curva no gráfico da aprendizagem de vocês dois.

Doce sírio e...

Chocolate

Este relacionamento é quase igual a ter um guru por perto. A verdadeira pessoa de chocolate pode contribuir para a sua vida mística. Muitos momentos serão gastos se abraçando, se acariciando e vivendo realmente. Suas emoções são muito intensas — será que elas estão acelerando a sua evolução? Este relacionamento diz respeito à força e à forma, as energias masculina e feminina juntas, tanto uma como a outra no seu interior. Isso produz equilíbrio, fecundando idéias na mente fértil — a integração de si mesmo. Você compreende que a pessoa de chocolate não é, na verdade, diferente de você e que cada um está tentando aperfeiçoar a si mesmo.

Damasco

Você vai fazer com que as pessoas de damasco saiam de imediato da sua tranqüilidade, revelando um plano espiritual totalmente desconhecido para essas pessoas sensíveis. Suas emoções irão fluir em abundância com referência a elas. Você as achará excitantes, amorosas e dispostas a acrescentar à vida delas qualidades mágicas. Elas adoram os seus ternos momentos de busca. Com relação ao sexo, ambos manifestarão amor pelos seus semelhantes dentro de si mesmos. A adoração do Supremo flui através de vocês dois. As possibilidades são infinitas na companhia dessa pessoa encantadora.

Coco

Esta pessoa irá trazer à tona o que há de melhor em você. As pessoas de coco irão dar um espaço seguro no qual você pode desenvolver o seu eu interior, e estarão sempre presentes para ajudá-lo a ver o que você tem de melhor. Às vezes, isso pode não significar muita coisa, mas você sabe que elas sempre estarão amparando você. A vitalidade artística dessas pessoas irá fazer com que você veja a vida de uma maneira diferente. Com essa pessoa, suas emoções são sinceras e adequadas. As pessoas de coco estão sempre em atividade, e quando o ritmo diminui, cuidado — há magia nisso. A intimidade sexual é uma das principais partes da vida de vocês e é o verdadeiro elo de ligação com outra pessoa.

Doce de leite caramelado

Seu tempo com as pessoas de doce de leite caramelado será limitado; portanto, aproveite-o ao máximo. Essas pessoas não se interessam tanto pelo místico; sua busca é pelas últimas ofertas do comércio. Isso é o que as fará mais felizes. Você pode ser altruísta, mas elas têm um toque de egoísmo — elas gostam de se sentirem calmas, sensuais e contentes. As emoções estarão de acordo com o que elas sentem, não com o que você sente; assim, você vai sentir que estas pessoas não estão dispostas a ajudá-lo da maneira que você gostaria. Você poderá se divertir com elas, e a intimidade sexual será uma fuga para o mundo real dessas pessoas. O tempo é algo que pertence a elas.

Doce sírio e...

Doce sírio

Este relacionamento pode dar certo, ou ser um completo desastre. Vocês poderão estar tão concentrados na vida interior que irão esquecer o mundo exterior. Isso seria ótimo se vocês estivessem na Índia, mas no Ocidente vocês ainda têm de comer, dormir e de morar em algum lugar. Encontrar o equilíbrio entre viver e suas outras aspirações é uma constante fonte de ansiedade, mas por outro lado devem estar com os pés no chão. Aprendam a jogar o jogo da vida e encontrarão o equilíbrio que estão buscando. A intimidade e as experiências compartilhadas irão resultar na integração de dois corpos, de duas mentes e de muitas vidas.

Framboesa

Este relacionamento é uma fonte de alegria. Quando você descobrir o seu eu superior, este será o parceiro perfeito para você. No entanto, enquanto estiver nessa busca, a história poderá ser outra. As pessoas de framboesa estarão freqüentemente mostrando a impraticabilidade da sua busca: a vida está aqui e agora e você deve se basear no passado e se contentar com o que tem. Isso pode afetar os seus sentimentos; talvez elas tenham razão. Estas pessoas podem proporcionar a paz e a estabilidade que você tanto deseja, mas o que dizer quanto à sua paz interior? Você anseia por ampliar a sua consciência e, tão logo elas entendam isso, a intimidade pode começar.

Gengibre

O calor e o entusiasmo das pessoas de gengibre são contagiosos e podem estimulá-lo. Elas estão muito mais interessadas no mundo físico do que você, o que pode levar a muitas discussões e divergências. Você vai ter momentos e experiências maravilhosas com as pessoas de gengibre. Você compreende o costume que elas têm de fazer castelos no ar pelo fato de verem o mundo como um todo, o que significa tentar resolver os problemas de maneira criativa. Suas emoções não serão muito afetadas por elas, não se considerando a falta de envolvimento por parte delas como algo que você acha importante. A vida sexual será intensa, uma vez que elas gostam de manter relações sexuais; o nível pode depender de como a sua vida está na ocasião.

Laranja

O que mais você quer de um parceiro? As pessoas de laranja estão aí para servi-lo, compreendê-lo e gostariam de crescer junto com você. Você assume o comando e elas o seguem. Isso faz parte do motivo pelo qual vocês estão juntos. Essas pessoas gostam de receber ordens e, por estarem na sua companhia, podem se desenvolver mais rapidamente. As suas emoções são despertadas por isso e a natureza generosa e fervorosa dessas pessoas irá fazer crescer a sua auto-estima. A intimidade sexual acontecerá de acordo com as idéias e os valores de outros místicos do passado. Não há distinção entre vida, amor e respeito pela vida como um todo.

Doce sírio e...

Lima

Estas pessoas o levarão a qualquer lugar para onde você queira ir, embora você tenha de orientá-las, uma vez que as pessoas de lima não são as melhores quando não as orientam. Elas irão testá-lo no que diz respeito às suas crenças e provocá-lo. Isso é ótimo para conseguir que você se concentre naquilo em que está pensando. O maravilhoso dessas pessoas é a franqueza com que elas externam o que está no seu íntimo. Isso irá dar a você uma renovada segurança a respeito dos próprios pensamentos e sentimentos. Quanto ao sexo, você as achará difíceis, mas logo descobrirá que é assim que elas são, e irá relaxar e aceitar a situação.

Limão

Esta combinação é tão improvável que, se acontecer, irá dar certo. O intelecto das pessoas de limão rebela-se contra aquilo em que você acredita. Se você conseguir chegar aos seus corações, irá criar uma discórdia interior. Você pode ajudá-las a ver a vida de uma maneira muito diferente, descobrindo o amor e a alegria. Isso leva as pessoas de limão a um nível de felicidade até então totalmente desconhecido para elas, e isso irá se refletir em você de diversos modos. A intimidade aumentará à medida que ambos aprendam a amar com sinceridade.

Marshmallow

Por mais surpreendente que você ache que são as pessoas de marshmallow, com todo o seu vigor e vivacidade, este não é um relacionamento profundo. Elas o seguirão como o discípulo a um mestre. Isso não é o que você deseja e você pode até acreditar que nada tem a oferecer a elas. As emoções entre vocês irão fluir. Enfrente a realidade: as pessoas de marshmallow não o entendem, se bem que possam dar a impressão de que o fazem. Embora vocês sejam tão diferentes, terão muitas alegrias e momentos interessantes. A intimidade será fugaz e o que você está buscando está em falta. Vocês irão se separar sem nenhuma animosidade.

Mel de abelha

Você pode considerar as pessoas de mel de abelha volúveis, sem firmeza, à procura de uma base. Você será o único a fazer concessões neste relacionamento. Haverá bom humor e alegria. Essas pessoas não são vingativas e cada dia é um novo começo; essa é a virtude que as está protegendo. Os muitos amigos e contatos delas levam você a algumas situações estranhas; afinal de contas, elas também estão à procura do fator X. Você considera a vida como algo sagrado; elas se divertem. A confiança ocupa grande parte das suas emoções. Elas jamais o magoarão conscientemente, mas às vezes não pensam nas consequências de suas atitudes. As questões sexuais são divertidas, mas aonde vocês querem chegar?

Doce sírio e...

Menta

O que as pessoas de menta desejam? Elas são capazes de tomar uma decisão? Estas perguntas a respeito dessas pessoas não serão respondidas. Você exercerá uma permanente influência sobre elas, cujas emoções são tão instáveis quanto as idéias e a vida delas. Se elas estiverem à procura de uma vida mística, você será o único a ajudá-las — até que outra pessoa caia no seu agrado. As multifacetadas pessoas de menta têm opiniões benéficas e firmes que serão postas em prática tão logo elas tenham decidido o que estão buscando. A intimidade sexual faz parte da natureza dessas pessoas, dependendo de quem são elas naquele momento.

Noz

Estas pessoas têm todas as qualidades que você deseja, mas podem ser muito arredias para que você possa compreendê-las. Elas podem ser excessivamente auto-suficientes para o seu gosto, não importa o que você diga a respeito de ter o seu espaço. Não obstante, haverá momentos encantadores passados na companhia delas, no campo, observando a natureza em todo o seu esplendor. Para você, as emoções entre os dois serão, até certo ponto, unilaterais — mais da sua parte do que da parte delas. A capacidade dessas pessoas serem elas mesmas, mantendo a própria opinião, não se ajusta muito bem a você. A intimidade é excelente, mas essa pessoa não é realmente você.

Morango

As pessoas de morango estão aí para servi-lo, e o amor que elas demonstram, não conhece limites. Você está pronto para agir da mesma maneira? O temperamento dócil dessas pessoas permite que você seja você mesmo e manifeste as suas qualidades intrínsecas. Elas o apóiam e podem conciliar emoções e intimidade através do amor. Os sentimentos das pessoas de morango podem, às vezes, subjugá-lo de tal forma que você sonha em ir embora e ter um espaço para si mesmo. Dê-lhes tempo; elas irão entender isso. Pelo fato de vocês dois agirem com sinceridade, vocês podem precisar fazer pequenos ajustes, uma vez que outras pessoas podem tentar tirar vantagem do seu bom caráter.

Noz-pecã

Uma mescla de idéias, um *pot-pourri* de emoções. Este relacionamento pode parecer confuso para os outros, mas vocês sabem aonde querem chegar. Para essas pessoas, as emoções significam agir da maneira que cada um acha mais correta. Esses diferentes pontos de vista criarão um equilíbrio entre vocês dois. Ambos têm opiniões firmes e habilidade para se comunicarem, habilidade que vocês usam muito bem. Depois de conhecê-lo, as pessoas de noz-pecã irão penetrar nos domínios místicos, devido às suas idéias alquímicas a respeito da saúde e da imutável sensação de deslumbramento. A intimidade estará num nível que os outros não compreendem.

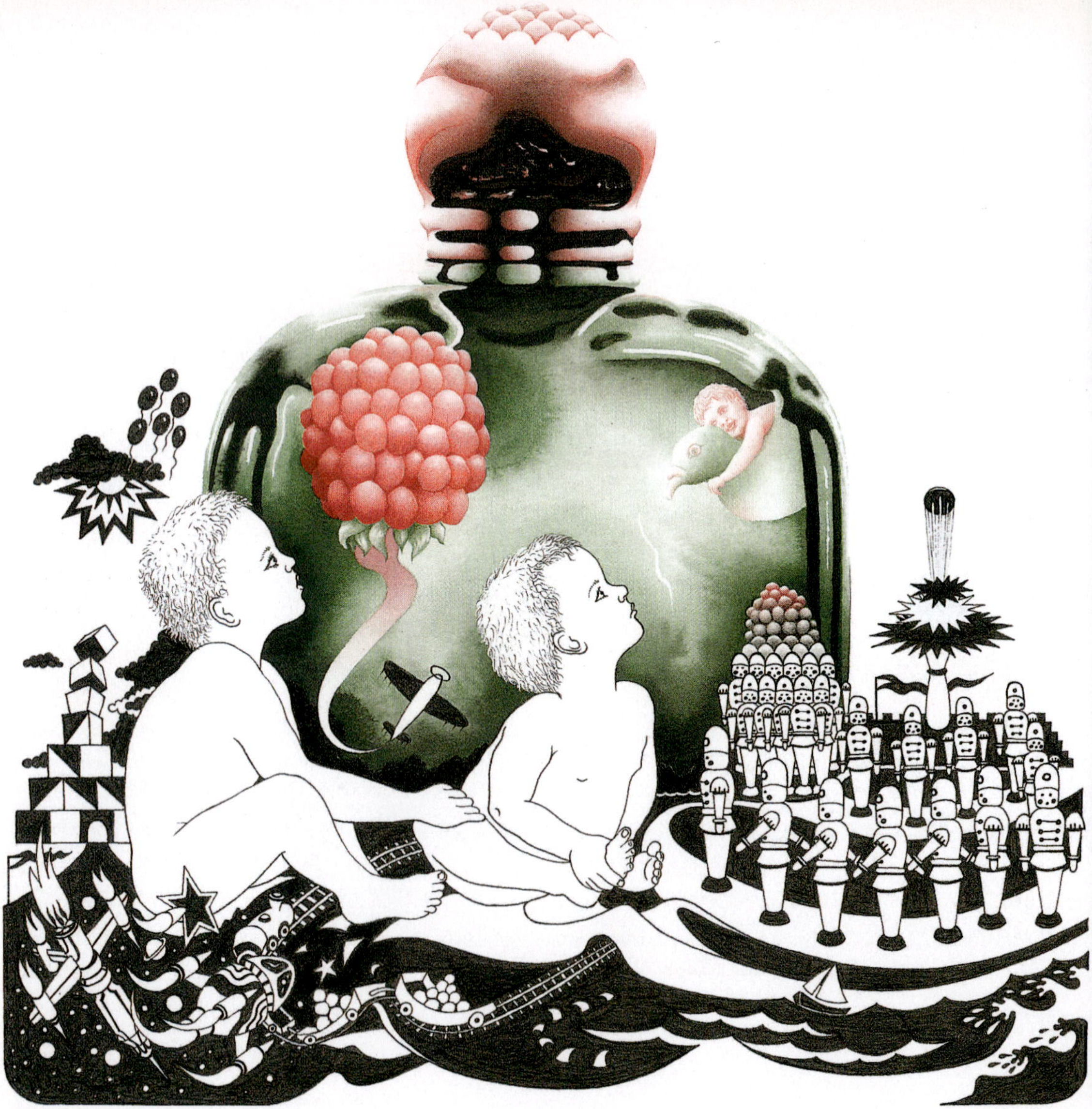

A framboesa nos relacionamentos

Preservação
Reflexão
Experiência

Você protege o seu parceiro do que acontece no mundo e, nesse relacionamento, você também se sente protegido.

Você gosta de *hobbies* e coleciona muitos objetos estranhos. Algumas pessoas podem chamar isso de um amontoado de coisas. Você está se escondendo por trás disso? O que você tem a esconder?

Sem nenhum limite definido nos relacionamentos de hoje, você poderá se sentir um tanto confuso. Isso o transforma numa pessoa que não gosta de complicações com seus parceiros; você gosta de saber onde pisa. Mas você tem um grande número de amigos e conhecidos. Pelo fato de ser um amante de framboesa, você tem idéias preestabelecidas a respeito do seu papel num relacionamento e do papel que o seu parceiro deve desempenhar. Sua concepção de um casal está baseada nos anos de 1950 e 1960, quando a vida era mais simples.

Você acredita em romance e no propósito que nele existe, mas a comunicação com o seu parceiro sobre esses assuntos não é o seu ponto forte. Você mantém as emoções afastadas da vida cotidiana, mas tão logo tenha um parceiro que o compreenda e se sinta protegido, esses sentimentos poderão ter uma pequena e rápida manifestação.

INTIMIDADE

Você irá desfrutar os momentos partilhados com o seu parceiro — observando o pôr-do-sol, vendo um filme ou sentado num sofá assistindo à TV, os longos e apertados abraços pela manhã, aqueles momentos de tranqüilidade quando vocês sabem exatamente em que o outro está pensando.

Framboesa e...

Abacaxi

Um romance perfeito, um toque de classe. Haverá mais conversas do que de costume, mas você estará vendo o lado alegre da vida. Essas pessoas são práticas e afetuosas, e irão tocá-lo de um modo que você achava não ser possível. Você estará cada vez mais em contato com a sua verdadeira identidade. Naturalmente, vocês irão conversar a respeito de suas emoções, pois não podem evitar que isso aconteça. Intimidade, para elas, significa abraçar, acariciar e conversar. Este relacionamento pode levar a uma liberdade que poderá fazer com que você chegue até a abandonar algumas de suas antigas crenças para abraçar uma nova. Isso é assustador, mas a pessoa de abacaxi proporcionará um lugar seguro para ambos.

Amendoim

Um romance ideal — vamos dar pulos de alegria? Esta parceria será excelente se você gostar de esportes. Essa é a paixão das pessoas de amendoim, embora isso possa mudar à medida que elas envelhecem. Essas pessoas se preocupam totalmente com o modo de ganhar a vida e com a comunidade. Isso pode fazer com que você as apóie ou tenha tempo para as coisas que são do seu interesse. Elas não se deixam levar pelas emoções num relacionamento, mas os sentimentos estão presentes. Suas idéias práticas podem ser um estímulo para elas e para seus valores. Não há muito a ser dito, mas ai de quem tentar interferir na vida de vocês. A relação sexual acontecerá quando tiverem uma oportunidade; basta que você crie essa oportunidade.

Amêndoa

As pessoas de amêndoa agirão com muita segurança neste relacionamento, uma vez que são muito competentes na maioria das áreas da sua vida. Você reage favoravelmente a pessoas que têm metas e se esforçam para atingi-las, isso terá de ser definido, uma vez que as pessoas de amêndoa estão sempre procurando uma nova oportunidade para exercer seu domínio. Isso é ótimo se aplicado aos negócios. Tão logo a confiança esteja estabelecida, você irá compreender essas pessoas e irá acompanhá-las em cada passo do caminho. Os sentimentos de um pelo outro serão mantidos em segundo plano ou expressos por meio dos negócios. A intimidade sexual irá acontecer, mas este não é, na verdade, o fator que motiva este relacionamento.

Avelã

Este é um relacionamento interessante e pode dar certo. As pessoas de avelã o vêem como antiquado no seu modo de ver a vida, mas não considere isso como um de seus defeitos. Você acha essas pessoas cordiais e afáveis, e gosta da opinião delas a respeito da arrumação da casa para que elas se sintam confortáveis. Elas têm muitas idéias contrárias às suas, mas é fácil chegar a um acordo. Você vai achar que as emoções delas estão atrapalhando a sua vida. O seu espaço físico está sempre sendo invadido por essas pessoas convincentes. A intimidade é excelente quando ninguém mais está por perto.

Framboesa e...

Café

Esta parceria sintetiza o que há de bom num relacionamento: o dar e o receber, o equilíbrio que pode variar de um para o outro. O amor que você tem pelas pessoas de café irá mantê-las com os pés no chão, evitando que se percam em pensamentos profundos. As emoções geralmente não são discutidas, a menos que haja necessidade. Os exemplos a serem seguidos podem não surtir efeito neste relacionamento. As pessoas de café têm uma personalidade inclinada aos vícios que é mantida sob controle pela realização pessoal. A intimidade sexual está presente; as pessoas de café são amantes muito carinhosas.

Caramelo

Um relacionamento muito prático. Poderá ser uma ótima relação comercial se vocês estiverem interessados na preservação de coisas do passado, tais como construções ou antiguidades, uma vez que as pessoas de caramelo proporcionarão os meios. Como um relacionamento, no entanto, poderá ser o mesmo, dia a dia; ele pode ser adequado para ambos, mas os outros podem vê-lo como uma quebra de rotina. As pessoas de caramelo gostam de manter um relacionamento sério, o que também parece correto para você. Nenhum dos dois pensa em se separar. A atividade sexual será excelente quando a pessoa de caramelo vai se excitando lentamente. Se ambos tiverem a mesma visão do futuro, farão com que ele se realize.

Castanha-do-pará

Este relacionamento dará certo para os dois: a pessoa de castanha-do-pará se sentirá protegida e você permitirá que ela se revele. Isso pode fazer maravilhas em seu favor, pois ela saberá que você tem um companheiro que está ao seu lado para ajudá-lo. As emoções são mantidas sob controle. As pessoas de castanha-do-pará promoverão encontros com várias pessoas que estão muito distantes dos seus princípios fundamentais, mas esses encontros só irão enriquecê-lo. Pode haver atritos a respeito de coisas sem importância na vida, tendo em vista que as pessoas de castanha-do-pará gostam de fazer (ou de serem vistas fazendo) as coisas certas. As relações sexuais acontecerão nos lugares e momentos certos; há coisas mais importantes na vida.

Cereja

As pessoas de cereja certamente trarão estímulo para a sua vida. Essas pessoas são apaixonadas e cheias de entusiasmo pelo que fazem, e isso pode iluminar os seus passos e produzir um brilho extra nos seus olhos. Essas pessoas vivem oscilando com suas emoções; portanto, tenha cuidado, mas você talvez possa equilibrá-las e acalmá-las. Elas não vêem a vida de um modo sombrio, como você: se não gostam de alguém ou de alguma coisa, elas vão embora. Quanto ao sexo, a vida será sem restrições; você pode não saber sequer o que o estimula. Talvez você ainda esteja à procura de romance — isto é, de luxúria.

Framboesa e...

Chocolate

A pessoa de chocolate pode ensiná-lo a rir da vida, a dançar, a ampliar a sua capacidade mental. O romance e os sentimentos profundamente arraigados no seu íntimo podem ser expostos com segurança. As pessoas de chocolate o ajudarão a olhar para o futuro com os olhos no passado. Muitos chamam a si mesmos pessoas de chocolate, mas muito poucas são realmente essas pessoas. Se elas não contribuírem para a sua vida, estarão simplesmente zombando de si mesmas e de você. A atividade sexual será intensa, mas a intimidade será intensa durante todo o dia.

Coco

As pessoas de coco exercem uma profunda influência na sua vida. A maneira despreocupada de ver as coisas dessas pessoas significa que você deve ir em frente fazendo o que lhe compete. Elas não perdem uma oportunidade para conversar, falando muito pouco quando alguém está por perto, mas dando alguns palpites de vez em quando, para que você saiba que elas estão ouvindo. Os sentimentos são partilhados, mas nem sempre são expressos. Você gosta da vitalidade dessas pessoas e do modo como demonstram seu temperamento. Essas qualidades irão realçar a sua natureza. A intimidade sexual está presente para ser explorada.

Damasco

Você vai achar estas pessoas muito reservadas para o seu gosto. Elas dão importância às carícias mútuas, o que não acontece com você. Você gosta de se agarrar ao passado, mas não para se esconder ou se proteger do mundo exterior. As emoções em relação a esse parceiro são reveladas para todo o mundo; elas estão constantemente manifestando as suas. Isso irá irritá-lo: por que não calam a boca e ficam de bem com a vida? Esta parceria será uma tarefa difícil porque vocês vêem a vida de ângulos quase opostos. Ambos gostam de manter um relacionamento duradouro como este; portanto, se tiverem limites claramente definidos, o amor poderá fluir e haverá confiança entre os dois.

Doce de leite caramelado

As pessoas de doce de leite caramelado querem fugir da vida. Isso pode assumir várias formas: fazer compras, arrumar a casa. Você vai achar alguns desses comportamentos irracionais, mas isso faz parte da personalidade dessas pessoas — acostume-se. Elas irão provocá-lo algumas vezes e você poderá ficar irritado. As emoções — delas — serão discutidas. Você é uma influência permanente para essas excitantes pessoas. Aja de maneira um pouco leviana algumas vezes (você pode fazer isso) porque isso o levará para mais perto da pessoa de doce de leite caramelado. A intimidade sexual existe e essas pessoas o deixarão em forma quando chegarem à fase de carícias e abraços.

Framboesa e...

Doce sírio

O que há de errado com o aqui e agora? As pessoas de doce sírio estão em busca de algo impossível, algo que não se adapta às suas regras; você não pode compreender isso de modo nenhum. Você não dispõe de tempo para o místico ou o espiritual. Suas emoções estão direcionadas para o passado, o presente e o material. Elas são pessoas dignas de confiança, mas estão empreendendo uma busca, e, se encontrarem o que estão procurando, você pode não estar nos planos delas. Isso pode causar atrito. A intimidade sexual existirá para ambos, se vocês a procurarem.

Framboesa

Você será dogmático a respeito das suas idéias. E isso será reforçado pela pessoa de framboesa. Ambos conhecem os seus papéis; portanto, continuem a viver. Pelo fato de elas terem pensamentos iguais aos seus, pode lhes faltar novas idéias, e o relacionamento poderá estagnar. É importante ter amigos com pontos de vista diferentes. Os sentimentos de um para o outro continuarão a existir, de um modo ou de outro. Ambos podem ficar com raiva, não um do outro, mas dos tolos que os cercam, que não se submetem às regras de vocês. Existe apoio mútuo, mas não se fala nisso. A intimidade sexual será quase tão boa quanto os momentos tranqüilos que vocês passam juntos.

Gengibre

Você poderá não gostar das pessoas de gengibre, com suas opiniões inconstantes e as mudanças que gostam de fazer. Você não está disposto a mudar na maioria das vezes. Pode se sentir empurrado para áreas desconhecidas que você não terá tempo de assimilar. Você pode considerar essas pessoas como volúveis, sem nenhum compromisso com a estabilidade. As emoções serão fortes para você, no aspecto negativo. As pessoas de gengibre sonham com aquilo que poderá acontecer, e isso lhe parece estranho. Elas o vêem como alguém que as reprime. Vocês são tão diferentes que os ressentimentos irão começar, e elas o abandonarão ou você deixará que elas se afastem.

Laranja

Você realmente pode gostar das pessoas de laranja. Elas gostam de ter limites, exatamente como antigamente, quando cada coisa tinha o seu lugar. Encantadoras. Elas irão apoiá-lo na maioria das vezes, com sua atitude atenciosa. Os sentimentos existem de um para com o outro; ambos estão muito ocupados para notar essas coisas. Você pode amá-las com todo o carinho. Às vezes existirá intimidade entre vocês. Você não tem paciência com o lado espiritual dessas pessoas, se elas forem adeptas a essa bobagem de nova era, embora você considere ótimas as igrejas tradicionais, que trazem de volta a lembrança de tempos passados.

Framboesa e...

Lima

As pessoas de lima irão confundi-lo com suas conversas. Será que você tem tempo para pensar na resposta? Não! Elas são pessoas que você gostaria de abominar, mas estranhamente vocês se dão bem e desfrutam a companhia um do outro. Você terá de aprender a falar em voz alta para expressar os seus pensamentos. Você poderá dar-lhes orientação. Seus sentimentos serão testados com o transbordar das emoções das pessoas de lima. Elas se entregam totalmente quando estão apaixonadas, e isso expõe os sentimentos profundamente ocultos dentro de você. A intimidade sexual será algo com o que você vai se acostumar. Você ainda terá o seu espaço — não precisa se apavorar.

Limão

Este é alguém que entende você. As pessoas de limão têm uma vida muito atarefada, que exige o máximo de energia; portanto, não sobra muito para os relacionamentos. Mesmo assim, esta é uma pessoa com quem você pode se relacionar, e as emoções são esquecidas, o que é agradável para você. Apenas continue a viver que esta parceria transitória irá se entrosar. A proximidade virá; dê-lhe tempo, mas não se deve falar sobre isso. Haverá liberdade para ambos com segurança e estabilidade que possibilitam a vocês enfrentar outros desafios, às vezes juntos, mas na maioria das vezes sozinhos. Um relacionamento interessante.

Marshmallow

Você adora a vitalidade e a vivacidade das pessoas de marshmallow. Trata-se de pessoas dadas à vida social da qual você vive afastado, e isso requer alguns ajustes da sua parte. Elas não irão mudar. Você poderá apoiá-las, mas tenha cuidado para que elas não dependam apenas de você. Emocionalmente, é a excitação do que está acontecendo no momento que terá a atenção delas. Você irá levá-las a conhecer o lado prático da vida. Elas trarão risos e alegria para a sua vida. A intimidade sexual crescerá com o tempo e com a confiança.

Mel de abelha

Você sempre irá se divertir com as pessoas de mel de abelha, se gostar de viajar, de ver como o mundo é realmente. Você será a proteção delas contra o mundo. Elas trazem bom humor para a sua vida. Estão sempre planejando a próxima aventura, e a sua natureza realista será inestimável para elas; elas precisam de alguém como você para evitar que se desgastem. As emoções estarão ligadas aos acontecimentos; as emoções pessoais permanecerão escondidas no seu íntimo. Às vezes haverá intimidade sexual; não fosse isso, você estaria cuidando de se afastar. Há muitos arco-íris no ar neste relacionamento.

Framboesa e...

Menta

Que escolha você fez! As pessoas de menta precisam de um toque prático. O seu principal problema será o temperamento inconstante dessas pessoas: você não sabe o que irá acontecer, uma vez que cada nova idéia tira o sossego dessas pessoas volúveis. Elas não são totalmente estáveis, mas nunca haverá um momento de tristeza. Vez por outra você vai precisar de um descanso. Elas amam profundamente e se entregam alegremente — neste momento, mas quanto ao que vem depois? O mesmo se aplica à atividade sexual. Você pode sonhar com um momento estável de tranqüilidade; mas como você irá crescer e aprender sem essa pessoa empurrando e arrastando você para os próximos cem anos?

Morango

Um magnífico casal romântico. As pessoas de morango têm sentimentos profundos, mas costumam guardá-los para si mesmas; apenas pequenos detalhes são discutidos. Elas são amáveis e irão se ajustar ao que quer que você deseje fazer. Adoram romances, à moda antiga, e isso se adapta otimamente a você. Você deve tê-las atraído para o que elas estão pensando realmente. As pessoas de morango gostam de saber que posição ocupam num relacionamento, e sem dúvida você irá compreender esse desejo delas. No que diz respeito à atividade sexual, elas assumirão o comando até que estejam seguras de si mesmas. Portanto, você terá de ficar atento.

Noz

Esta é uma bela parceria, com muitos momentos de calma passados no campo sozinhos. Você acha as pessoas de noz impulsivas, o que pode realmente trazer excitação para a sua vida. Vocês passarão algum tempo observando os espaços ao ar livre para ver como eram e como mudaram. Elas não são dadas a muita conversa, o que o atrai. Quando falam, é para expressar suas opiniões de maneira inteligente e muito concisa. As emoções devem ser controladas por vocês dois. A intimidade levará tempo, mas uma vez presente ela será como se vocês estivessem conversando com o próprio corpo.

Noz-pecã

As pessoas de noz-pecã irão fasciná-lo e quase hipnotizá-lo. Elas podem fazer com que você se sinta pouco à vontade, mas o otimismo ingênuo dessas pessoas faz com que você fique sempre sorrindo. Você adora as ligações com a família, mas não está seguro a respeito dessa busca pelo elixir da juventude; quando ele se encontra exatamente na frente delas, por que elas não conseguem vê-lo? As emoções devem ser manifestadas; se algo as reprime, é por causa da idade. Você pode ajudar as pessoas de noz-pecã a descobrir a si mesmas, mas é mais provável que você siga os passos delas. A intimidade terá fluxo e refluxo entre o celibato e a união sexual.

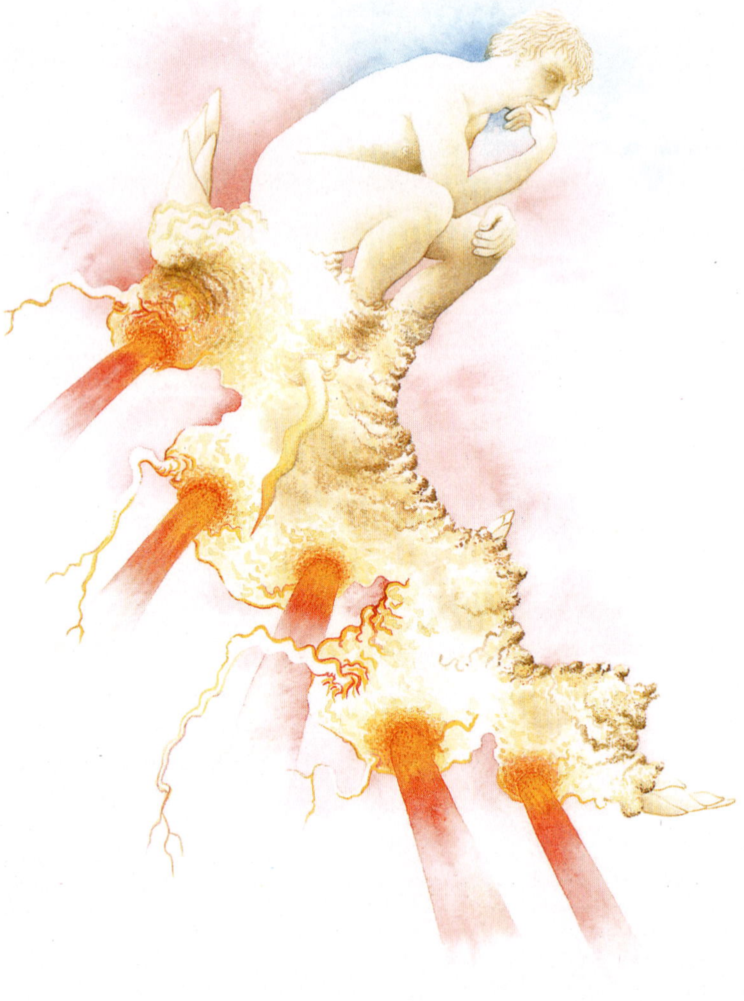

O gengibre nos relacionamentos

Intensidade
Empreendimento
Inspiração
Identidade de posicionamento

Você poderá escrever um livro a respeito dos seus relacionamentos como uma pessoa de gengibre. Você é empreendedor! À medida que você envelhece, seus parceiros vão mudando. Você tem grandes idéias e objetivos. Isso atrai parceiros que gostam de estar na sua companhia. Você tem um temperamento alegre que anima as outras pessoas. Gengibre é uma energia masculina; por isso as mulheres precisam se lembrar do seu lado feminino, enquanto os homens precisam se lembrar de suas intuições e sentimentos. Isso o levará a ser uma pessoa equilibrada que poderá, então, ter um relacionamento mais firme do que julgava ser possível. A pessoa de gengibre é sonhadora, e todas as suas realizações começam com um sonho. Mas não se esqueça de, também, tomar a iniciativa.

INTIMIDADE
Você não só lê a respeito disso — você adora estar aqui. Para você, a intimidade faz parte do que você está fazendo na vida. Você é muito atencioso com os seus parceiros e quer que eles a desfrutem tanto quanto você. Os compromissos podem ser um problema, uma vez que há muitas coisas para fazer. Você não magoa ninguém conscientemente.

Gengibre e...

Abacaxi

Quando vocês deixam de conversar, o que acontece? Suas mentes podem ascender a outros níveis. A pessoa de abacaxi é ótima como apoio aos seus sonhos e ideais, mas só verbalmente; assim vocês dois podem sonhar continuamente sem nada realizar. Você é quem assume o comando, seja nos assuntos do coração seja nos negócios. As pessoas de abacaxi gostam da liberdade e da ternura que possuem; portanto, não será surpresa se você se apaixonar por uma dessas pessoas e o feitiço virar contra o feiticeiro. Você deve agradecer a elas por ajudarem você a explorar suas emoções, deixando que você se sinta profundamente afeiçoado a outra pessoa.

Amêndoa

Você se sentirá fortemente atraído pelas amêndoas, que têm idéias semelhantes às suas, que você acha agradáveis e que o esclarecem. Você pode achar que as pessoas de amêndoa são conservadoras e que agem de acordo com as regras nos relacionamentos e nos negócios. Elas gostam de ter sucesso em todos os empreendimentos, exatamente como acontece com você. No entanto, você será bem-sucedido agindo de acordo com as idéias deixadas à margem. Vocês podem sofrer emocionalmente por causa disso. As pessoas de amêndoa podem não entender que você necessita de momentos de tranqüilidade para pensar e sonhar. Haverá um elemento de competição neste relacionamento, principalmente da parte da pessoa de amêndoa.

Amendoim

Você vai achar esta parceria interessante. As pessoas de amendoim gostam da sua rapidez, das suas idéias e do modo como você faz as coisas. Você considera o relacionamento como um todo, ao passo que os amendoins que dele façam parte podem ficar enredados nas banalidades da vida. Isso não quer dizer que você irá conseguir que uma pessoa de amendoim vá admitir tal fato. As pessoas de amendoim podem ajudá-lo com suas idéias perfeitamente afinadas e pondo-as em prática. Na intimidade, você gosta do seu modo despreocupado de agir, mas quando agem de maneira arrogante, esteja atento. Ao se envolverem, elas podem começar a agir da maneira que lhes convém, o que pode impedir que você experimente as suas asas.

Avelã

Você irá considerar o meigo temperamento da avelã como uma bênção. A verdadeira felicidade deste relacionamento acontecerá se você adotar o temperamento da avelã (a seu modo, é claro). Este relacionamento é benéfico e vocês podem se apoiar mutuamente, o que deve valorizá-lo como uma pessoa de gengibre. Você pode tornar seus sonhos realidade na companhia dessas pessoas, caso elas o apóiem em muitas coisas que você faz, contanto que você não se oponha ou não esteja destruindo a Terra. Caso contrário, as pessoas de avelã o deixarão e terminarão o relacionamento. A intimidade proporcionará uma união com a qual você jamais sonhou.

Gengibre e...

Café

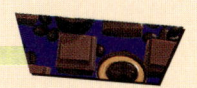

Você vai adorar o modo de pensar das pessoas de café. Essas pessoas gostam de ficar comprometidas com aquilo com que estiverem envolvidas no momento. As coisas mudam, mas você achará difícil detectar isso, uma vez que as pessoas de café não revelam o que pensam. Elas são muito falantes quando tratam de um problema, mas, para o seu constrangimento, raramente o levarão adiante. Você gosta de ação, mas as pessoas de café ficam perdidas em pensamentos; assim, não se consegue muita ação. As pessoas de café têm um imenso círculo de amigos de todas as condições sociais; isso só poderá realçar algumas das suas idéias. Vocês são semelhantes no que se refere ao sexo e se entregam totalmente quando têm tempo.

Caramelo

As pessoas de caramelo tentarão deixá-lo de lado e ignorá-lo; só então poderão começar a entendê-lo. Elas levarão algum tempo para compreender a originalidade das suas idéias; elas gostam de tudo limpo e arrumado. As pessoas de caramelo são perseverantes; não desistem facilmente. Elas precisarão de tempo para conhecê-lo, uma vez que são amantes cautelosos. São parceiros leais e você irá tentar testá-las até o limite. Esta união pode ser classificada como inadequada; mas tão logo os dois compreendam isso, podem transformá-la num relacionamento duradouro e gratificante.

Castanha-do-pará

As castanhas-do-pará o levarão rapidamente ao cenário social e seus pensamentos e idéias originais irão estimulá-las. Esta parceria chamará a atenção das pessoas que você irá conhecer através da castanha-do-pará. Elas gostam das pessoas bem-sucedidas; portanto, elas estarão realmente apoiando você ou podem conhecer um patrocinador que poderá ajudá-lo a concretizar algumas das suas idéias. As emoções das castanhas-do-pará não irão atraí-lo, uma vez que você gosta de um relacionamento mais íntimo. Elas podem não gostar da sua falta de comprometimento. A atividade sexual não será um item de destaque na sua agenda.

Cereja

A energia desta união pode depender do clima. Sexualmente, vocês irão se sentir muito bem um com o outro. As pessoas de cereja não podem compreender sempre o lado sonhador da sua personalidade e isso causará atritos. Em outras palavras, esta será uma boa combinação, se você puder controlar o ciúme da cereja; afinal de contas, com quem você tem compromisso? Emocionalmente, vocês podem apoiar-se mutuamente, e isso será mais fácil se ambos tiverem mais de 30 anos; antes dessa idade ainda estarão se experimentando, o que será uma aventura para as pessoas jovens; se você for mais velho, isso assume novas dimensões.

Gengibre e...

Chocolate

Esta é uma mistura delicada que irá diverti-lo. As pessoas de chocolate irão realmente servir como um grande estímulo, proporcionando-lhe muitas idéias e modos de atingir os seus objetivos. Elas entendem o lado sonhador da sua personalidade, o que significa que você não tem de se explicar e pode ser exatamente o que é. Isso permite que você reexamine a sua vida e veja o que busca nos relacionamentos. As pessoas de chocolate podem satisfazê-lo em todas as circunstâncias, motivo pelo qual você finalmente irá encontrar neste relacionamento a confiança sem ter de ficar pensando nisso. A intimidade irá permitir que você expresse os seus mais profundos desejos com amor e ternura.

Damasco

Você irá perturbar as pessoas de damasco por causa da sua maneira não-convencional de fazer e de ver as coisas. Isso irá provocar mal-estar e fazer com que você fique irritado e nervoso, o que pode se manifestar como irritação na pele e ansiedade. Se você esconder seus sonhos e idéias, agradará as pessoas de damasco. Essa união não é a melhor para essas pessoas, mas você adora o carinho e a atenção com que elas o tratam. Os esforços para protegê-lo por parte da pessoa de damasco podem reprimir as suas emoções; elas gostam que as coisas continuem como estão. O damasco é uma energia feminina com um aspecto estimulante. Vocês devem ter mais em comum do que acham que têm.

Coco

As pessoas de coco irão afetá-lo com seu ritmo e sua vitalidade. Elas têm idéias próprias, mas podem ficar em segundo plano mais do que você. Com o seu modo de pensar à margem e sua natureza reservada, você pode ignorar facilmente as idéias delas. Mas pare um minuto e pense: elas têm uma energia positiva. As pessoas de coco estão mais focalizadas no lado artístico de sua personalidade do que você; elas fazem o que fazem porque são assim, e é desse modo que elas se expressam. Este relacionamento dará certo se ambos reconhecerem suas diferenças e unirem forças. Ambos são sonhadores, portanto haverá muitas novas maneiras de ver o mundo. A intimidade será grande até que vocês tenham alguma idéia genial.

Doce de leite caramelado

Você vai achar que as pessoas de doce de leite caramelado limitam a sua liberdade. Essas pessoas gostam de ter estabilidade na vida delas, harmoniosa e tranqüila, mas você não pode proporcionar isso, a menos que seja impedido de continuar a sonhar. Quando você voltar rapidamente à sua condição normal, as pessoas de doce de leite caramelado ficarão tão perturbadas que terão de se submeter a algumas sessões de terapia. Suas constantes mudanças só podem fazer com que se manifeste o pior dessas pessoas; elas não podem se sentir seguras. As pessoas de doce de leite caramelado podem se sentir um tanto dependentes de você. Elas irão aguardar durante algum tempo, mas este relacionamento não leva a lugar nenhum. Vocês se sentirão melhor como amigos do que como amantes. A intimidade não será duradoura para nenhum dos dois.

Gengibre e...

Doce sírio

Você pode sonhar ou pensar muito, mas passar disso para o místico é um passo grande demais para você. As pessoas de doce sírio só vêem o lado bom das coisas e podem esquecer o que está realmente acontecendo. Você pode perceber que a busca dessas pessoas não é a sua busca, o que significa que você pode deixá-las prosseguir nessa busca, mas não se envolver nisso. A busca por algo imponderável por parte dessas pessoas pode frustrar a ambos. Num nível de intimidade, vocês terão momentos agradáveis, porque elas gostam de carícias e jogos amorosos, e tempo não é problema para elas. Elas são muito responsáveis, o que pode levá-lo a assumir alguma culpa.

Gengibre

Se vocês não se excitarem mutuamente, poderão entrar em combustão. Quem irá fazer com que o outro desperte? Cada um tentará superar o brilho do outro. Mas, como amigos, aceitam as idéias um do outro, o que pode ser maravilhoso. Embora não haja um restabelecimento da confiança neste relacionamento, pode parecer que há uma busca de um pelo outro. O sexo será uma explosão, mas o que dizer a respeito do resto da sua existência? Isso só pode dar a sensação de que vocês estão sentindo falta de alguma coisa; assim, vocês tentam resolver o problema procurando essa coisa. Será melhor partir em busca de outra pessoa.

Framboesa

Você não vai gostar deste relacionamento! As framboesas têm características opostas às suas. Você é uma pessoa que pensa no futuro, que faz planos, enquanto as framboesas olham para o passado, tentando mantê-lo, e são pessoas práticas. Se, seja lá o que for, não tiver acontecido antes, as framboesas não podem fazer com que isso perdure, e assim parecem reagir negativamente a qualquer coisa de novo que venha de sua parte. As framboesas não são muito propensas a falar a respeito de suas necessidades emocionais. Você gosta da intimidade como um componente da sua vida, enquanto a framboesa mantém separada essa parte da vida. Havendo segurança e confiança da sua parte, as framboesas podem chegar a compreender as suas intenções.

Laranja

Este será um relacionamento de altos e baixos; as pessoas de laranja gostam que você estabeleça normas de procedimento. Suas idéias inspiradoras e a respeito da família podem mudar seus conceitos, o que pode perturbar a paz e o universo das laranjas. Elas podem ter medo das mudanças. Isso irá, eventualmente, preocupá-lo, na medida em que você pode sentir que elas estão impedindo que você consiga o que deseja. As pessoas de laranja irão atender as suas necessidades espirituais; elas gostam de ajudar as pessoas em todas as áreas. Geralmente, você irá instigar a intimidade, e elas ficarão felizes ao seguir a sua orientação. Quando vocês chegarem a se conhecer bem, há uma boa chance de descobrirem um meio de comunicação adequado.

Gengibre e...

Lima

Os modos absurdos da lima irão intrigá-lo. As pessoas de lima sabem para onde estão se dirigindo, sendo-lhes indiferente se você irá na companhia delas ou não. Elas são muito minuciosas quando enfrentam um problema, e vão diretamente ao assunto. Isso ocupa totalmente o relacionamento e irá auxiliar o seu senso de orientação. Quando as pessoas de lima amam, elas não reprimem nada e são muito confiantes. Você pode achar a franqueza dessas pessoas muito intimidadora. Este relacionamento pode ser excelente se vocês colaborarem um com o outro. As limas irão ensiná-lo a respeito de suas emoções e sobre o que é certo para você. Sexualmente, vocês podem cuidar um do outro. No entanto, elas podem achar que você fica perdido em seus pensamentos.

Limão

Você adora as idéias das pessoas de limão. Elas irão ajudá-lo nos seus empreendimentos, agindo como uma boa caixa de ressonância. Num nível emocional, no entanto, você pode ser um tanto estróina para elas. Elas podem se sentir perdidas na sua vida, e você pode assumir a culpa. Você parecerá um tanto fora do comum para as pessoas de limão, uma vez que elas gostam realmente de ordem e de lógica e você, sendo um sonhador, pode ser diferente do modo de pensar delas. Você pode dirigir suas energias para assuntos mais amplos, se elas estiverem dispostas, afastando-as de instituições de aprendizagem e levando-as para o mundo real, onde podem brilhar. Isso pode significar um compromisso da sua parte e uma confiança no que você pretende conseguir.

Marshmallow

Normalmente um relacionamento a curto prazo, este vai requerer muito trabalho se vocês quiserem permanecer juntos. Enquanto estiverem na companhia um do outro, as festas podem ser a ordem do dia. As pessoas de marshmallow têm tendência para sempre concordar com você, o que irá começar a irritá-lo porque você gostaria de ter a opinião delas. Pelo fato de os marshmallows não gostarem de causar preocupações, eles mantêm seus pensamentos ocultos e agem superficialmente. Como uma pessoa de gengibre, você sente a necessidade de debater suas idéias com os outros; isso não irá acontecer com os marshmallows. Você irá adorar a vivacidade, o riso e o traquejo social deles, mas a intimidade não estará presente.

Mel de abelha

Este relacionamento poderá ser igual a navios passando ao longe durante a noite. Vocês terão muitas alegrias, mas a vida muda da mesma forma que você. O relacionamento será repleto de idéias, sonhos e planos para o futuro; o presente jamais será discutido. O compromisso não faz parte da equação. O sexo para a pessoa de mel de abelha não é importante: às vezes acontece, às vezes não. Você estará vivendo momentos tão agradáveis que provavelmente nem notará. Vocês continuam amigos e não dirão palavras iradas, embora as discussões sejam freqüentes. Ambos estarão à procura de uma melhor oportunidade.

Gengibre e...

Menta

Seu temperamento explosivo irá adicionar energia às pessoas de menta: siga-me ou saia do meu caminho. É correto que você faça com que a sua mente assuma o controle para resolver todos os problemas, mas as mentas precisam de orientação e você pode oferecê-la. Você pode ser um constrangimento a ser enfrentado quanto os dois estiverem do mesmo lado e tiverem um objetivo comum. As pessoas de menta mudarão a maneira de pensar mais freqüentemente do que você; portanto, esteja preparado para isso. Emocionalmente, vocês combinam muito bem e podem comunicar suas necessidades um ao outro. O compromisso com as mentas não será um problema, e pelo fato de elas poderem mudar tão facilmente, é como se você estivesse com outra pessoa.

Morango

As pessoas de morango o apoiarão durante todo o tempo, na esperança de que tudo dê certo para você, quase implorando com todas as forças para que as suas idéias se concretizem. Você as achará compatíveis e desejosas de se adaptar ao seu estilo de vida. De certo modo, você pode achar isso um tanto desagradável; mas, por outro lado, as pessoas de morango são muito caridosas e ajudam os outros sem pensar em si mesmas. Você pode achar que os morangos precisam tomar algumas decisões, em vez de todas as vezes transferi-las para você. Se você quer alguém que assuma o comando, essa não é a pessoa desejada.

Noz

Este relacionamento pode dar certo para ambos. É difícil reconhecer que as pessoas de noz são auto-suficientes e que não precisam de ninguém. Elas podem levá-lo a apreciar as artes. As nozes gostam realmente de pessoas independentes, e isso pode ser ótimo para você. O temperamento equilibrado dessas pessoas poderá ser uma curva do seu aprendizado. Elas têm uma maneira corajosa de ver as coisas que irá se adaptar ao seu temperamento empreendedor. No nível emocional e de intimidade, são realistas e práticas; não brinque com elas. Para continuar ao lado delas, você tem de se esforçar bastante para competir com o coração de ouro delas.

Noz-pecã

As pessoas de noz-pecã irão fasciná-lo; elas podem até se entregar a devaneios ao seu lado. Todos nós precisamos dessas pessoas para nos ajudar a enfrentar a nossa condição de mortais. A saúde será um problema com suplementos alimentares e coisas semelhantes. As tradições são importantes para as pessoas de noz-pecã; isso pode contribuir para a solidez da família. A intimidade e os relacionamentos emocionais com essas pessoas serão diferentes. A busca pela juventude e pela vida significa que elas podem ter um relacionamento superficial com você, em vez de respostas emocionais profundas e significativas. Isso pode combinar com você, uma vez que você também vive mudando de parceiros. Quando descobrirem o seu coração de ouro, as pessoas de noz-pecã irão difundi-lo para todos os outros à sua volta.

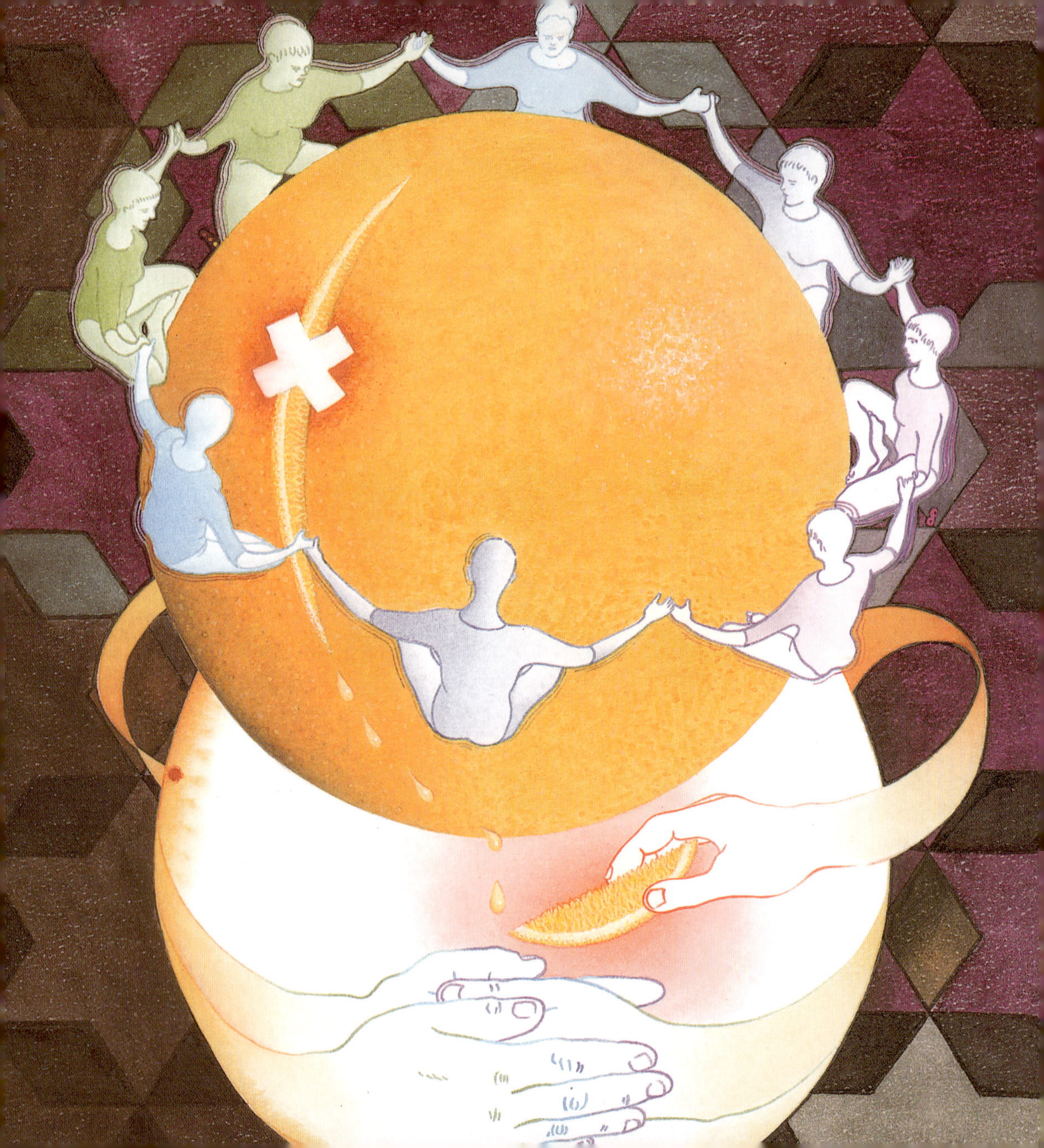

A laranja nos relacionamentos

Carinhoso
Místico
Ambicioso

Como uma pessoa de laranja, você fica desnorteado sem um relacionamento ou relacionamentos, sejam sexuais, de amizade ou familiar. A necessidade de estar com alguém é quase um anseio essencial para você. Isso pode levar à co-dependência e à falta de afirmação. Você gosta de cuidar dos outros, o que pode levá-lo a correr por toda parte em busca de amigos, de parentes ou de outras pessoas que estejam doentes. Às vezes, você precisa parar e cuidar de si mesmo; dedique algum tempo a você.

Pelo fato de gostar de limites, você prefere parceiros que estabeleçam limites definidos ou normas de procedimento para você. Isso faz com que você se sinta seguro e protegido e que, por isso, não está no melhor da sua forma e não pode oferecer todo aquele cuidado. Muitas pessoas de laranja têm vida maravilhosa, cheia de satisfação, porque estão lá fora, agindo, ocupando-se, sem ficar esperando sentadas e relaxadas. Você também deve e deseja buscar resposta para as mais elevadas questões espirituais, empreendendo com o seu parceiro uma jornada de descoberta.

INTIMIDADE
Você deve achar que está limitado àquilo de que o seu parceiro gosta, concordando com suas idéias a respeito de assuntos sexuais ou emocionais. Isso está certo porque você pode se manifestar de uma maneira brilhante, cintilante e clara, dentro desses limites.

Laranja e...

Abacaxi

As pessoas de abacaxi adoram gente. Elas gostam de conversar e de debater problemas para aprimorar seu traquejo verbal; apreciam pessoas de mente firme e respostas rápidas e engenhosas. Esta união pode ser boa para os dois. A única preocupação é que será você quem vai entrar em ação na maioria das vezes; as pessoas de abacaxi são mais conversadoras que executoras. Seu temperamento alegre significa que as emoções não foram omitidas da vida delas; e você irá saber que posição ocupa ao lado delas. Vocês dois podem conversar durante horas, mas será que estão conseguindo alguma coisa? O sexo será também mais conversa do que desempenho; mas, quando acontece, ambos terão um grande prazer.

Amendoim

Você ama e odeia as pessoas de amendoim. Elas não terão tempo para as suas buscas espirituais, a menos que façam parte do tipo de sociedade em que você vive. Essas pessoas preparam o roteiro e você o seguirá. Este poderá ser um relacionamento gratificante, uma vez que você se mantenha totalmente ocupado. Se as suas aspirações forem mais além do que as da pessoa de amendoim, isto não será fácil. As pessoas de amendoim podem facilmente se tornar complacentes e deixando que você faça a maior parte do trabalho, porque estão muito ocupadas. No que diz respeito às emoções, na maioria das vezes, você as guardará para si mesmo. As emoções das pessoas de amendoim estarão reservadas para os esportes; em outras áreas, elas são como todo mundo. Quanto ao sexo, quando tiver de acontecer, acontecerá.

Amêndoa

Este relacionamento pode dar certo para você. Isso significa que você irá apoiar as pessoas de amêndoa em todos os seus projetos. Elas adoram esse apoio, uma vez que raramente o encontram. Às vezes, elas irão lhe dar razão, porque têm em mente as mesmas idéias. Quando você as lembra de que ainda está presente, elas lhe pedem muitas desculpas — até uma próxima vez. Quando seus pensamentos estão direcionados para outros assuntos, elas podem discutir seus sentimentos e suas emoções. Elas têm a mente ágil e mudam de assunto com freqüência; por isso, você deve manter sua atenção focalizada no assunto em questão. No que diz respeito ao sexo, elas são excelentes provocadoras, contanto que a mente delas não comece a se entregar a devaneios.

Avelã

As pessoas de avelã chamam as coisas pelo nome: elas são realistas. Com sua generosidade e seus valores espirituais, você deve achar essas pessoas demasiado sinceras ou exigentes para se adequarem aos seus ideais. Para elas, o mundo é o limite; você gosta de algo muito mais seguro e que possa ser identificado. Este relacionamento dará certo se ambos tiverem os mesmos objetivos, tais como trabalhar em prol do meio ambiente. Emocionalmente, as pessoas de avelã irão permitir que você se salinte e brilhe por causa do seu temperamento racional e dos sentimentos que nutrem por você. Embora criem um comprometimento, elas gostam de ter o seu espaço; portanto, não as atropele. Quanto ao sexo, vocês dois irão aprender; nisso são as pessoas de avelã que comandam.

Laranja e...

Café

Será difícil para você compreender as pessoas de café. Não importa quantas vezes você explique seus sentimentos ou emoções — elas irão ouvi-lo se tiverem tempo, e aceitar, mas não lhe adiantará muito saber como elas se sentem a seu respeito. Elas já lhe disseram alguma vez por que você deverá respeitá-las? Você irá adorar as suas idéias e as suas convicções. Se você se preocupar com a própria vida, o relacionamento irá dar certo para ambos. Elas gostam de ter alguém por perto que faça com que mudem de idéia; assim, nem sempre concorde com elas. Provavelmente, você as achará exageradas ou obsessivas a respeito de sexo. Apesar disso, desfrute-o.

Caramelo

As pessoas de caramelo sobressaem-se sob os seus cuidados. Elas podem discordar do seu ponto de vista, porque são muito práticas no seu modo de agir. Isso pode significar que você está sempre pronto a servi-las, mas na verdade elas cuidam de você de muitas maneiras diferentes. Quanto mais severa for a pessoa de caramelo, mais você irá se sentir como um capacho. Para essas pessoas, as emoções assemelham-se a uma linguagem nova ou estrangeira, e isso não irá mudar. Sexualmente, você combina com elas, embora ache que isso deveria acontecer mais vezes.

Castanha-do-pará

Você irá gostar do desafio representado por essas pessoas. Elas são muito dominadoras em seus relacionamentos, o que significa que você deverá desejá-las e se adaptar ao seu modo de vida, antes que elas comecem a gostar de você. Sua índole generosa irá se desenvolver ao lado delas, uma vez que elas têm muitas oportunidades de ajudar os outros, e isso poderá satisfazê-lo como um subproduto do relacionamento. Elas gostam de fazer o que é socialmente correto e costumam guardar suas emoções para si mesmas. Manter uma boa aparência e ser visto nos lugares certos é muito mais importante. No que se refere ao sexo, o mesmo se aplica, uma vez que o apoio que você recebe das pessoas de castanha-do-pará irá torná-las muito mais compreensivas.

Cereja

Este relacionamento não será tranqüilo. Você pode domar as pessoas de cereja? Pare de tentar mudá-las — isso não irá acontecer! Você deverá fazer o melhor que puder, porque não desiste facilmente. Sua energia pode se exaurir, uma vez que você está permanentemente cuidando delas. A recompensa que você recebe é o entusiasmo e a orientação que elas podem lhe proporcionar para uma demanda pessoal. Quando este aspecto estiver sendo mostrado, você irá sobressair-se dando-lhes apoio. Emocionalmente, as pessoas de cereja irão testá-lo até o seu limite, e você não receberá nenhum apoio. Quanto ao sexo, você também será levado a extremos, mas vai se espantar com a falta de intimidade. Quando as cerejas compreenderem que você é a pessoa que lhes faltava, o que há de mais profundo e oculto nelas virá à tona.

Laranja e...

Chocolate

Este relacionamento será o único que poderá deixá-lo louco por outra pessoa. Com uma verdadeira pessoa de chocolate, você irá atingir as suas metas e realizar os seus desejos. Ajudando as pessoas de alguma maneira, você irá saber que tem apoio. A busca pelo seu eu interior, pela criança que tem dentro de si, pode acontecer na companhia de uma pessoa de chocolate. Isso é quase como se o que você vem oferecendo ao longo dos anos finalmente voltasse para você. Às vezes, as pessoas de chocolate podem parecer opressoras até que você compreenda como elas agem. Você não tem muito tempo para emoções; portanto, será interessante que elas sejam equilibradas e façam parte da sua vida.

Coco

Este será um relacionamento estranho para que você consiga entendê-lo. Não haverá nada sobre o que basear suas idéias e seus valores. Você pode até se sentir ameaçado por essas pessoas, que são tão calmas e mesmo assim parecem gozar a vida de acordo com seus princípios, confiando em sua energia espiritual e criativa. As pessoas de coco não precisam da sua ajuda do modo como você costuma fazer. Isso irá mudar os seus pontos de vista mas não mudará a sua natureza essencialmente generosa. Emocionalmente, você vai achar que elas poderão irritá-lo — de uma maneira sutil, é claro. Elas ajudarão você a explorar e a ver a espiritualidade em todas as situações da vida, em todas as criaturas. Sexualmente, elas são verdadeiramente muito liberais.

Damasco

Este relacionamento irá ter bom êxito para ambos, mas não necessariamente da maneira que pensavam. Vocês dois gostam de ajudar os outros, o que significa que irão dar apoio um ao outro, indiferentemente. Ambos sabem muito bem como atrair as pessoas, o que permitirá que consigam muitas coisas; no entanto, quando usado de maneira negativa, isso pode causar um adiamento. As pessoas de damasco falarão a respeito de seus sentimentos dentro dos limites que conhecem; você estará sempre tentando instigá-las a falar mais sobre si mesmas. Quanto ao sexo, você concorda com a pessoa de damasco, assumindo o comando, e questões espirituais podem estar presentes.

Doce de leite caramelado

As pessoas de doce de leite caramelado precisam de muita atenção, e você é exatamente a pessoa capaz de concedê-la. Recebendo o seu apoio, quem sabe o que irá acontecer? Essas pessoas cuidam primeiro de si mesmas e só depois vão pensar em você. Isso mostra como elas são. Sua natureza generosa ficará completa com essa pessoa e, se gostarem de fazer compras, nada os impedirá. Com respeito às emoções, ambos parecem insensíveis, porque ambos tanto podem dar quanto receber. Quanto ao sexo, ele só acontece como parte da natureza ardente e sensual dessas pessoas, com o que você irá concordar e poderá deleitar-se. Mas pode haver o risco de se entregar totalmente, em detrimento dos seus amigos.

Laranja e...

Doce sírio

Que surpresa! As pessoas de doce sírio parecem compreender sua mente ambiciosa e falam a respeito de seus pensamentos antes mesmo que você os tenha formulado. Vocês dois estão em busca de alguma coisa a mais para tornar a vida completa. As pessoas de doce sírio podem ter muitas coisas já definidas (para a felicidade delas), mas têm corações abertos que gostariam que fossem preenchidos com amor por outra pessoa, não exatamente pela humanidade em geral. Aspiração é a palavra-chave para este relacionamento; os mais profundos significados da vida farão parte do seu viver cotidiano. Para você, as emoções serão variadas e ampliadas. A atividade sexual para elas faz parte da vida.

Framboesa

As pessoas de framboesa irão, certamente, lhe dizer como e quando fazer certas coisas, e você irá adorar. Elas são claras a respeito do que gostam de ser e de como elas gostam de levar a vida. Você irá contribuir com uma elevada dimensão espiritual para a vida delas. Este será um relacionamento pleno, demorado e seguro que cresce cada vez mais. Os outros podem considerá-lo tranqüilo e antiquado, mas parece ser perfeito para vocês dois. As emoções não são expressas por palavras — um afago, um olhar, as sutilezas das quais os outros sentem faltam ou não entendem.

Gengibre

As pessoas de gengibre mudam à medida que passam de um lugar para outro neste mundo. O que uma vez foi bom para elas não irá necessariamente permanecer dessa maneira. Os parceiros vêm e vão — você está preparado para isso? Muitas pessoas de gengibre são otimistas e podem deixar que os outros fiquem fascinados pelas suas idéias. Embora isso seja um disfarce, por baixo dessa máscara essas pessoas são muito vulneráveis e precisam ter a confiança renovada; a vivacidade delas pode ser uma barreira para manter as pessoas à distância. Sua personalidade ansiosa e generosa poderá fazer com que essa barreira seja suspensa de vez em quando. No que diz respeito às emoções e ao sexo, elas são muito cautelosas, mas terríveis quando se trata de compromissos pessoais.

Laranja

Este relacionamento, se der certo, será estranho. O problema é: quem está dando ordens e quem as está recebendo? Vocês podem ficar co-dependentes. Você é muito semelhante a esse parceiro e podem crescer e evoluir. O lado afetivo e espiritual da sua vida pode ser maravilhoso para ambos, mas ele será manifestado para os outros. A sexualidade será de celibato — para o bem maior, é claro. Pelo fato de as pessoas de laranja preferirem que seus parceiros assumam o comando no sexo, e porque isso não vai acontecer neste relacionamento, o celibato poderá acontecer à revelia dos dois. Neste relacionamento, você se sentirá reprimido; você precisará ser uma pessoa muito determinada para que ele cresça e evolua.

Laranja e...

Lima

As pessoas de lima devem ter os seus espaços para trabalhar — isso poderá ser perto de um lago, de um rio, de um jardim. Porque elas agem com sinceridade, você saberá como se sentem durante as vinte e quatro horas do dia. Sentimentos que você geralmente pensava que precisavam ser testados; muitas vezes, vão querer saber quais os seus sentimentos e irão exigir respostas imediatas. Elas são pessoas muito diretas e você deverá se apressar para dar-lhes uma resposta para que este relacionamento dê certo. Elas são provocantes, e podem ampliar os seus limites. Questões espirituais podem surgir com a intimidade e a partilha de suas metas e ideais. As pessoas de lima são totalmente dedicadas a você e são tão sinceras no sexo quanto em qualquer outra coisa. É hora de se tranqüilizar?

Limão

Esta poderá ser uma união perfeita para você. As pessoas de limão precisam de alguém como você ao seu lado para ter equilíbrio em sua vida. Elas podem recompensá-lo, deixando que você seja você mesmo e cuide delas. Você fará com que se tornem práticas, sem levar em conta seu modo de pensar e suas profissões. Esta área específica é apenas uma parte de todo o seu ser. Você poderá deixar de tomar conhecimento da língua ferina dessas pessoas (em ocasiões adversas). A intimidade virá com o tempo, com confiança e amor, e logo vocês não poderão viver sem estar junto um do outro. Haverá regras claras neste relacionamento e você adorará essas regras. O seu interesse espiritual pode crescer na companhia das pessoas de limão e até ajudá-las na vida delas. O sexo será apenas uma outra parte da vida.

Marshmallow

As pessoas de marshmallow sentem muito prazer em estar na sua companhia? Elas têm um aspecto sério, mas as aparências podem enganar. Você não conseguirá dominar essas pessoas, o que poderá causar angústia e preocupação para você. Tão logo você consiga entendê-las, verá que elas são leais, uma vez que tenham chegado a um entendimento. Elas podem ajudá-lo a tornar-se sociável e a gozar a vida. As pessoas de marshmallow acreditam que, se você estiver disposto, deverá sair e fazer alguma coisa. Quanto às emoções, elas as guardam para si mesmas, o que dificilmente você entenderá. Quanto ao sexo, acontece a mesma coisa. Você está lá para servi-las entre as festas e a vida de vocês juntos pode ser cheia de risos.

Mel de abelha

Você gosta das idéias destas pessoas e dos momentos alegres passados ao lado delas. Você não gosta da falta de envolvimento ou da atitude de "amanhã será outro dia". As pessoas de mel de abelha são muito excêntricas para você, e, por isso, você irá abandoná-las. Se não fizer isso, a maior parte da sua energia será gasta em tentativas para reprimi-las. Se for obrigado a permanecer na companhia delas, isso poderá satisfazer o seu instinto maternal, mas irá lhe dar muitas justificativas para não poder ir embora. Você irá conhecer muitas pessoas, que podem ajudá-lo a esclarecer alguns problemas. Emoções e sexo não são problemas para essas pessoas — e para você?

Laranja e...

Menta

O seu desafio será impedir que as pessoas de menta se aborreçam — e a que custo para você? Elas são pessoas do tudo ou nada; portanto, espere os extremos: excitação ou frustração. Este relacionamento não lhe proporcionará tempo para refletir sobre o significado da vida; você estará muito ocupado procurando informações sobre o seu parceiro, ou tentando encontrá-lo. Essas pessoas são compreensivas e conversar com elas não é problema, se tiverem a oportunidade. Sexualmente, elas o satisfazem, mas isso depende realmente de como estão na ocasião. Você precisa aprender como manifestar as suas opiniões, uma vez que elas gostam de medir as pessoas pelos seus pontos de vista e opiniões.

Morango

Este relacionamento pode ser ótimo para ambos. As pessoas de morango irão cuidar de você, e isso lhe parecerá estranho, uma vez que geralmente é você quem cuida dos outros. Neste relacionamento, você será o líder. Você vai precisar de orientação e de uma paixão na sua vida, e as pessoas de morango irão apoiá-lo em todos os seus empreendimentos. Sem isso, o relacionamento será um tanto trivial. As pessoas de morango irão ensiná-lo a falar sobre as suas emoções e a dizer como você pensa e como se sente. Vocês podem se apoiar mutuamente com uma compreensão e uma profundidade que os outros jamais poderão conseguir. Quanto ao sexo, vocês terão momentos maravilhosos, mas viver é mais importante do que o sexo.

Noz

Você é panteísta, adora a vida ao ar livre e as pessoas de noz. Elas são pessoas solitárias que gostam dos momentos que passam consigo mesmas — nada contra você; é assim que elas são. Você terá outros interesses, de modo que as pessoas de noz terão seu espaço. Você levará algum tempo para se acostumar com o temperamento impulsivo dessas pessoas, e suas decisões corajosas irão deixá-lo irritado de vez em quando. Emocionalmente, elas podem ficar confusas quando não têm espaço para pensar e reagir. Elas podem se comunicar através do corpo e da mente; palavras nem sempre são o bastante. Elas são enérgicas, o que também o atrai.

Noz-pecã

As pessoas de noz-pecã irão melhorar a sua imagem. Elas gostam de se vestir bem, e isso também se aplica aos seus parceiros. Será que você é, realmente, um pavão orgulhoso? A maneira de ver as coisas das pessoas de noz-pecã irá irritá-lo depois de algum tempo, uma vez que os valores delas se baseiam na aparência exterior. Algumas irão sofrer transformações e estas são as pessoas de noz-pecã adequadas a você. Você precisa ser enérgico com elas, uma vez que elas necessitam de encorajamento e de terem a confiança renovada. No plano emocional, o relacionamento será confuso. Sendo de laranja, você prefere outras pessoas que sejam mais determinadas e diretas no que diz respeito àquilo que procuram.

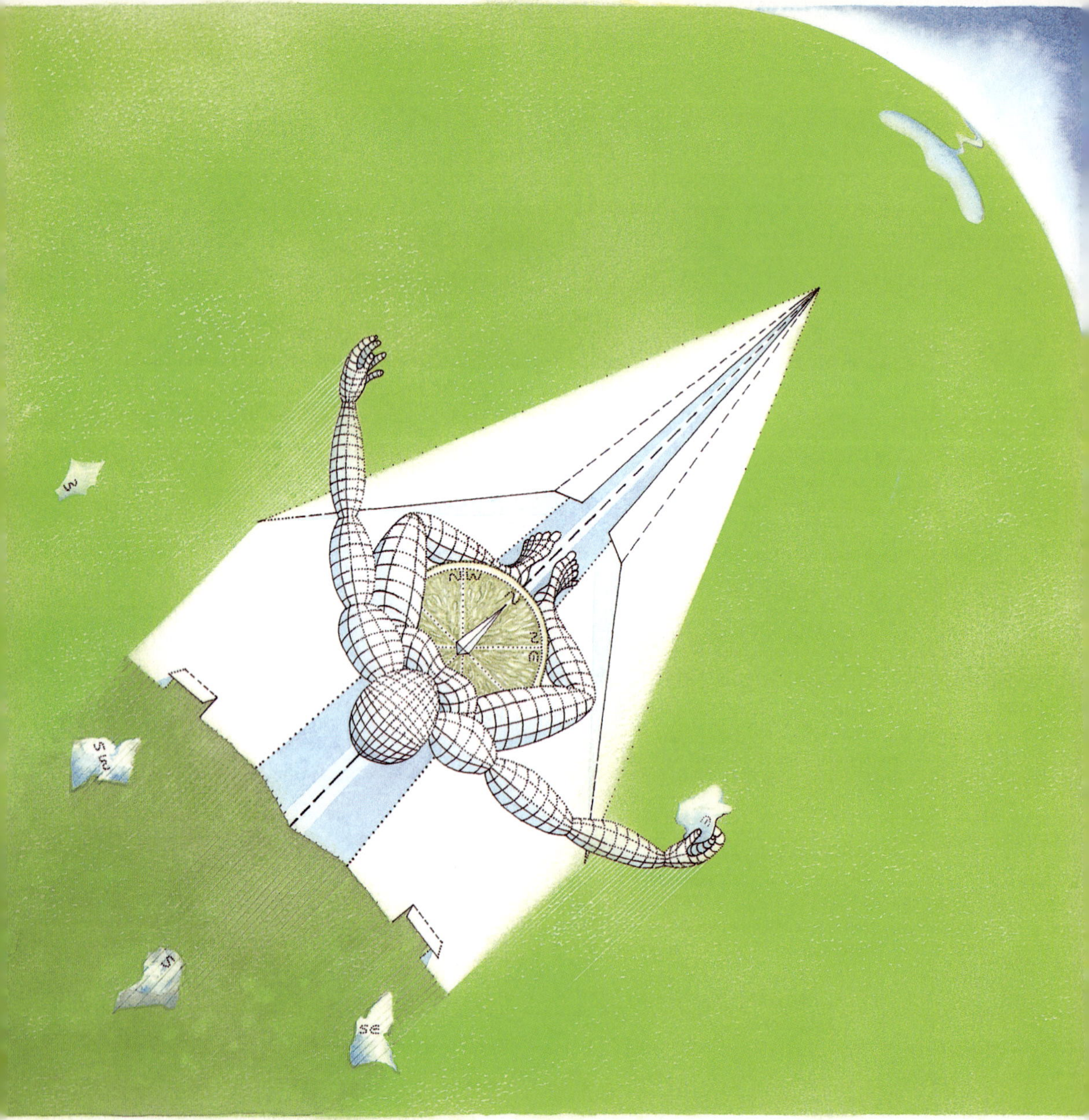
NW
NE
SW
SE

A lima nos relacionamentos

Orientador
Descontrolado
Provocador

A única coisa que seus parceiros podem dizer (se conseguirem um aparte) é que certamente sabem como se dar bem com você — sem perder tempo e indo diretamente ao que interessa. Você ouve o seu coração, que domina a sua mente. Você gosta de achar que o seu coração e a sua mente estão agindo juntos em equilíbrio, comunicando-se por meio da garganta.

Seu parceiro irá entender que você precisa de espaço, que lhe será dado, para que possa recarregar as baterias e ser claro a respeito do que tem em mente. Sem isso, achará que é muito indeciso e que levará tempo para tomar uma decisão.

Por causa da sua natureza confiante, o seu coração deve ter sofrido uma decepção amorosa e tem medo de amar outra vez. É só uma questão de ocupar esse espaço e voltar a tomar a direção daquilo que você gostaria de conseguir. Você tem tanto amor para dar, de muitas maneiras, que um parceiro não deve estar muito distante.

INTIMIDADE
Quando você ama, entrega-se totalmente. Sua maneira de agir franca e sincera com seus parceiros será excelente se eles estiverem acostumados a isso; do contrário, você poderá sufocá-los. Às vezes seria melhor para você relaxar e aceitar uma situação em vez de começar a derramar lágrimas.

Lima e...

Abacaxi

Haverá muitas discussões com o parceiro de abacaxi. Isso pode servir para ambos; para você é uma oportunidade de parar e verificar detalhadamente a sua situação na vida. As pessoas de abacaxi possuem uma ternura e uma liberdade que permitem que você seja você mesmo. Você se descobrirá explorando pensamentos ocultos que nunca viram a luz do dia durante anos. Isso poderá confundi-lo, mas prossiga. Sexualmente, vocês conversam e fazem amor, conversam e fazem amor — o que parece não ter fim. As pessoas de abacaxi aceitam você bem e os outros pelo que são e pelo que têm interiormente.

Amêndoa

Como uma pessoa de lima, você ficará fascinado pelo modo como as amêndoas vêem o mundo e reagem a ele. Pelo fato de você agir com sinceridade, sente-se frustrado pela luta pela qual passam as pessoas de amêndoa, cedendo e sujeitando-se nos relacionamentos pessoais. No íntimo, essas pessoas gostam de sair-se bem em todas as áreas da vida, inclusive nas parcerias. Assim, se elas permitirem que você as guie para um modo de vida franco e sincero, você terá toda a atenção da parte delas, e a intimidade e a atividade sexual serão excelentes. Se não houver nenhuma atenção, desista e tente outro dia.

Amendoim

As pessoas de amendoim podem envolvê-lo em complicações. O amor pela vida e o grande coração delas podem causar problemas para você neste relacionamento. As pessoas de amendoim tendem a acreditar no que você diz e a aceitar isso como verdadeiro, mas você pode e realmente muda de pensamento e isso as confunde. À medida que vão envelhecendo, elas podem tornar-se mais decididas no que diz respeito ao seu modo de agir, que pode ser traduzido como "faça isso do modo que eu quero". No nível de intimidade, quando você consegue a atenção delas, ótimo, mas elas são pessoas atarefadas. Emocionalmente, elas mantêm os sentimentos sob controle e só irão se revelar se forem muito pressionadas. Caso você goste de esportes, vocês podem ter muitas horas alegres juntos. As pessoas de amendoim são possessivas e podem ter ciúme de você.

Avelã

Devido à necessidade extrema de espaço que você tem, as pessoas de avelã irão atraí-lo. Você é sincero do fundo da alma; portanto, haverá uma forte ligação com essas pessoas. Você irá achar que elas são independentes, e isso pode significar algumas discussões. Este relacionamento irá proporcionar-lhe o estímulo e a segurança que podem ter faltado em outros. Essas pessoas podem fazer com que você leve em consideração o interesse que elas demonstram pela Mãe Terra. A intimidade com essas pessoas faz parte de quem elas são. As pessoas de avelã lhe darão o espaço de que você necessita, mas não do modo que você imagina.

Lima e...

Café

O temperamento comedido das pessoas de café irá atraí-lo para elas. Você expressa francamente os seus sentimentos, ao passo que elas não falam a respeito de suas emoções. Assim, não tente corrigi-las por causa disso; as pessoas de café são brilhantes em discussões relacionadas com suas crenças, mas não com assuntos íntimos. Você saberá como iniciar essas discussões, pois gosta de provocar. O sexo é como uma droga para a maioria das pessoas de café; portanto, desfrute os momentos de intimidade. Elas fazem as coisas a seu modo, o que pode ser conveniente para você, uma vez que tem espaço e liberdade para ser você mesmo. Mas será que você dará o mesmo espaço para elas?

Caramelo

Tão logo uma pessoa de caramelo consiga controlá-lo, será muito difícil dizer: "Vá embora. Eu preciso do meu espaço." Elas gostam que as coisas permaneçam como estão para sempre. Você está preparado para isso? Você as achará excessivamente escrupulosas em muitas coisas; elas sabem o que é certo para você antes que você o faça. Se você estiver procurando tranqüilidade, esta é a pessoa indicada. Ou você sonha com um pouco mais de aventura na sua vida? Você achará as pessoas de caramelo boas para planejar e detalhar as coisas. Poderá apreciar-lhes a tranqüilidade, mas elas não entenderão que você precisa de espaço, físico e/ou emocional. A espontaneidade é um dos pontos fortes delas; no que diz respeito à atividade sexual e à intimidade, você terá de assumir o comando.

Castanha-do-pará

Os deleites das pessoas de castanha-do-pará correspondem aos seus anseios — a situação social, as relações — mas onde está o amor que você reclama? Este é um relacionamento no qual parece importante o modo como você se veste, o ambiente em que vive, quanto você ganha. Todas essas coisas são importantes para as pessoas de castanha-do-pará; portanto, se você estiver preparado para conviver com elas, ótimo. Você pode ajudar essas pessoas a encarar as coisas do seu ponto de vista. A intimidade exigirá tempo e paciência. Compete a você trazer profundeza e substância para esse relacionamento, e ampliar as expectativas do seu parceiro. Por causa disso, as pessoas de castanha-do-pará irão adorá-lo.

Cereja

Este relacionamento poderá ser uma profusão de amor e luxúria, e quem cuidará da direção (ou seria da ereção)? Vocês poderão conversar a respeito de todos os assuntos — intimidades, relacionamentos passados, pensamentos íntimos, tudo isso pode vir à tona com as pessoas de cereja. Você pode dar a elas orientação e sentido em suas vidas; elas darão a você energia e entusiasmo para viver, e não só para o sexo. Vocês nunca terão um momento de tristeza neste relacionamento; portanto, vá procurá-lo.

Lima e...

Chocolate

O relacionamento que você mantém com uma genuína pessoa de chocolate será como um descanso perto de um rio, de um lago ou num jardim. Isso só pode intensificar o seu amor e os seus sentimentos pelos outros. A pessoa de chocolate é equilibrada, com uma mente que gosta de se expandir. Vocês serão bem-sucedidos em qualquer projeto que executarem juntos. Este será um dos poucos parceiros que podem compreender as suas idéias e os seus sentimentos. Este relacionamento é quase assustadoramente profundo.

Coco

A orientação das pessoas de coco é rumo ao sol, o romance de férias. Você vai gostar dessas pessoas; elas são ardentes e afetuosas, mas com uma vitalidade e harmonia intensas. São muito descontraídas e um tanto inclinadas ao devaneio, o que você compreende uma vez que isso é semelhante à sua necessidade de espaço. No nível íntimo, elas agem de acordo com as circunstâncias, sem pressa; o que tiver de acontecer, acontecerá. Elas não têm problemas para falar a respeito do que lhes importa; portanto, você está em boa companhia. Você pode ajudá-las a revelar os talentos delas ou ser exatamente quem você é; isso não importa. Pode haver algumas coincidências com essas pessoas.

Damasco

As pessoas de damasco não darão facilmente o espaço de que você necessita para agir como indivíduo. Elas ajudam as pessoas a crescer e se desenvolver e querem o melhor para você, mas podem ser inseguras a respeito do futuro e reprimi-lo. Os ressentimentos geralmente começam a vir à tona (para surpresa da pessoa de damasco!). À parte essas diferenças, vocês podem muito bem levar adiante o relacionamento, agindo ambos com sinceridade. Você pode dar às pessoas de damasco uma orientação, que elas não imaginavam, mas lembre-se de que você está vendo as coisas do exterior e o damasco as vê do interior. Este relacionamento, se equilibrado, poderá ser ótimo para ambos. Isso possibilitará que essas pessoas lhe dêem espaço, o que é uma tarefa árdua.

Doce de leite caramelado

Este relacionamento causará uma agradável impressão aos outros. As pessoas de doce de leite caramelado irão levá-lo a fazer alguns desvios, principalmente se houver compras envolvidas; portanto, não espere ir diretamente para o seu destino. Ambos são inclinados a conversar, e você irá gostar de conversar com essas pessoas. No nível de intimidade, elas irão fazer com que você se torne comedido e exigirão algum tempo da sua parte, o que irá proporcionar uma experiência totalmente nova para você. Elas gostam de ser tocadas fisicamente tanto quanto emocionalmente, e você está equipado para isso. Você poderá dar-lhes uma orientação ou encontrar um rumo que poderão tomar juntos. Este relacionamento terá muitas coisas a serem buscadas: sejam exatamente vocês mesmos e deixem que elas aconteçam.

Lima e...

Doce sírio

A menos que você esteja no caminho espiritual ou em busca de algo mais na sua vida, essas pessoas não lhe interessarão. Essas pessoas leais irão, definitivamente, dar uma nova dimensão a um relacionamento. Elas têm um grande senso de probidade e justiça. Elas podem tranqüilizá-lo e fazer com que você viva a vida num ritmo mais lento. Até a atividade sexual com as pessoas de doce sírio terá um novo significado. A fé espiritual que elas possuem é o que as mantém juntas; portanto, você tem de aceitar que isso faz parte de quem elas são.

Gengibre

As pessoas de gengibre são mais do que honestas; elas têm muitas idéias e podem sonhar. Você poderá ajudá-las a transformar os sonhos em realidade. Essas pessoas não temem o trabalho árduo; só não sabem como assumir a responsabilidade por ele. Como uma pessoa de lima, você pode orientá-las. As pessoas de gengibre têm realmente um problema em se comprometerem, tanto nos negócios quanto nos relacionamentos. E o que você vai fazer a esse respeito? A intimidade para as pessoas de gengibre acontece, mas manter a mente focalizada em você pode ser um problema. Vocês irão passar alguns momentos maravilhosos.

Framboesa

Você pode dar ânimo às pessoas de framboesa com a sua personalidade e orientação sinceras. Você vai achar essas pessoas graciosas, honestas e práticas. Levará tempo para conhecê-las realmente, mas isso valerá a pena uma vez que elas são leais. Relaxar e falar sobre os sentimentos também exigirá tempo. Não fique falando por elas. Essas pessoas se identificam fortemente com exemplos do passado a serem seguidos, o que para você poderá ser um choque. Elas podem amá-lo ou odiá-lo por causa disso. O romance faz parte de sua personalidade e isso levará a uma vida amorosa gratificante.

Laranja

Este relacionamento será realmente muito bom para ambos. As pessoas de laranja o apoiarão. Elas têm um caráter espiritual que pode dar novas dimensões à sua vida e ao seu espírito. Irão discordar de você, mas será um erro considerar isso como um sinal de fraqueza. A força dessas pessoas combina com a sua tendência e a sua habilidade para ir direto ao assunto. No plano íntimo e emocional, você vai assumir o comando. As pessoas de laranja geralmente gostam de conhecer os limites delas, uma vez que eles permitem que se sintam em segurança.

Lima e...

Lima

Será que você compreende que o seu parceiro necessita de espaço tanto quanto você? Vocês dois têm coração generoso e bondoso, e você sabe quanto isso lhe custa. Aqueles profundos sentimentos que você tem dentro de si o levará a explorar o seu verdadeiro eu. Mas você sabe para onde está indo? Você pode se sentir desorientado na intimidade com essa pessoa de lima. Será que você gosta desse espelho refletindo o que você é o tempo todo? Se este relacionamento não for conduzido de uma maneira adequada, poderá se tornar claustrofóbico. O desequilíbrio emocional poderá surgir em você, uma vez que não há ninguém para manter as coisas sob controle.

Limão

Você não sabe em que situação se encontra neste relacionamento. Você não é capaz de compreender as pessoas de limão. Você gosta de conversar, mas será que elas gostam? Mas parece que existe um elo de amizade entre vocês. Um relacionamento platônico será melhor do que um relacionamento sexual. As pessoas de limão tendem a atrair seguidores ou pessoas que cuidem delas. Um debate inteligente faz parte da vida delas. O outro lado dessas pessoas é a baixa auto-estima e a desorganização. A sua orientação e o seu modo de agir franco e sincero podem ajudar as pessoas de limão a serem elas mesmas e a aproveitar a vida.

Marshmallow

As pessoas de marshmallow irão alegrar a sua vida e impedir que você seja tão sisudo. Essas pessoas se apaixonam facilmente; elas são fanáticas por uma boa história. A despeito de se apaixonarem, elas não manifestam suas emoções com tanta sinceridade, como você faz. Elas gostam de manter a aparência, e é interessante que você preste atenção nisso. Você pode provocá-las só para ver como reagem. Modere-se.

Mel de abelha

Este relacionamento será uma fonte de prazer, para dizer o mínimo; mas quanto tempo ele irá durar ninguém pode adivinhar. Até que as pessoas de mel de abelha parem de se preocupar com a sua aparência e dêem atenção ao que têm na mente, estarão sempre mudando de um lugar para outro. De algum modo isso pode agradar-lhe, uma vez que você é fascinado por novos lugares. Elas sempre vêem o lado brilhante da vida, sempre prontas a tentar algo novo. Você estará sempre encontrando amigos, familiares, amores passados, e isso será um turbilhão de arrebatamento. O sexo com essas pessoas é ótimo em todas as ocasiões, mas ele é apenas uma pequena parte da vida de vocês.

Lima e...

Menta

Este relacionamento será de curta duração, uma vez que o corpo fala mais alto do que as palavras. Quando se tranqüilizarem, vocês poderão perceber de que maneira poderão se apoiar mutuamente, uma vez que são semelhantes. Trabalhando com você, as pessoas de menta saberão o que querem e aprenderão a tomar decisões. Elas podem ter coragem para fazer coisas que você jamais tentaria sem a companhia delas. Vocês dois se preocupam com os deserdados da sorte. Você pode provocá-las, mas elas podem reagir. Elas são inconstantes e podem aceitar desafios; portanto, tenha cuidado com o que diz. A respeito do sexo, nada falaremos; este livro não é suficientemente volumoso para conter tudo o que precisa ser dito.

Morango

Você pode parecer um tanto fora do comum para as pessoas de morango. Elas farão o melhor para se adaptarem a você. Isso pode perturbá-lo de vez em quando, uma vez que gostaria que elas assumissem o comando ou tomassem a iniciativa. Elas o apoiarão em tudo o que estiver fazendo, não importa quão artificial isso pareça. Elas podem colocá-lo sobre um pedestal e às vezes farão isso. É isso o que você deseja? Elas são sinceras e se apaixonam com facilidade, magoando-se profundamente e levam tempo para superar problemas emocionais. Uma vez que você é claro e decidido, isso pode ser bom para ambos.

Noz

O amor verdadeiro das pessoas de noz irá alegrar o seu coração. Você pode confiar em seus pensamentos e idéias. Essas pessoas lhe darão o espaço de que você precisa, mesmo estando na sua companhia. Elas não precisam de parceiros e preferem o relacionamento com pessoas que sejam independentes e firmes em seus propósitos como você. Haverá alguns impasses, uma vez que ambos têm uma mente forte e decidida. Mas isso não durará muito tempo, uma vez que a harmonia faz parte da personalidade da pessoa de noz. Emocionalmente, poderá se sentir como um iniciante com as pessoas de noz, já que elas parecem muito maduras.

Noz-pecã

Que combinação! As pessoas de noz-pecã parecem perfeitas para você — bem vestidas, independentes — o que mais você poderia querer? Você irá se dedicar com todo o entusiasmo à busca pelo elixir da vida. Elas são diferentes, raras, têm pela família um amor que você acha tocante. No nível da intimidade, vocês se darão muito bem; mas as pessoas de noz-pecã são um pouco mais reservadas; portanto, não as assedie. Elas adoram discutir com você muitos de seus problemas; assim, lembre-se de escutá-las. Estas pessoas estão à procura da beleza; portanto, continue a manifestar sua beleza e força interiores. Elas acham que viverão para sempre; vêem a si mesmas e o seu império como imortais.

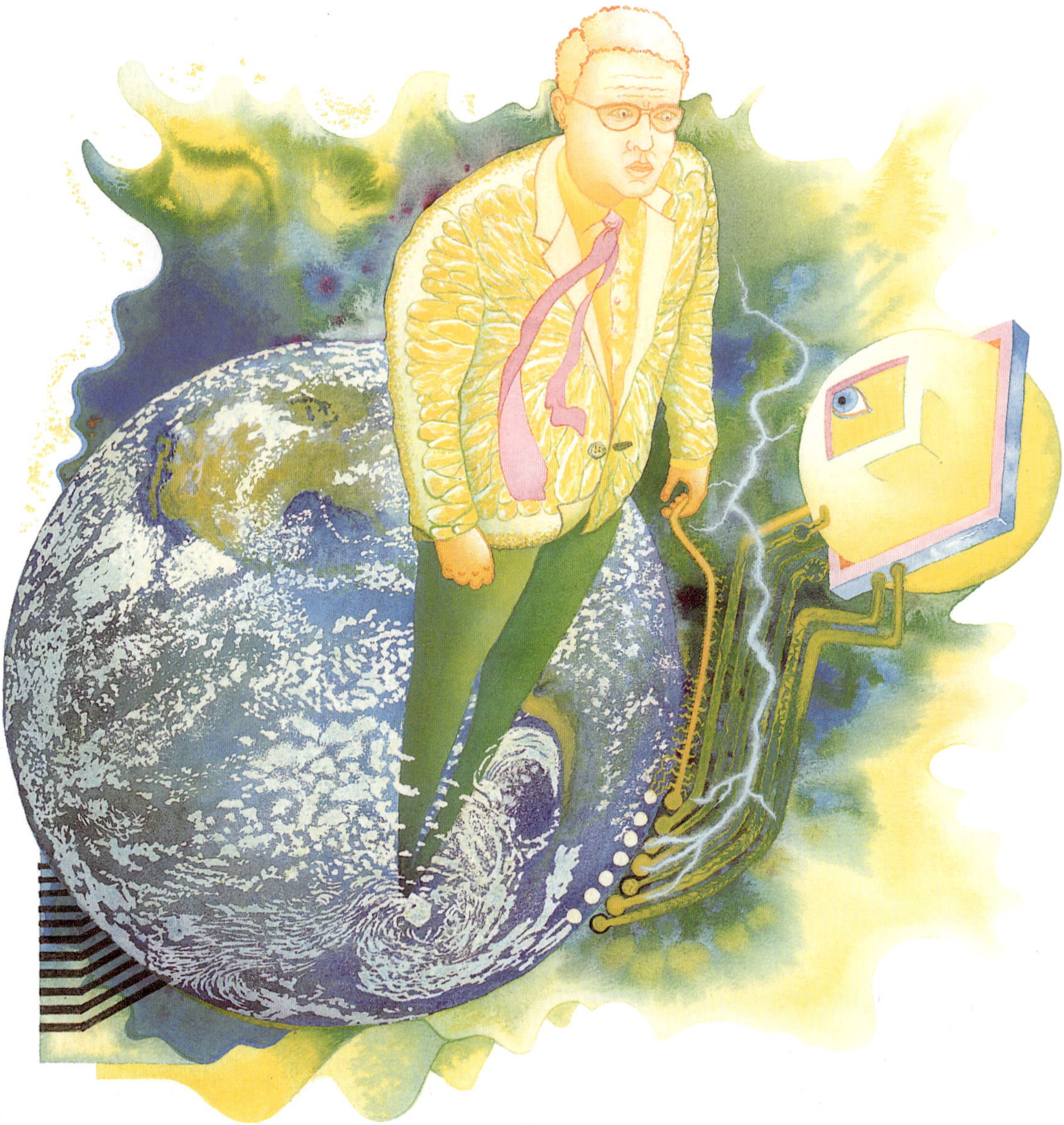

☆ limão nos relacionamentos

Instruído
Imparcial
Profissional
Língua ferina

O desafio para a maioria das pessoas de limão é como mostrar sua intensidade emocional. Você entrará na era da informação, usando a sua inteligência, porém muito mais à custa das suas emoções. Encontrar um parceiro que possa literalmente se adaptar a você é frustrante, e isso para dizer o mínimo. Geralmente você desiste e se concentra na sua profissão. Para as mulheres, isso pode causar nervosismo e impedir totalmente a manifestação de suas emoções; os homens podem ficar viciados no trabalho, afastando-se do relacionamento. Pelo menos você pode confiar na sua memória.

Há uma leve rejeição de si mesmo, o que pode significar que você aceita o que a vida lhe oferece e não vai em busca daquilo que realmente gostaria de ter. As emoções precisam transparecer e, quando isso acontece, a vida tem um novo significado para você.

Por ser muito autêntico, você pode se separar dos parceiros rapidamente, não por causa de suas intenções, mas porque não expressa o seu lado emocional. Deixar de agir com a cabeça e passar a agir com o coração, ou um equilíbrio entre os dois, poderá fazer toda a diferença.

INTIMIDADE

Se você não tiver encontrado o parceiro certo, a intimidade será uma perda de tempo e de energia. Você irá apenas seguir os seus impulsos. Se tiver um parceiro a quem possa revelar suas emoções, o sol brilhará sempre para vocês.

Limão e...

Abacaxi

Você irá adorar este relacionamento. Os abacaxis gostam de pessoas bem-sucedidas e bem-educadas. Mas elas irão mostrar como incluir alegria e liberdade na sua vida. Podem ficar sentadas e conversar diretamente sobre problemas sem, necessariamente, qualquer ação. Elas têm uma simpatia que atrai os outros, e você irá gostar da ética do seu trabalho. Elas não têm tempo para pessoas que não usam o cérebro. Num nível emocional, elas podem conversar repetidamente, o que parece certo, uma vez que inclua você. Sexualmente, o mesmo pode ser dito — como uma contínua discussão sem roupas.

Amendoim

As pessoas de amendoim o deixarão estupefatos com a sua atividade. Este pode ser um relacionamento de amor e ódio, dependendo de sua auto-estima na ocasião. Você vai rebelar-se contra elas, dizendo coisas que não deveriam ser ditas. Sua língua ferina pode causar problemas para ambos, uma vez que as pessoas de amendoim têm convicções firmes e sabem o que é melhor! Sexualmente, elas irão combinar com você, mas não irão mudar sua atitude quando estiverem muito ocupadas; o mesmo acontece com relação ao sexo. Se estiverem de acordo com você, tudo bem; se não, elas lhe dirão ou irão embora. As pessoas de amendoim não são muito dadas a expressar suas emoções.

Amêndoa

Este relacionamento poderá ser muito bom para os dois. O seu sucesso irá atrair as pessoas de amêndoa, uma vez que, no íntimo, elas adoram o sucesso dos outros tanto quanto o próprio. Os conhecimentos que você adquiriu podem ser valiosos para as amêndoas enquanto sobem na escala social. Ambos agem de acordo com o que se espera no trabalho. No entanto, no aspecto emocional de sua vida, as pessoas de amêndoa podem fazer com que você demonstre confiança nelas, o que pode realizar maravilhas para a sua auto-estima. Sexualmente, ambos são confusos; portanto, você compreende o que se passa com o seu parceiro como ninguém mais poderá fazê-lo. Isso só irá contribuir para o charme deste relacionamento.

Avelã

As pessoas de avelã são prudentes. Gostam de relacionamentos com pessoas que sejam generosas e se preocupem com o meio ambiente. Há muitas coisas que você pode fazer para agradar as pessoas de avelã; pequenas coisas escolhidas com atenção: flores, cartões, chocolates ou plantas, irão mostrar que você se interessa por elas. Você irá receber de volta esse interesse triplicado, com toda a certeza. Elas gostam de mentes inteligentes e podem debater alguns problemas. Num relacionamento com uma pessoa de avelã você irá pensar que a sorte está ao seu lado, uma vez que coincidências parecem acontecer do lado delas. No nível de intimidade, a ternura e a afeição dessa pessoa podem fazer com que ambos floresçam.

Limão e...

Café

Você vai achar interessante esta combinação. As pessoas de café o estimularão com suas concepções e idéias profundamente enraizadas. Você poderá magoá-las por causa de alguns problemas, mas, afora isso, vocês têm muitas coisas em comum; portanto, poderá haver um apoio mútuo. Seus desejos compulsivos podem ser satisfeitos mutuamente; por isso vocês deverão ficar atentos. Você não fala a respeito de suas emoções ou não dá importância a elas; as pessoas de café têm sentimentos, mas também não falam sobre eles ou esperam que você possa ler-lhes os pensamentos. O sexo e a intimidade com essas pessoas irão revelar as suas emoções.

Caramelo

As pessoas de caramelo possuem uma extraordinária percepção do que é certo e errado, tanto para você quanto para elas. Elas são práticas, gostam de estar certas e insistem em fazer as coisas da maneira adequada. Isso pode atraí-lo com a sua mente científica que funciona baseada na lógica. As pessoas de caramelo gostam de fazer as coisas certas num relacionamento, num caso amoroso e no casamento. Uma vez que estejam seguindo um caminho seguro, raramente desistem e não exigem nenhuma retribuição. Caramelos gostam de trabalhar duro. Alguns podem dizer que fazem isso por si mesmos, mas você pode ter a certeza de que eles serão fiéis e sinceros com você. Eles são amantes cautelosos, o que lhe será agradável.

Castanha-do-pará

O calor emocional poderá estar faltando neste relacionamento, mas outros benefícios podem ser mais importantes do que esse componente. As pessoas de castanha-do-pará são ideais para você, uma vez que não esperam muito de você num nível emocional profundo. Isso é muito bom para você, uma vez que você tem o seu trabalho; apesar de tudo o que foi dito e feito, é ali que está o seu verdadeiro entusiasmo. A vida social irá lhe oferecer o equilíbrio correto entre o trabalho e a diversão. Na verdade, vocês dois são muito ocupados; assim, esse modo de vida irá se adaptar a ambos. Este é um compromisso: parecer satisfeito, mas sem verdadeiramente aumentar ou ultrapassar os seus limites. É assim que vocês se encontram, e isso é ótimo — aproveitem.

Cereja

As pessoas de cereja têm a energia e o entusiasmo que você está buscando, mas a que preço? Esta pode ser o tipo de pessoa que você acha extremamente ácida. Vamos encarar isso: esta não é uma boa parceria para você; ela só irá reforçar sua confiança no trabalho. Você irá considerar as pessoas de cereja totalmente vazias e fanfarronas. Os altos e baixos da vida dessas pessoas fazem com que você agradeça a capacidade que você tem para ver as coisas de uma maneira científica e imparcial. Apesar disso, pensar nelas pode lhe causar uma crise de ansiedade. Se tiver intimidade com elas, deverá precaver-se e descobrir o que as fazem prosperar — sua paixão ou sua avidez.

Limão e...

Chocolate

Que combinação! Esta parceria pode se desenvolver com sucesso. Você pode ser autêntico e ver o sol brilhar em todos os lugares da sua vida. Esse brilho interior pode emergir. As inseguranças e os medos se vão, para serem substituídos por compaixão e por amor pela humanidade. Você dará às pessoas de chocolate um senso de propósito e orientação. Essa harmonia só poderá acontecer se a pessoa de chocolate o apoiar a seu modo, não à maneira delas, como a maioria das pessoas tendem a fazê-lo. Isso permite que você relaxe e acompanhe o seu parceiro, e não fique só observando à distância.

Coco

Os quentes e ensolarados feriados o atraem: neles, você pode ser uma pessoa diferente. Mas será essa a sua verdadeira personalidade ou apenas uma máscara para os feriados? As pessoas de coco podem se salientar tanto quanto você, mas não perdem o compasso. Não são boas em conversas triviais; mas se tiverem algo importante para dizer, isso será dito. Elas têm um ritmo e uma vitalidade que você irá adorar. São pessoas muito insinuantes, com um modo de agir envolvente nas relações sexuais — e em público também. Às vezes, as sonhadoras pessoas de coco podem desnorteá-lo, mas ninguém é perfeito, nem mesmo você; portanto, pare de se atormentar e comece a viver. Deleite-se com essa pessoa tanto quanto puder.

Damasco

Você descobrirá que as pessoas de damasco irão protegê-lo e impedir que você seja quem é. Elas têm a melhor das intenções com respeito a você. Podem parecer maçantes e excessivamente emotivas, o que você não entende. Não lute contra isso — tente compreender e veja aonde isso leva. Isso pode significar que você deverá tirar da mente essa abordagem intelectual. As pessoas de damasco irão adorar trocar carícias e passar horas divertindo-se e relaxando na sua companhia. O *stress* não é um problema com um parceiro de damasco. Ansiedades e medos podem realmente se dissolver e desaparecer. Uma relação sexual com essa pessoa é uma experiência nova para você.

Doce de leite caramelado

Coberto de doce de leite caramelado — que delícia! As pessoas de doce de leite caramelado são bem-humoradas e levam uma sensação de alegria para qualquer relacionamento. Com seu temperamento normalmente sério, você irá adorá-las e o novo mundo que elas podem tornar acessível para você. Mas cuidado com o amor que elas têm por uma terapia com admoestações. Esse aparente defeito, como você o considera, pode perturbar a sua lógica e poderão surgir discussões. Elas são sensuais e adoram brincar com o seu corpo, o que é uma novidade para você. As pessoas de doce de leite caramelado não são muito boas nos momentos de grande tensão; para elas, os relacionamentos precisam ser tranqüilos para que funcionem da melhor maneira possível.

Limão e...

Doce sírio

Quanta tolice: essa será a sua reação à busca mística das pessoas de doce sírio. Esta é, de certo modo, uma improvável combinação que o relacionamento poderia produzir. Você já tentou tudo; portanto, passe algum tempo na companhia dessas pessoas sem criticá-las, embora isso seja difícil para você. Essas pessoas são dignas de confiança; elas vêem a vida como um *continuum* e buscam obter o máximo possível de tudo e de todos. Isso levará uma pessoa firme e decidida a ficar com uma dessas pessoas porque o modo delas de ver as coisas é incomum. As pessoas de doce sírio que já atingiram sua plenitude podem eliminar quaisquer preocupações e substituí-las por equilíbrio e harmonia surpreendentes.

Framboesa

Este é um relacionamento doce-amargo. Você é capaz de conseguir outro muito melhor, mas as pessoas de framboesa têm a tendência de evitar que ambos o tentem. Afinal de contas, não sabemos o que o futuro nos reserva, mas podemos construí-lo com base no passado. Elas o estão protegendo. No início de um relacionamento, ambos têm regras definidas, e é assim que essas pessoas gostariam que as coisas permanecessem. Mudar seria ameaçador. Elas podem amar intensamente, mas não manifestar esse amor da maneira que você gostaria. Não obstante, você poderá amá-las pelo que elas são, e desfrutar realmente a sua companhia. Elas gostam de abraços e carinhos quando não há ninguém olhando e quando têm tempo para isso.

Gengibre

Você acha as pessoas de gengibre sonhadoras e ingênuas. Elas são diferentes por causa da maneira distante que vêem as coisas. Você irá descobrir o caráter empreendedor dessas pessoas, o que pode ter sido o que o atraiu inicialmente. As pessoas de gengibre estão sempre esperando mais, o que não se adapta facilmente a você e é uma das razões pelas quais este relacionamento não durará muito tempo. Elas nunca irão magoá-lo conscientemente, mas um compromisso a longo prazo não está realmente na agenda delas. Essas pessoas podem ter intimidade com você quando estiverem dispostas, mas depois os sonhos acabam. Elas não o farão revelar o que existe de melhor em você ou não o deixarão brilhar.

Laranja

As pessoas de laranja irão cuidar de você. Não há risco neste relacionamento e, por causa disso, você poderá não crescer como pessoa porque ficará satisfeito com as coisas como estão. Pelo fato de essas pessoas precisarem de alguém de quem cuidar, elas (involuntariamente) farão com que você continue a precisar delas. Tão logo você se torne independente, o que terão elas conseguido? As pessoas de laranja gostam de regras e limites para se sentirem em segurança; o trabalho tem o mesmo efeito para você. O lado sexual deste relacionamento é ideal para você e as pessoas de laranja que seguirão a sua orientação. Essas pessoas precisam de espiritualidade na vida; assim, este pode ser o caminho para você explorar outras dimensões.

Limão e...

Lima

Se você der espaço e tempo para as pessoas de lima, terá alguma chance. Elas precisam se recarregar e isso também dará algum tempo para você. As pessoas de lima são muito sinceras e lhe dirão o que acham a respeito de qualquer coisa. Você pode achar esse palavreado exagerado, mas pelo menos fica sabendo como lidar com elas. Mais do que elas poderiam dizer a seu respeito. A sua inveja pode deteriorar este relacionamento: você pode invejar a sinceridade e a capacidade de se entregar totalmente dessas pessoas e de sentir prazer com isso. O seu lado anti-social preferirá esbravejar enquanto os seus outros componentes estão sorrindo.

Limão

Vocês irão se dar incrivelmente bem como pessoas que dividem um apartamento, mas onde ficam a intimidade, a ternura, a proximidade? Você poderá manter uma longa parceria com essa pessoa, porém ela será baseada na segurança e numa grande amizade. Este relacionamento pode se assemelhar mais com o exercício de uma função do que com uma ligação íntima. O desafio no caso é viver realmente a sua vida a pleno vapor de um modo equilibrado, deixando de agir com a cabeça e passando a agir com o coração. (O que é assustador para qualquer um, inclusive para as pessoas de limão.)

Marshmallow

Como você começou a se relacionar com essas pessoas que não têm lógica nem uma seqüência de idéias? Por que você continua na companhia delas? Seu modo de agir é completamente diferente. Portanto, o que elas têm que você não tem? Poderia ser a vida social, o fato de elas terem vivacidade e serem alegres? É como se elas não se preocupassem com o mundo. Na companhia de uma dessas pessoas você poderá ficar tranqüilo, relaxar, o que poderá proporcionar a você um bom equilíbrio no seu relacionamento. Haverá uma verdadeira intimidade para a felicidade de ambos. O interesse sexual dessa união é transitório; quando ele acontece não é muito importante. Você se divertirá muito, qualquer que seja o resultado.

Mel de abelha

Este relacionamento será demasiado frágil para que perdure. Sua seriedade não se harmonizará com o temperamento jovial da pessoa de mel de abelha. Um equilíbrio entre os dois seria ideal, mas não conte com isso, uma vez que existem muitas incongruências para que isso possa durar. Para sua paz de espírito, você precisa de estabilidade; sem isso, irá se retrair ainda mais e/ou se concentrar na sua carreira profissional. As pessoas de mel de abelha têm uma personalidade extrovertida e muitos amigos, que é o aspecto dessas pessoas que você aprecia. Elas não irão magoá-lo conscientemente; isso só vai acontecer pelo fato de a vida ter muitas possibilidades.

Limão e...

Menta

A personalidade mutável das pessoas de menta irá dificultar a sua compreensão de como você acha que elas deveriam ser. Tome isso como algo novo que precisa ser aprendido. Quando muito, elas serão claras sobre o que desejam e irão à procura disso, enquanto você é muito mais cauteloso ou, melhor dizendo, conservador? As pessoas de menta não magoam ninguém conscientemente, mas são estimuladas pela vida e mudam ou trocam de direção quando as coisas não estão acontecendo a seu modo. Emoções e intimidade são a mesma coisa para essas pessoas, e elas são muito mais desembaraçadas com essas coisas do que as pessoas acreditam. Sexualmente, elas são versáteis e às vezes levam isso ao extremo.

Morango

As pessoas de morango irão satisfazer todos os seus gostos e desejos. Você sonha com essa perfeita felicidade doméstica na qual você nunca é contrariado? Isso pode significar que você não está ampliando a sua mente ou debatendo os problemas. Essas pessoas raramente vão à procura do que desejam; só depois de acharem que o parceiro está satisfeito é que elas irão em busca daquilo de que necessitam. Elas podem se tornar subservientes. Mostram-se muito espontâneas ao discutir as próprias emoções, a ponto de você chegar a não querer ouvir nada mais. É muito provável que esta união venha a ser muito maçante para você. Você assumirá o comando na atividade sexual.

Noz

Se você gosta de ambientes ao ar livre, as pessoas de noz correspondem aos seus anseios. Cultura, sensibilidade, o que mais você pode querer num parceiro? Essas pessoas são tão independentes quanto você, e totalmente felizes sendo quem são. Você é? Essas pessoas adoram as coisas sutis da vida, sátiras inteligentes, vinhos finos. Suas reações emocionais serão importantes para você, uma vez que elas parecem saber exatamente pelo que você está passando ou sobre o que você está pensando na ocasião. São pessoas muito tranqüilizadoras que é bom ter ao seu lado. Elas cuidam de você sem invadir o seu espaço. Atividade sexual e intimidade fazem parte desta união.

Noz-pecã

Você pode considerar as pessoas de noz-pecã um tanto fúteis, mas ninguém é perfeito. Esta parceria pode ser muito boa para você. Você gosta do envolvimento dessas pessoas com toda a família e/ou com as tradições. Com a sua carreira profissional, e o interesse delas em viver em toda a plenitude (inclusive na longevidade), esse pode ser um tempo excelente para ambos. A incessante busca da pessoa de noz-pecã poderá, entretanto, deixá-lo mais vulnerável e inseguro, precavido e cauteloso. Essas pessoas gostam de estar sempre bem vestidas e gostam de que você também esteja, embora você saiba que isso é apenas superficial. As emoções afloram e desaparecem, dependendo do livro de auto-ajuda e de quem o esteja lendo na ocasião.

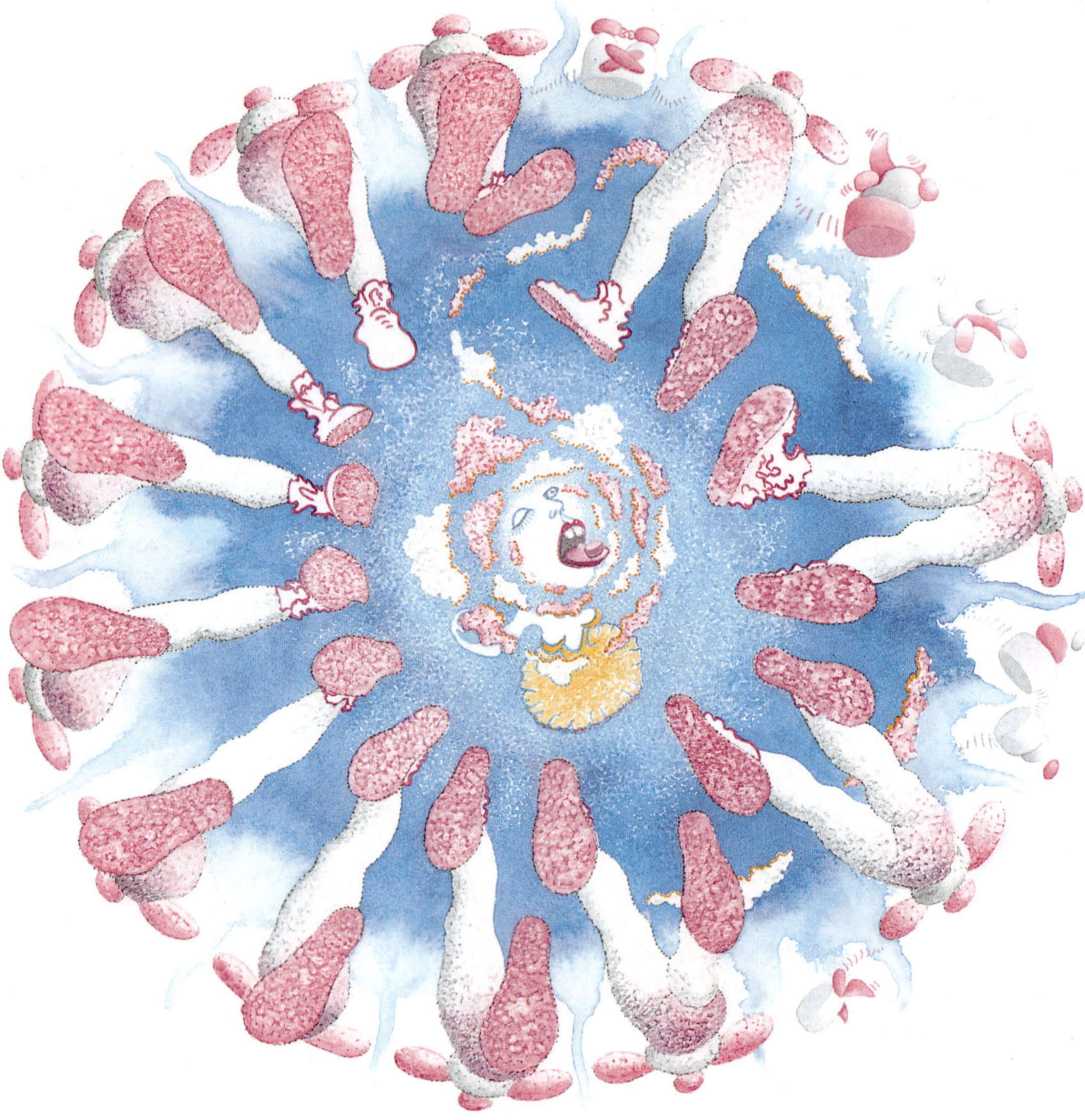

O marshmallow nos relacionamentos

Alegre
Jovial
Sociável
Ativo

Você adora participar de festas. Isso lhe proporciona muitas oportunidades para conhecer pessoas e criar relacionamentos. Com freqüência, você se apaixona por muitos motivos diferentes; isso por causa do seu coração meigo e dócil, que se derrete ao ouvir histórias contadas pelos seus parceiros. Você gosta realmente de um relacionamento superficial — nada muito profundo. Você tende a acreditar no que lhe dizem e isso pode acontecer em seu detrimento.

À medida que o tempo passa, logo você começa a entender os outros e a querer descobrir o que existe no seu íntimo, ao contrário do que está no íntimo das outras pessoas. Você pode querer verificar o modo como está conduzindo a sua vida, uma vez que pode transformá-lo facilmente; você precisa que as outras pessoas lhe dêem espaço.

Do ponto de vista positivo, seus parceiros adoram tê-lo por perto, como se você fosse a vida e a alma da reunião. Você pode achar a maioria das pessoas agradável porque está sempre vendo o que há de melhor nos outros. Você tem uma memória prodigiosa para informações, desde as trivialidades até a política e as novidades, com a qual pode entreter as pessoas. Esta é uma das suas características permanentes.

INTIMIDADE
Pelo fato de ser você uma pessoa de marshmallow, a intimidade pode ser passageira — ela pode interferir na sua vida social. Sua relação com o seu parceiro será cheia de risos e de alegria.

Marshmallow e...

Abacaxi

As pessoas de abacaxi irão diminuir o seu ritmo (da maneira mais delicada possível, é claro). Você pode até se apaixonar pelas idéias delas. Elas irão lhe oferecer liberdade e afeto, sempre em busca do melhor de você, dando-lhe apoio e coragem para tentar novas coisas. Emocionalmente, elas são muito generosas e conversam a respeito de como se sentem até que você ache que já sabe o suficiente e deseja alguma ação! Isso, no entanto, não é comum na agenda delas, uma vez que elas trabalham com a mente e deixam que outra pessoa (você) aja. A aparência exterior dessas pessoas deixa muito a desejar. Tudo isso é compensado pelo fato de elas acharem que você é o melhor, e o encanto que elas sentem pela vida é uma maneira de atrair a atenção.

Amêndoa

Você acha as pessoas de amêndoa intrigantes, cheias de novos pensamentos e idéias. Isso o estimula, levando-o para bem perto do seu centro interior. Essas pessoas gostam de ter ou de seguir rotinas preestabelecidas. Você pode compreender isso; então, aceita simplesmente essa tendência como parte da personalidade delas. Você satisfaz suas aspirações. A vida não é excessivamente emocionante pelo fato de o amor estar no lugar certo para vocês dois. A intimidade e a atividade sexual com as pessoas de amêndoa são transitórias; elas estarão ocupadas com seus pensamentos e idéias para o futuro e você estará preocupado com o que deve usar na próxima festa. Este relacionamento é forte porque vocês dois se sentem realizados.

Amendoim

As pessoas de amendoim, quanto mais velhas, mais ensimesmadas são — o que está certo! Uma vez que elas são pessoas que gostam de esportes, do ar livre, vocês podem se ajustar perfeitamente. Mas isso pode ser apenas um dos seus interesses, de modo que este relacionamento pode, às vezes, reprimi-lo. As pessoas de amendoim estão, na maior parte do tempo, ocupadas; portanto, você tem de se encaixar em suas programações. Elas mantêm suas emoções em segredo e, quando são liberadas, a sua manifestação viva e súbita irá surpreender a todos. Sexualmente, você acha que a pessoa de amendoim tem tudo o que você quer, mas encontrar tempo para isso pode ser um problema.

Avelã

Para que este relacionamento dê certo, você precisará se interessar pelo meio ambiente e/ou pelo seu lar. As pessoas de avelã gostam que os outros estejam atentos e se preocupem com causas pelas quais elas estão comprometidas. Sua vivacidade irá impedir que elas se devotem profundamente a trivialidades. Elas gostam que as coisas decorram tranqüilamente, sem muitos altos e baixos. No nível da intimidade, elas podem lhe parecer muito decididas como em tudo o mais, inclusive em suas emoções, que devem ser debatidas e partilhadas. A intuição dessas pessoas pode, às vezes, dar-lhe nos nervos. Talvez você nunca tenha se sentido tão desprezado sexualmente.

Marshmallow e...

Café

As pessoas de café raramente se comunicam. Você será a pessoa que tentará manter contato com elas, que não o estão evitando; isso acontece porque estão muito ocupadas. Ou, você poderia dizer, porque são muito egocêntricas. Como você não vai a fundo na busca de emoções, não irá se importar por não conhecer as delas. Você pode achar que a idéia dessas pessoas sobre o sexo e a respeito da prática do sexo é um tanto constrangedora. Este será um relacionamento superficial, que não acrescentará nada à sua vida. A pessoa de café não irá fazer com que você manifeste o seu lado bom.

Caramelo

Você confiará demais nesta pessoa. Pelo fato de você não se manter firme para alicerçar o relacionamento, as pessoas de caramelo não se sentirão à vontade ao seu lado. O que as atrai em você é, em primeiro lugar, o seu temperamento alegre e isso será o que elas começarão a criticar antes de tudo. Você não pode evitar que isso aconteça; quanto mais próximas estiverem, mais críticas elas se tornarão. Elas são calmas e estarão sempre ao seu dispor, o que poderá ser exatamente aquilo de que você precisa. Este relacionamento sempre terá conflitos, uma vez que ele é constituído por duas forças opostas: uma lá fora, trabalhando, a outra ficando encarregada dos detalhes.

Castanha-do-pará

Vocês nada têm em comum, exceto a vida social. As festas e as reuniões poderão ser uma base para conseguirem se conhecer mutuamente. Uma vez que vocês dizem coisas que não têm nenhuma importância, deverão ir além do superficial para manter algum tipo de relacionamento duradouro. As pessoas de castanha-do-pará não são expansivas com relação às próprias emoções, mas sua vitalidade e seu vigor poderão mudar o modo como elas vêem a vida. Sexo não é um problema; se tiver de acontecer, acontece. Essas pessoas irão apresentá-lo a um grupo de pessoas totalmente novo a quem você pode fascinar com a sua inteligência e o seu charme.

Cereja

Sua concepção otimista da vida irá ser ajudada pela dinâmica energia da pessoa de cereja. Talvez isso possa ser algo incomum para você. Essa pessoa gosta de chocar emocionalmente se tiver oportunidade; portanto, esteja atento. Haverá muita ansiedade ao lado delas e nada será tão tranqüilo quanto você gostaria que fosse. No que toca ao sexo, você pode achar as cerejas exageradas. De outro ponto de vista, você necessita dessa excitação. Você irá questionar isso enquanto goza a vida e conseguirá muito mais do que aquelas pessoas que mostram que atingiram seus objetivos.

Marshmallow e...

Chocolate

Esta poderia ser uma combinação perfeita, se é isso que você deseja. A pessoa de chocolate irá ajudá-lo a aprofundar a sua compreensão da natureza humana de um modo divertido. Isso, por sua vez, irá fazer com que você se sinta equilibrado, embora ainda esteja expandindo a sua mente e os seus contatos sociais. Você pode achar essa pessoa por demais retraída para ficar ao seu lado durante longos períodos em determinadas ocasiões. Em relação a este relacionamento, seria recomendável que houvesse espaço para ambos. Emocionalmente, vocês vão se dar bem. Sexualmente, o mesmo pode ser dito; isso faz parte de suas vidas, quer vocês gostem ou não, e não conversarão a esse respeito. Você vê cada dia como um novo início.

Damasco

As pessoas de damasco irão, até certo ponto, manifestar demasiado amor por você. Elas gostam de protegê-lo e de mantê-lo preso, e de considerar o seu convívio na sociedade como potencialmente arriscado. Mas elas também podem levá-lo a ficar absorto em si mesmo para que você possa ser quem você é. Isso acontece porque você sabe que elas estão sempre presentes, não importa o que aconteça. Sua alegre vivacidade alivia as pessoas de damasco e permite que você relaxe e confie nessa parceria. Elas falam constantemente a respeito dos próprios sentimentos e de como tudo as afeta. Você precisa pesquisar a fundo para dar uma resposta nesse nível. Sexualmente, vocês são muito parecidos.

Coco

Uma ótima combinação. As pessoas de coco irão se adaptar facilmente ao seu modo de vida, mas podem fazer algumas observações de vez em quando. A vitalidade dessas pessoas não deverá ser subestimada; elas podem lhe dar a força de que você precisa para continuar a ser você mesmo. Elas parecem fluir pela vida sem passar por situações dramáticas. O mesmo pode se dizer de sua vida amorosa, e você faz parte disso. Emocionalmente, essas pessoas são ideais para você, mantendo-se no mesmo nível. Mas elas podem manipulá-lo de um modo tão inteligente que você nem sequer irá perceber.

Doce de leite caramelado

Uma vez que você tenha dinheiro, as pessoas de doce de leite caramelado irão gastá-lo. Esta união será proveitosa para ambos: você fará com que essas pessoas se mostrem como são em várias situações; elas irão ficar ao seu lado e consolidar a sua vida. Na verdade, vocês podem ser vistos como uma só pessoa, com muita disposição de ânimo. As emoções irão fluir das pessoas de doce de leite caramelado, mas você poderá controlá-las. Elas gostam de fugir da realidade de vez em quando, e a sua vida social as levará para um mundo que não sabiam existir; isso será uma nova forma de fuga para elas. Sexualmente, vocês se darão bem.

Marshmallow e...

Doce sírio

Esta pessoa será diferente, mas muito profunda para você. Você tenta tudo, uma vez que esta parceria não é exceção à regra: ocasião para uma experiência mística. As pessoas de doce sírio tentarão controlar o seu modo de agir sob o pretexto da espiritualidade, para ajustá-lo ao modo de vida delas. As emoções que elas discutem com você não convencem. Muitas experiências estranhas e extraordinárias podem acontecer com essas pessoas, algumas muito íntimas. Esta parceria é mais como uma experiência; depois você seguirá o seu caminho.

Gengibre

As idéias ousadas da pessoa de gengibre irão atraí-lo como a mariposa é atraída por uma lâmpada. Não se exponha em demasia a essas pessoas! Esta será uma relação difícil de ser mantida. A seriedade delas irá confundi-lo; você estará sempre tentando alegrá-las. Elas podem sonhar, mas haverá lugar para dois sonhadores? Emocionalmente, você pode sentir-se esgotado, uma vez que elas podem consumir a sua energia sem sequer saber que o estão fazendo. A intimidade pode acontecer às vezes, mas sem profundidade, e você achará que deveria haver algo mais.

Framboesa

Esta parceria será difícil uma vez que você não se ajusta realmente ao padrão indicado para as pessoas de framboesa: elas não têm certeza de onde você vem. Elas não gostam de complicações, e não será fácil para elas adaptar-se ao seu modo de vida em sociedade. A vida e as parcerias precisam decorrer tranqüilamente para que as pessoas de framboesa ajam da melhor maneira possível; você estará sempre provocando reações da parte delas (às vezes, somente porque você pode fazê-lo). Quanto às emoções, elas as manterão ocultas, o que, de algum modo, é igual ao que você faz. Elas irão mostrar a você que se preocupam com as pequenas coisas da vida. Sexualmente, são mais românticas que você, mas o sexo em si mesmo não é relevante.

Laranja

Um casal interessante. A pessoa de laranja prospera durante os relacionamentos. Você pode não simpatizar com elas uma vez que pode ser totalmente independente e estar completamente feliz com a própria vida. O seu parceiro de laranja pode fazer com que você se sinta claustrofóbico. Sua vivacidade e sua energia podem preocupá-las porque elas se sentem incapazes de prendê-lo ou de esquecê-lo. As pessoas de laranja estarão sempre ao seu dispor, para cuidar de você; elas gostam de se sentir necessárias. Você vai achar que os sentimentos delas são os seus sentimentos, e que elas ou serão o seu espelho ou se manterão separadas de você. O sexo será sincero.

Marshmallow e...

Lima

Este relacionamento será maravilhoso se você tomar como exemplo as pessoas de lima e seguir a sua orientação. A franqueza, a sinceridade e a natureza confiante dessas pessoas serão algo novo para você. As características das pessoas de lima combinam muito bem com você e com o seu jeito de ser alegre. Elas não temem falar sobre os seus sentimentos a respeito de qualquer coisa — a ponto de você querer que fiquem caladas e tenham sucesso na vida! O sexo com essas pessoas pode ser maravilhoso, uma vez que elas se entregam totalmente. Geralmente, elas não têm medo de amar. Você pode dar-lhes o espaço que elas pedem, pois este será um dos melhores parceiros para você.

Limão

Com as pessoas de limão, você irá aprender muito, quer queira quer não. A pessoa de limão pode parecer séria demais para você ficar ao seu lado por muito tempo. Você pode achar cansativo ser sempre a mesma pessoa a trazer alegria e humor para este relacionamento. As pessoas de limão são um pouco desinteressadas; portanto, onde está o retorno do seu investimento e quem o está procurando? Elas mantêm suas emoções em segredo; portanto, você nunca vai saber em que estado de espírito elas se encontram quando você ou elas voltarem para casa; isso o coloca sob pressão, sem que você nada tenha a ver com isso. Sexualmente, haverá momentos de loucura, mas será que eles poderão realmente segurar você?

Marshmallow

Este relacionamento poderá ser idêntico aos demais: sem equilíbrio ou estabilidade suficientes. Ninguém o reconhece como uma pessoa de marshmallow, e haverá muitos risos e vivacidade, mas poderá estar faltando intensidade. Sem firmeza, pode vir o tédio e depois o ressentimento. Um tempo longe um do outro é o único modo de fazer com que este relacionamento dê certo. Muitos risos podem encobrir o que não está sendo dito; vocês precisam, portanto, sentar-se e conversar. Quanto ao sexo, vocês o acharão ótimo, uma vez que ambos não sabem realmente por que está havendo toda essa agitação.

Mel de abelha

Estas pessoas irão atraí-lo com sua fascinação quase infantil pelo mundo que as cerca, seu desejo de compreender e viver a vida em todas as suas formas. As múltiplas idéias dessas pessoas irão mantê-lo sempre estimulado; se alguma não der certo, haverá sempre a próxima sobre a qual se concentrar. Ambos ficarão satisfeitos por estarem perto um do outro, uma vez que todos os dois vêem humor na vida. Com o seu vigor e a aparência jovial delas, vocês são vistos como um casal feliz. A intimidade poderá estar faltando neste relacionamento, mas isso não o preocupará excessivamente. Você poderá achar difícil compreender as verdadeiras emoções dessas pessoas.

Marshmallow e...

Menta

Este parceiro irá mantê-lo atento para qualquer eventualidade. As pessoas de menta são mutáveis, e isso irá impedir que você se aborreça. A maneira de agir dessas pessoas fará com que você fique sempre fazendo conjecturas. O objetivo dessa trama é fazer com que você se adapte às suas emoções; será como oscilar e desviar-se, dependendo de quem seja a pessoa nessa ocasião. Aparentemente, este relacionamento tem muitas vantagens, mas os dois precisam trabalhar para que a parceria seja duradoura. Quando essas pessoas são francas e seu coração está pronto para amar, você pode ficar assustado. No plano sexual, dependendo de quem seja o parceiro na ocasião, suas reações irão variar.

Morango

Você age corretamente na mão das pessoas de morango — elas sabem que você precisa delas. Gostam de estar com você na maior parte do tempo, o que não lhe dá muito espaço. Pelo fato de estarem sempre ao seu lado, você pode deixar de dar muita importância a elas. Enquanto elas estão mantendo a paz e sendo gentis, você gostaria de soltar um rojão para despertá-las totalmente. Elas adoram a sua felicidade e o seu temperamento alegre, mas a insegurança delas pode torná-las invejosas em reuniões sociais. Suas emoções transparecem para os outros; contudo, você pode sentir falta delas porque voltou sua atenção para outra coisa.

Noz

Você se sentirá atraído pelas pessoas de noz por causa de sua alegria. Elas podem se movimentar entre a esfera social e os amplos espaços ao ar livre. Isso lhe dá muito espaço e impede que você se aborreça. Elas gostam do convívio em sociedade tanto quanto você, mas, diferentemente de você, essa não é a parte principal da sua vida. Como uma pessoa de marshmallow, você provavelmente não é o tipo de pessoa dada a passeios ao ar livre; assim, serão necessários compromissos formais para que isso aconteça. Você pode tomar conhecimento de muitas novas idéias dessa pessoa, inclusive a respeito de harmonia. Sexualmente, a pessoa de noz pode ser um tanto fora do comum para que você possa competir com ela, mas não chegarão a se magoar.

Noz-pecã

Este relacionamento poderá ser divertido, uma vez que ambos gostam das boas coisas da vida. As pessoas de noz-pecã irão adorar o seu eterno otimismo, e você gosta da importância que elas dão à família e às tradições. No nível emocional, essas pessoas podem ser egocêntricas e esquecer outros assuntos importantes. Isso pode irritá-lo e fazer com que se sinta sozinho. Que intimidade você poderá conseguir realmente com uma dessas pessoas? Sexualmente, a culpa que existe se revela totalmente. Isso pode ser superado pela sua maneira alegre de ver a vida, que irá fazer com que as pessoas de noz-pecã brilhem e compreendam o que está acontecendo. Uma vez que essas pessoas tenham descoberto o seu centro, o amor irá fluir e o resultado será a longevidade.

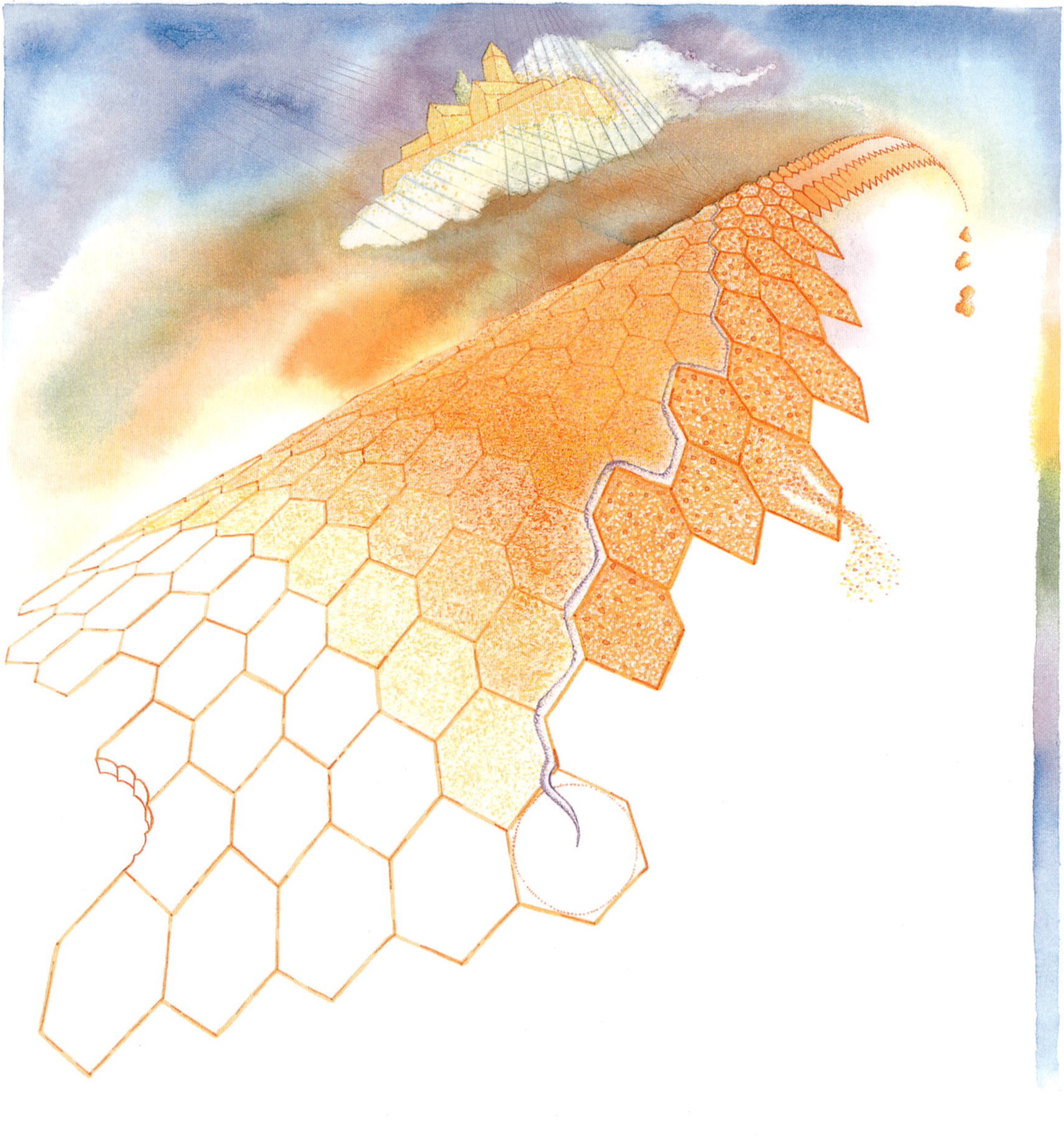

✪ O mel de abelha nos relacionamentos

Jovialidade
Viagens
Grandes perspectivas
Otimismo

Vários dos seus relacionamentos se deterioram porque você está sempre procurando, pesquisando, em busca do fator X. Essa paixão pela busca de algo que está perto faz com que você tenha muitos relacionamentos, alguns sexuais, e algumas amizades muito boas que se alternam. Você vai perceber que nunca estará no mesmo lugar que o seu parceiro ou, quando vai para outro lugar, a tal pessoa que tinha o fator X é deixada para trás.

As idéias e os conceitos que vocês partilham são todos saudáveis e bons, mas onde está aquele alguém especial? Às vezes, você precisa ficar quieto, parar de viajar, e, apenas por alguns momentos, procurar no seu íntimo e apreciar o que tem. Afinal de contas, isso lhe pertence; comece a amar e descobrirá que as pessoas irão mudar. Ou será a sua atitude que mudou? Sua felicidade depende do modo como você vê as coisas inconstantes.

Você tem uma surpreendente capacidade para recarregar-se, relaxar e se dar bem com a vida. Essa é a virtude que o salva: acreditar que amanhã será outro dia. Sua personalidade extrovertida atrai muitas pessoas, e não lhe faltarão amigos ou amantes. A dificuldade é decidir-se pelo que você deseja num relacionamento.

INTIMIDADE

Tão logo relaxe e passe a ser você mesmo, a intimidade irá fluir. Você descobrirá que, como ocorre com tudo o que faz, não tem medo de aproveitar a sua vida amorosa. Você gosta de explorar o corpo do parceiro e vice-versa.

Mel de abelha e...

Abacaxi

As pessoas de abacaxi gostam de conversar com você a respeito de tudo, o que às vezes pode levá-lo à loucura. Elas pensam muito mais do que agem. Você vai adorar a ternura e a liberdade que elas parecem ter profundamente arraigadas. A confiança que elas têm nas pessoas pode deixá-lo fascinado; mas se você tirar proveito disso, elas podem ficar tristes. É possível que vocês passem horas na cama, conversando e fazendo amor, e serão esses momentos de intimidade que você irá valorizar e lembrar. As pessoas de abacaxi vêem o melhor nos outros. Elas sempre o apoiarão em suas idéias, pelo menos teoricamente.

Amêndoa

Pode ser que você ache as pessoas de amêndoa engraçadas, com a necessidade que elas têm de detalhes e de se amoldarem. Você pode amenizar essa seriedade. O dinheiro, o sucesso que elas têm, bem como o método para conseguir sua ascensão social podem ser muito diferentes da sua falta de fundamentos, o que deixa pouca coisa para construir um sólido relacionamento. Nos momentos de intimidade, quando acontecerem, você os achará naturalmente divertidos. Sexualmente, elas não são o que você procura. Em resumo, esta não é uma boa combinação para você. Os bons momentos serão poucos e raros.

Amendoim

As aparências podem enganar. As pessoas de amendoim estarão muito ocupadas amparando-o quando as coisas começam a se deteriorar. Elas não gostam tanto de viajar quanto você; assim, haverá um conflito a esse respeito. Elas serão exigentes no que diz respeito ao seu modo de agir e, para manter a paz, você terá que se adequar a elas. A impulsividade dessas pessoas o atraiu, mas tão logo sosseguem você pode ficar entediado. No nível íntimo, este relacionamento pode dar certo, uma vez que vocês não exigem muito um do outro. As emoções dessas pessoas não estão à vista, mas e as suas, onde estão? Você se sente à vontade no que diz respeito aos relacionamentos, mas as pessoas de amendoim gostam de ter as coisas nos devidos lugares. Quando você entender isso, achará engraçado e irá embora.

Avelã

Embora você goste das pessoas de avelã, estará faltando alguma coisa que você não consegue descobrir o que seja. Elas são um pouco mais sérias que você e têm um profundo senso de honestidade. De início, você pode não dar importância a isso; mas tão logo chegue a conhecê-las, verá a satisfação que isso pode proporcionar quando vem à tona. A intimidade não é problema para as pessoas de avelã, mas com você talvez seja. Na maioria das vezes, você não é o que elas estão procurando, razão pela qual você não estará satisfeito. Sexualmente, haverá alguns momentos memoráveis, mas não para elas.

Mel de abelha e...

Café

As pessoas de café podem ser distraídas e nebulosas. Provavelmente, você não notará essas características durante algum tempo, uma vez que estará muito ocupado com o seu trabalho. Quando você estabelece uma relação, as poderosas idéias filosóficas dessas pessoas podem lhe parecer um pouco profundas. Lembre-se, no entanto, de que elas nem sempre vivem de acordo com suas crenças; apesar disso, elas gostam de falar a respeito delas para quem quer que se disponha a ouvi-las. No nível íntimo, elas gostam de sexo, o que poderá ser um problema para você. Elas não gostam muito de relacionamentos firmes e sufocantes; assim, você poderá viver à sua maneira com essas pessoas. Naturalmente, um relacionamento com uma pessoa de café é como estar na companhia de mais de uma pessoa, e isso irá satisfazer o seu desejo de viajar pelo mundo.

Caramelo

Esta parceria irá proporcionar alguma estabilidade à sua vida, embora você não esteja certo de que gostará dela. Do seu ponto de vista, esta será uma boa parceria para os negócios. Quando surge o amor, as pessoas de caramelo não vão entender por que você não pode ser igual a elas: companheiro, seguro, pensando em tudo. Mas quando essa pessoa tomar uma resolução, você terá ido embora. Dependendo de quão flexível ela seja, esta poderá ser uma boa ocasião para ficarem juntos e resolver alguns problemas. Ambos irão crescer e aprender um com o outro.

Castanha-do-pará

A dignidade das pessoas de castanha-do-pará não irá confundi-lo. Elas ficarão encantadas com a sua maneira fria de ver a vida. Vocês dois têm um grande número de amigos — pena que não se dêem bem uns com os outros! Este será um relacionamento com constantes interrupções, na maioria das vezes provocando a irritação dos seus amigos. Para você, isso não será um problema, uma vez que haverá sempre alguém por perto. Será difícil ter intimidade com as pessoas de castanha-do-pará porque elas podem ser tão esquivas quanto você. Você pode encontrar mais satisfação do que o seu parceiro quando começarem os jogos do amor. Sexualmente, este relacionamento será como um caso amoroso ou como se estivessem se conhecendo pouco a pouco.

Cereja

Quem está seduzindo quem neste relacionamento? Este é um momento de intensa alegria para ambos. As pessoas de cereja são propensas a ter um traço de ciúme, o que não se amolda facilmente a você. Você não tem o ímpeto de dominar ninguém; então, por que elas teriam? Elas estão em processo de mudança, para ser aquilo que o satisfaz. Você vai adorar seu temperamento enérgico e impetuoso; ele o estimula a perceber quem você é e para onde está indo. Elas adorarão viajar na sua companhia: a excitação, os novos lugares e as novas pessoas. O compromisso não é o primeiro item de sua agenda; portanto, deverá haver muito mais do que sexo para manter a continuidade deste relacionamento.

Mel de abelha e...

Chocolate

As pessoas de chocolate irão tocá-lo profundamente. Será este o fator X que estava faltando? A intimidade com essas pessoas o levará para novos níveis de paixão e espiritualidade. Elas não querem tolher a liberdade do seu modo de vida, e sim fazer com que você veja a si mesmo sob diferentes prismas e compreenda o que resultará dos seus atos. O lado oculto disso é a compreensão de que o seu jeito alegre não é tão alegre quanto você gostaria que fosse. As pessoas de chocolate não precisam de você para ser feliz e também não precisam depender de você. Assim, se está satisfeito com o que tem, junte-se a elas.

Damasco

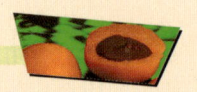

As envolventes pessoas de damasco irão amá-lo aos poucos. Este relacionamento o sufocará, se você permitir. Elas oferecerão um maravilhoso apoio para você e suas idéias, mas querem mantê-lo em segurança. Gostariam de cortar as suas asas da maneira mais sutil possível. Essa repressão irá causar tensão entre os dois; você irá embora. Você vai se tornar o protetor, mas a pessoa de damasco não se sentirá bem fora da segurança do seu espaço. Num nível íntimo, você precisará tornar-se menos ativo e ficar quieto para que as pessoas de damasco comecem a compreendê-lo. Sexualmente, você vai mostrar-lhes algumas coisas novas.

Coco

O entusiasmo pelas artes das pessoas de coco irá atraí-lo para elas. Mas previna-se, elas são profundamente atentas; portanto, não se intrometa na vida delas. Elas irão apoiá-lo nos seus projetos, não importa quais sejam. Sua maneira de ver a vida irá combinar com a delas, porém elas são mais descontraídas em suas atitudes. Existe muita semelhança nos seus princípios morais, particularmente na crença de que "amanhã é outro dia". A intimidade não é problema e você gosta de explorar o corpo do parceiro. Eles desejarão viajar para climas mais quentes nas suas férias, onde se sentirão melhor. E quanto a você? Este será um relacionamento auspicioso, cheio de alegria.

Doce de leite caramelado

Uma deliciosa mescla de prazeres. Fiquem juntos e vocês irão se deleitar plenamente um com o outro. Tão logo você mostre seriedade, os conflitos surgirão como se fossem por mágica. As pessoas de doce de leite caramelado gostam de ter parceiros tranqüilos, dóceis e sensuais. Isso é o que você não é; você é muito reservado, e isso irá provocar algumas explosões. Você realmente não gosta do modo submisso da pessoa de doce de leite caramelado. Contanto que elas recebam toda a sua atenção, o relacionamento dará certo no nível de intimidade; portanto, não fique desatento. Sexualmente, vocês têm o que é necessário e, preparando o ambiente para que ele seja aconchegante e confortável, vocês podem até aprender mais algumas coisas.

Mel de abelha e...

Doce sírio

Será esta a pessoa que você está procurando? Ela possui realmente o fator X? As pessoas de doce sírio têm um alto grau de integridade, o que pode se mostrar como uma preocupação por você e pela sua busca. Você pode achá-las muito sinceras, mas elas estão apenas refletindo o que você está manifestando; a verdade dói. Esse relacionamento pode ser mais uma jornada, e talvez essas pessoas irão mostrar-lhe o caminho. A intimidade levará tempo para se desenvolver; essas pessoas adorariam cair nos seus braços, mas você as deixaria descansar? Sexualmente, isso poderá ser bom para você se elas acreditarem na sua honestidade e na sua compreensão.

Gengibre

A maneira de ver os problemas de uma forma inusitada e o caráter empreendedor das pessoas de gengibre irão atraí-lo. Elas dão força às suas idéias e conceitos. No entanto, acautele-se — elas poderão apoiar algumas de suas idéias malucas e as coisas virão abaixo. Elas também podem sonhar. Ambos manterão os sentimentos do outro cheios de esperança e de vida. O humor vai caracterizar este relacionamento e será algo que você não esquecerá. Haverá numerosos momentos de intimidade, quando você encontrar tempo — ou você acha o seu trabalho mais interessante? Embora esta parceria seja excitante, vocês dois estão em busca de algo que o outro não pode oferecer.

Framboesa

A natureza prática das pessoas de framboesa irá atraí-lo, uma vez que a praticidade não é um dos seus pontos fortes. Este relacionamento pode significar que o seu progresso pode estar limitado ao que a pessoa de framboesa considera sensato. O seu humor vai ajudá-lo a perceber isso e a dar a essa pessoa uma certa vivacidade. As pessoas de framboesa gostam de protegê-lo e de se sentirem protegidas. Você é assim? As idéias antiquadas dessas pessoas a respeito de amor e casamento virão à tona. E o que dizer sobre o seu comprometimento? As cerejas manterão suas emoções em segredo. Você pode ser um pouco mais radical e liberal com a sua sexualidade do que elas costumam ser.

Laranja

As pessoas de laranja estarão sempre ao seu dispor, não importa para quê. Elas têm necessidade de um relacionamento para completá-las. Isso pode vir a ser um problema para você, uma vez que você não pode se comprometer com uma pessoa ou decidir-se por ela. Muitas e muitas vezes, elas irão restaurar a situação sem esperar nenhum agradecimento. Você será capaz de estabelecer as regras e os limites de que elas necessitam para agir da melhor maneira possível? Elas já perceberam que há mais a ser vivenciado do que o físico e que podem iniciá-lo nos temas espirituais. No nível da intimidade, elas seguem a sua orientação. Uma pessoa muito agradável, mas que não é realmente você.

Mel de abelha e...

Lima

As pessoas de lima possuem todas as qualidades essenciais. Pelo fato de saber o que querem, elas saem e o conseguem, enquanto você espera — por considerar que isso é uma ameaça —, tentando descobrir em que isso o afetou. Elas adoram se divertir, rir e podem, às vezes, agir impetuosamente — a pessoa exata para você. Têm o coração aberto e não aceitam um não como resposta. Esse entusiasmo por você e pela vida só pode beneficiá-lo, ou você acha isso fora do comum? A intimidade com essa pessoa é uma experiência que dura vinte e quatro horas.

Limão

Este relacionamento poderá dar certo. A pessoa de limão estará preocupada com a profissão dela enquanto você estará tratando dos seus negócios. Assim, quando estiverem juntos, serão horas excelentes, cheias de alegria e momentos agradáveis. As pessoas de limão precisam do equilíbrio mental e do humor que você proporciona; isso irá permitir que elas examinem e entendam os seus detalhes íntimos. Elas não partilham facilmente os pensamentos mais secretos delas, mas você pode encorajá-las a fazer isso. Sexualmente, tão logo essa partilha tenha início, as pessoas de limão irão se tornar acessíveis e relaxar.

Marshmallow

Duas pessoas alegres juntas. Seus planos podem se deteriorar, uma vez que as pessoas de marshmallow saltam de uma idéia para outra. Vocês dois têm pontos de vista semelhantes e não guardam rancores. O senso de humor que vocês partilham pode possibilitar que você vá mais fundo neste relacionamento sem imaginar que, com isso, poderá haver um comprometimento. As pessoas de marshmallow se sentem melhor em grupos, onde é mais fácil ter as pessoas por perto. A intimidade sexual começará lentamente pelo fato de não confiarem em você. Com isso em mente, espere e observe este relacionamento florescer.

Mel de abelha

Neste relacionamento, vocês irão corrigir seus erros mutuamente e progredir, mas não conseguirão mais nada. Isso vai se repetir muitas e muitas vezes. Vocês irão conversar e rir muito e talvez viajar juntos; isso é ótimo se mantiverem tudo isso em clima de amizade. Quando falarem a respeito de um relacionamento, você ficará frustrado com as exigências das pessoas de mel de abelha. Pelo fato de isso ser um reflexo de si mesmo e de como os outros o definem numa parceria, você pode aprender e crescer, se for o que você quer. No nível sexual, vocês se deleitarão mutuamente, com os dois amando e explorando os seus corpos. Mas não há uma verdadeira intimidade.

Mel de abelha e...

Menta

Você pensava que estava acostumado a mudanças: as pessoas de menta podem dar um novo significado a essa palavra. Elas têm um grande coração que gostariam que fosse preenchido. Elas irão se entregar aos outros; assim o tempo que passarão ao seu lado será precioso e elas amarão profundamente esses momentos. A maioria dessas pessoas é clara a respeito do que quer, espera e pretende aceitar vindo de você. Mas às vezes elas têm muitas opções e não conseguem decidir; isso anuvia a capacidade de emitir uma opinião. Sexualmente, se elas estão dispostas, fique atento. A intimidade e a ternura são os seus pontos fortes, mas elas estão querendo aprender e tentar algo diferente.

Morango

As pessoas de morango o apoiarão no que quer que você faça, o que pode fazê-las sofrer. Você pode conviver com isso? Essas pessoas são muito divertidas, mas precisam ter a sua confiança renovada muitas vezes. Isso possibilitará que elas sejam admiradas e desenvolvam todo o seu potencial. As pessoas de morango têm profundos sentimentos e podem se sentir magoadas facilmente, embora a maioria não vá revelá-lo. Sexualmente, elas assumem o comando até que se sintam seguras de si mesmas; portanto, fique atento. Elas podem se sentir desorientadas entre todos os seus amigos e conhecidos.

Noz

As pessoas de noz não serão capazes de ficar ao seu lado se você não as conquistar. Elas o irão apoiar, mas têm de orientar a própria vida. Elas não ficarão ao seu lado esperando alguma coisa; já estão satisfeitas com o que têm. Não esqueça que as pessoas de noz são independentes. Elas não precisam dos outros; os outros é que precisam delas. A noz certamente irá mostrar-lhe um lado da vida que você não sabia que existia, mas isso está lhe fazendo falta? Essa pessoa será um parceiro firme e fará com que você veja o que realmente importa. As pessoas de noz não se sentem confortáveis com a intimidade e com a atividade sexual, mas não encaram esse aspecto do relacionamento levianamente.

Noz-pecã

Este relacionamento é caracterizado pela alegria; vocês têm muito em comum. Ambos estão numa jornada — você em busca do fator X e a noz-pecã em busca da saúde e da juventude. Seu elegante parceiro gostará que você siga a moda, no que diz respeito às roupas e aos cabelos. A habilidade de rir de si mesmo e de não levar as coisas muito a sério será o que você pode oferecer à pessoa de noz-pecã. No campo sexual, você será o instigador; quanto às emoções, ambos tendem a guardar e não revelar seus verdadeiros sentimentos. Não espere que este relacionamento preencha o que está faltando a ambos. As pessoas de noz-pecã gostam de ter a confiança renovada com freqüência — isso não é próprio de você, é?

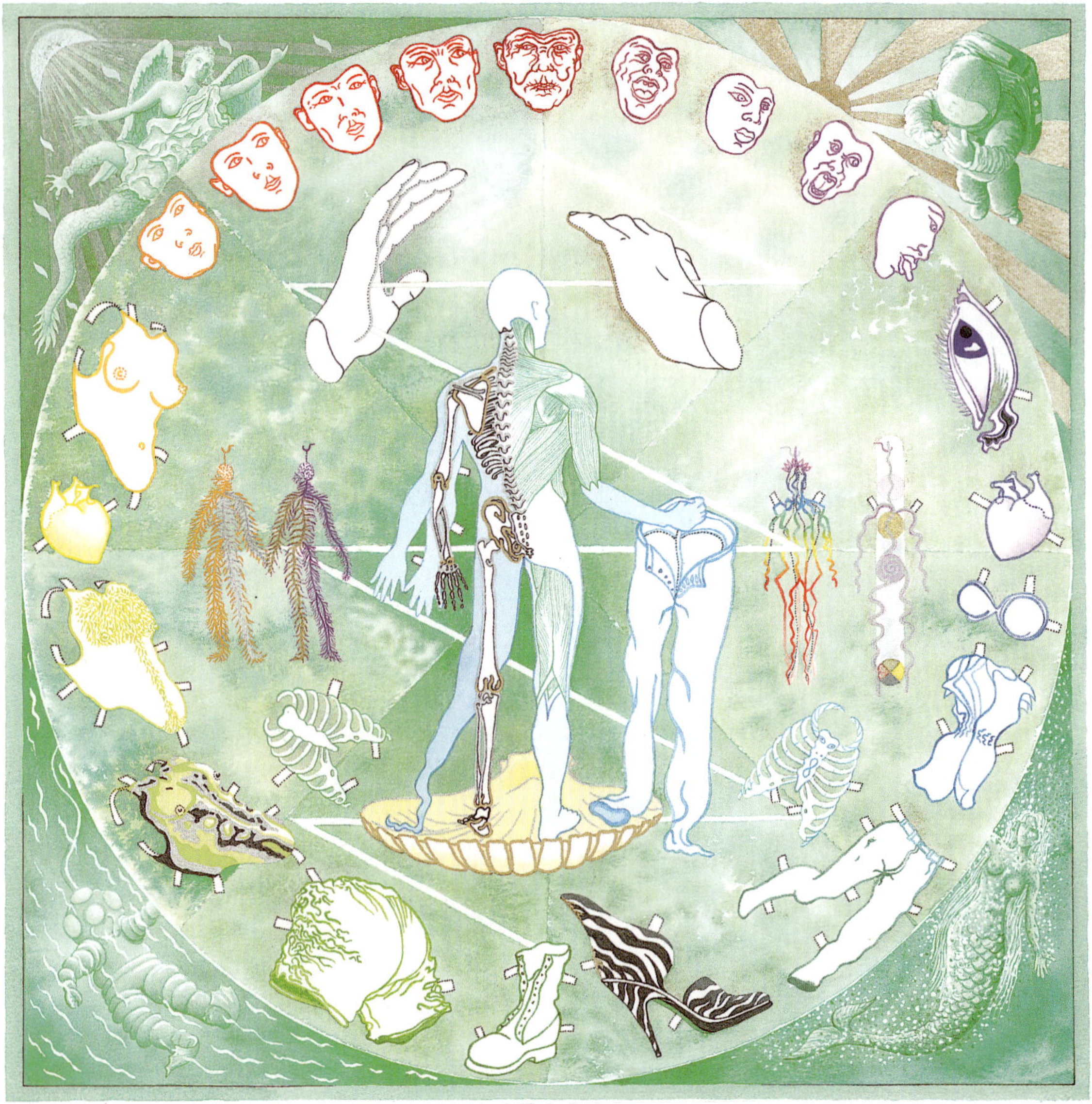

A menta nos relacionamentos

Mutável
Extremado
Versátil

Este é um relacionamento difícil para o seu parceiro, porque você pode mudar de uma hora ou de um dia para outro. Você tem boas intenções, mas será que os outros vão se adaptar a você? Você é muito claro a respeito do que deseja do seu parceiro, mas depois você muda, o que provoca confusão.

Pelo fato de não ter muitas escolhas, a tomada de decisão pode, e será, difícil para você. Até certo ponto, um parceiro irá lhe dar orientação e ajudá-lo a mudar. Isso não é co-dependência, mas apenas uma necessidade de alguém que seja mais objetivo e não veja todas as possibilidades que você vê.

Como uma pessoa de menta, você pode ficar à deriva na vida, cheio de boas intenções, mas sem nada conseguir, por lhe faltar uma âncora. Para cada pessoa, você é uma pessoa diferente — quem realmente o conhece? Tão logo comece a ser transparente, você pode se concentrar e começar a amar.

INTIMIDADE
Isso depende de quem você é na ocasião. O seu verdadeiro eu tem uma mente aberta e é muito claro a respeito do que você gosta; portanto, vá procurá-lo. Você tem um grande coração e irá entregá-lo a alguém com prazer.

Menta e...

Abacaxi

O céu ou o inferno — é a sua escolha neste relacionamento. As pessoas de abacaxi gostam de conversar e conversar, em vez de agir. Você é capaz de analisar todos os ângulos de uma idéia. Mas você a põe em prática, e onde estão eles? A grande ternura e o alegre temperamento dessas pessoas irão arrebatá-lo. Você, por sua vez, estará contribuindo com novas idéias e vida para o mundo em que elas vivem. Elas adoram debates, e irão aguçar a sua mente. As emoções, algumas vezes, estão ocultas, mas quando você fica magoado, as pessoas de abacaxi podem diminuir a pressão sobre você. Elas são ótimas professoras. As roupas não importam para elas; você é que é importante. O sexo, quando acontecer, será criativo.

Amêndoa

Por ser prática, esta parceria será boa para ambos. As pessoas de amêndoa gostam do sucesso que o trabalho pode proporcionar. As pessoas de menta acreditam que podem fazer tudo; assim, essa atitude pode ajudar as pessoas de amêndoa. Essas pessoas podem ser encontradas em qualquer lugar — por isso existem muitas opções. Elas irão lhe oferecer um ponto de interesse que poderá estar faltando. Todas as suas idéias serão levadas em consideração e você irá voltar a sua atenção para essas maravilhosas pessoas e dar a elas o apoio de que necessitam. Você não tem medo de amar com o coração aberto, mas seja gentil. Lembre-se: para essas pessoas, emoções e trabalho são coisas diferentes.

Amendoim

Embora as pessoas de amendoim possam ter sido irrequietas na juventude, sua atual estabilidade poderá atraí-lo. Naturalmente, você deverá gostar de esportes, ou ter algum conhecimento a respeito deles para que este relacionamento dê certo. É fácil para você ver o mundo como um todo, mas as pessoas de amendoim acham isso difícil, uma vez que podem facilmente se ver envolvidas num problema que exige solução urgente. Elas não revelam suas emoções, a menos que as irritem ao extremo ou estejam assistindo a uma competição esportiva. Isso não quer dizer que não sintam nada por você; mas, se já lhe disseram uma vez e nada tenha mudado, por que dizê-lo novamente? Para essas pessoas, a casa é o seu castelo, parte do que elas são. Portanto, tenha cuidado se você, de repente, decidir ir embora.

Avelã

Este relacionamento irá fornecer a base para muitas das suas idéias. A magia da tolerância e do companheirismo pode fluir entre você e as pessoas de avelã. Embora elas adorem a paz, também são capazes de se adaptar, o que é a mesma coisa. Sua personalidade responsável poderá, às vezes, cansá-lo. As suas emoções fazem parte do relacionamento, portanto desfrute-as; não é sempre que isso acontece. As pessoas de avelã têm uma firme postura moral, da qual não irão se afastar. O sexo será uma experiência para ambos saborear. Isso, por si mesmo, pode deixá-lo desorientado.

Menta e...

Café

A pessoa de café irá irritá-lo — muito mau humor para o seu gosto. Essas pessoas têm idéias próprias; muito embora gostem de debates, seus pontos de vista levam algum tempo para se modificar. Elas devotam muito tempo aos pensamentos e podem pensar durante algum tempo para responder a uma pergunta; você vai achar essa atitude frustrante, para dizer o mínimo. Essas pessoas são compulsivas: você não pode viver com elas e não pode viver sem elas. Quanto às emoções, nenhum dos dois revela o que está acontecendo. No que diz respeito ao sexo, você pode achar que elas são um tanto imoderadas. As pessoas de café gostam de ser sociáveis e de estar em contato com outras pessoas que têm gostos semelhantes. Elas não são indelicadas, de maneira nenhuma — o fato é que são pessoas do "eu", enquanto você é uma pessoa do "nós".

Caramelo

As pessoas de caramelo irão levantar as mãos para o céu enquanto você pula para outra idéia que o agrada. Elas gostam de acontecimentos planejados, de ter o seu dia detalhado, sem surpresas. Seu desejo de transformá-las em pessoas impulsivas não será concretizado. Mas você pode aprender a se concentrar numa idéia de cada vez. As pessoas de caramelo precisam de um relacionamento estável para serem mais otimistas. As emoções serão negativas, porque você quer impedir suas manifestações de um modo errado, e não há nada que você possa fazer a esse respeito. As pessoas de caramelo não têm pressa, e isso pode parecer muito devagar para você. Quanto ao sexo, elas ainda estarão esperando, enquanto você já terá se mudado para nova aventura.

Castanha-do-pará

O ator que existe em você irá adorar essa pessoa. As pessoas de castanha-do-pará são muito diferentes de você — de longe. O seu conceito é tudo ou nada, confiando na sorte. Você pode se ajustar ao que elas dizem sem pestanejar; mas quem está fazendo o outro de tolo? Os modos afetados dessas pessoas irão deixá-lo cheios de excitação para uma nova aventura, e você tem muito em que se apoiar, como nas roupas, para levar isso adiante. Elas serão atraídas pela sua energia, mas você levará algum tempo para conhecê-las, se o conseguir. Essas pessoas mantêm suas emoções ocultas, e precisam sentir-se seguras antes de revelar o que está por baixo de sua aparência. Quanto ao sexo, o relacionamento não será um Kama Sutra.

Cereja

Um relacionamento difícil de ser mantido. As pessoas de cereja se apaixonam por algum tempo durante um caso amoroso; depois, outro virá substituí-lo. Essa é uma crítica que se aplica a ambos. Você muda de um momento para outro, de uma idéia para outra. Elas são mais impetuosas que você, o que cria mais problemas para ambos. No que diz respeito às emoções, vocês estão muito ocupados com suas agendas para se preocuparem demais; os sentimentos são algo que vocês guardam para dias de chuva! O sexo será fisicamente ótimo para os dois, mas a ligação íntima pode estar faltando. Ambos irão se sentir melhor com um parceiro que exerça uma influência constante.

Menta e...

Chocolate

As pessoas de chocolate farão simplesmente com que você revele o que tem de melhor. Elas podem ser práticas e realistas. Podem rir de si mesmas e você, sem a intenção preconcebida de magoá-las, acostumará com isso. Essas pessoas o incentivam bastante nos seus empreendimentos, e esse encorajamento pode fazê-lo crescer. Esse incentivo é exatamente o que você precisa para deixar de se entediar e passar para outra idéia. As pessoas de chocolate irão estimulá-lo a explorar suas emoções, para descobrir o que você está procurando realmente. Esta parceria vai ter significado e importância por causa da influência dessas pessoas. A prática do sexo só irá ampliar os seus valores e o conceito que você tem de si mesmo.

Damasco

As pessoas de damasco irão acolhê-lo no seu refúgio. Você irá ser tratado como se estivesse perdido; assim, é a personalidade protetora e carinhosa dessas pessoas. Você irá aceitar isso se pensar. Embora este parceiro tente ajudá-lo, você pode se sentir sufocado e incapaz de manifestar o seu verdadeiro eu. As pessoas de damasco têm um modo de pensar totalmente diferente do seu. Para elas, o mundo é grande, mau, e é difícil conquistá-lo, embora você queira tentar e experimentar tudo o que for do seu agrado. Os sentimentos para essas pessoas são de proteção. Elas também gostam de ter a sua confiança renovada, o que você não pode fazer sempre, uma vez que não sabe o que está fazendo. Quanto ao sexo, você pode ser animado demais para elas.

Coco

Vocês tinham de se conhecer num feriado. As pessoas de coco têm ritmo e vitalidade para adicionar à sua vida cotidiana. Elas são relaxadas, mas não hesitam em suas decisões, por isso você deve ficar atento ao que diz. Elas são leais e mais abertas a um compromisso do que você. Para você, há muito mais coisas a experimentar do que ficar sossegado com um parceiro. As pessoas de coco aceitam qualquer situação, mas podem manter suas emoções à margem. Emocionalmente, esta parceria pode dar certo para ambos, uma vez que vocês podem estimular, um ao outro, com suas variadas idéias. Sexualmente, será ótimo para ambos, mas não será a melhor coisa da vida.

Doce de leite caramelado

Este poderá ser um ótimo relacionamento, embora deva haver muita dificuldade a superar. As pessoas de doce de leite não gostam de mudanças, e estar com você significa exatamente isso. Você adora a sensação de ter essa pessoa dedicada e tranqüila ao seu lado. Elas riem de muitas coisas e trazem humor à sua vida. Tão logo você saiba o que está procurando, elas podem ser uma enorme vantagem para a sua vida de trabalho; você, por sua vez, irá fazer com que elas se ajustem ao mundo real. No plano emocional, com sua mente aberta e a sensualidade das pessoas de doce de leite caramelado, juntos vocês podem ser fogo. Haverá muitas conversas a respeito de idéias; essas pessoas são uma boa caixa de ressonância para você.

Menta e...

Doce sírio

Você acha as pessoas de doce sírio leais e diferentes. Elas podem ser místicas ou saberem que existe muita mais na vida do que o mundo material. Elas podem não estar satisfeitas com a vida que levam e talvez queiram buscar algo mais. Você irá dar à vida uma dimensão que elas jamais pensaram existir. Elas podem ser demasiado místicas para a sua compreensão, mas, de um modo ou de outro, você irá incentivá-las. Isso só poderá proporcionar mais opções e anuviar a sua visão das coisas. As pessoas de doce sírio estão sempre buscando algo que acham não ter ainda conseguido. Absolutamente nada parecido com você, não é? Os sentimentos entre vocês dependem de quão tranqüila tenha sido a vida delas antes da sua chegada.

Gengibre

Estranhos relacionamentos já aconteceram antes. Este pode ser um rápido caso de amor, mas um maravilhoso tempo para ambos. Se você tiver em mente algo mais duradouro, poderá pensar a respeito do que você deseja conseguir. As pessoas de gengibre podem ter outro ponto de vista a respeito de certas coisas e também são sonhadoras. Serão grandes parceiras nos negócios; com a atitude do tipo "levante-se e faça", o mundo poderá ser algo do qual podem ser extraídos muitos benefícios. No nível pessoal, elas não estão seguras no que diz respeito a compromissos; tampouco, você está. Vocês dois têm muitas coisas que gostariam de fazer — imagine como seria se as fizessem juntos. Emoções e sexo estão interligados neste relacionamento.

Framboesa

Esta pode não ser a sua melhor escolha. Normalmente, as pessoas de framboesa gostam de agir sempre da mesma maneira. Elas não confiam em nada que seja novo; é quase como se estivessem presas ao passado. Elas acham que tentaram realmente melhorar. Você irá testá-las constantemente com suas escolhas e idéias. Por outro lado, elas são extremamente práticas e lógicas, e podem ser claras, enquanto você é enigmático. As pessoas de framboesa não falam a respeito de suas emoções; acontece apenas um abraço de vez em quando e tranqüilos momentos de intimidade. Elas não gostam de complicações. Aprecie as diferenças. Sexo não é algo que possa ser planejado — acontece quando tem de acontecer.

Laranja

Você gosta que alguém esteja ao seu lado a cada passo do caminho, e as pessoas de laranja lá estarão. Elas gostam de apoiá-lo, ou então acharão que não existe nenhum objetivo na vida delas. Isso nem sempre é fácil para você, que pode fazer coisas por impulso. Este relacionamento poderá dar certo, se você permitir que a pessoa de laranja cuide de você e depois dos outros. Elas poderão se envolver tanto no que estão fazendo que você terá algum espaço para si mesmo. Elas poderão levá-lo a uma jornada espiritual. Lembre-se de que, algum dia, você irá tentar alguma coisa. As emoções não são o ponto forte dessas pessoas. Você assumirá o comando no que diz respeito ao sexo, fazendo com que elas fiquem excitadas e se revelem.

Menta e...

Lima

Se as pessoas de lima gostarem de você, você saberá quase imediatamente. Elas não têm medo de se apaixonar, mas precisam mais do que isso. Poderia ser um compromisso? Você irá saber exatamente que posição ocupa ao lado delas, o que é mais do que elas sabem a respeito de você com o seu temperamento instável. Essa pessoa provocadora irá instigá-lo para diferentes áreas profissionais, e ao mesmo tempo, apoiá-lo. As emoções com relação às pessoas de lima estarão sempre expostas. Elas irão perguntar freqüentemente: "O que você está sentindo neste momento?" Ou "Em que você está pensando agora?" Você gosta disso? Sexualmente, você gosta dessas pessoas e do que elas fazem por você. O que você está fazendo por elas?

Marshmallow

Este relacionamento pode convir a vocês dois, com risos e alegria. Nada muito profundo — desfrutando o presente; compromissos, só no futuro. Cada um de você tem a própria vida, mesmo morando juntos. Quando vocês estão juntos há uma certa química. As emoções vêm e vão, mas essa é a vida e não há problema nisso. As pessoas de marshmallow o levarão a uma jornada social que será quase como viver em outro mundo. O seu temperamento instável não irá preocupar de maneira nenhuma as pessoas de marshmallow. Quanto ao sexo, passar um pouco mais de tempo juntos pode fazer maravilhas para ambos. Mas o sexo é uma pequena parte dessa união, e ambos podem experimentá-lo ou deixá-lo de lado.

Limão

Você poderá não compreender as surpreendentes pessoas de limão, desprezando-as com um olhar, e se afastando. Essas pessoas irão se frustrar com o seu temperamento inconstante; elas precisam de diretrizes e normas para se sentirem bem. Elas podem se sentir atraídas pelo seu diferente modo de ver a vida. As pessoas de limão não toleram ser enganadas por puro prazer. Isso irá refreá-lo e o tornará mais responsável do que possa ter sido no passado. Para vocês dois, as emoções levam tempo para se revelarem. Você irá mostrar o caminho, de coração aberto, fazendo com que a ternura dessas pessoas se revele. As grandes experiências sexuais terão de esperar.

Mel de abelha

Este relacionamento pode ser muito fragmentado para que possa dar certo para ambos. As pessoas de mel de abelha gostam de viajar e de mudanças em sua vida; portanto, com sua natureza mutável, isso pode ser bom para você. Elas são positivas no seu modo de ver a vida e as outras pessoas, e não guardam rancores, mas podem se aborrecer facilmente. Elas mantêm suas emoções ocultas em relação às mudanças e à experiência de novas coisas. Isso poderá frustrá-lo — é muito mais do que se espera de um espelho? O bom humor e a jovial atitude delas a respeito da vida são o que o atrai.

Menta e...

Menta

Se vocês dois puderem ficar juntos durante muito tempo, poderão conseguir conhecer e gostar um do outro. Na maioria das vezes, essa parceria será excelente para ambos. Mas você terá de ficar atento para as opiniões nebulosas que irão assustá-lo. Seu parceiro não exerce uma influência constante, mas é idêntico a você. A procrastinação será a ruína desta parceria. Um amigo que poderá oferecer um novo modo de ver as coisas poderá estar por perto. Há muitas escolhas na vida. Às vezes, as emoções serão de raiva, mas só quando vocês estiverem discutindo problemas; portanto, não as considere como algo de caráter pessoal. O sexo é ótimo quando você dispõe de tempo e de energia.

Morango

As pessoas de morango podem achá-lo um tanto exagerado — não que elas já tenham dito isso a você. A vida tranqüila que elas levam pode ser perturbada pelas suas idéias e por seus sonhos. Elas podem não concordar com algumas das coisas que você está imaginando ou tentando, mas, não obstante, irão apoiá-lo. Elas estão ali para ouvi-lo e segurar a sua mão quando as coisas não estão acontecendo a seu modo. As pessoas de morango trabalham melhor quando seus parceiros são honestos e decididos — você é? O relacionamento pode ser difícil quando você é indeciso. Levará um certo tempo para que você descubra o que essas pessoas realmente sentem ou pensam. Quanto ao sexo, o que quer que seja correto para você será correto para elas.

Noz

Se você estiver interessado em cultura, a pessoa de noz é a que lhe faltava. Ela irá lhe mostrar uma maneira totalmente diferente de ver o mundo. As pessoas de noz irão trazer harmonia para a sua vida, deixando a seu cargo todas as escolhas e idéias. Irão levá-lo a grandes espaços ao ar livre, à estabilizadora influência da Terra. Este pode ser um bom relacionamento para ambos, sem nenhuma chance de causar aborrecimento. Não espere ser ajudado, uma vez que as pessoas de noz têm de orientar a própria vida. As emoções virão à tona no campo, mas voltarão a ser ocultas na cidade. O sexo será interessante e você irá aprender muito a respeito do seu corpo com essa pessoa.

Noz-pecã

Você gosta de mudanças; as pessoas de noz-pecã preferem permanecer como estão. Elas acreditam nas tradições e, conseqüentemente, na importância da família. Elas gostariam de iludir a morte e viver eternamente. Sentir-se bem interiormente não é o suficiente para elas; ter uma boa aparência é o que conta. Mas aonde vocês querem chegar? As emoções irão aflorar totalmente quando vocês menos esperarem. Vocês podem irritar um ao outro sem nenhuma razão aparente. As pessoas de noz-pecã podem passar por um período de castidade, mais para conservar a energia do corpo do que por qualquer outro motivo.

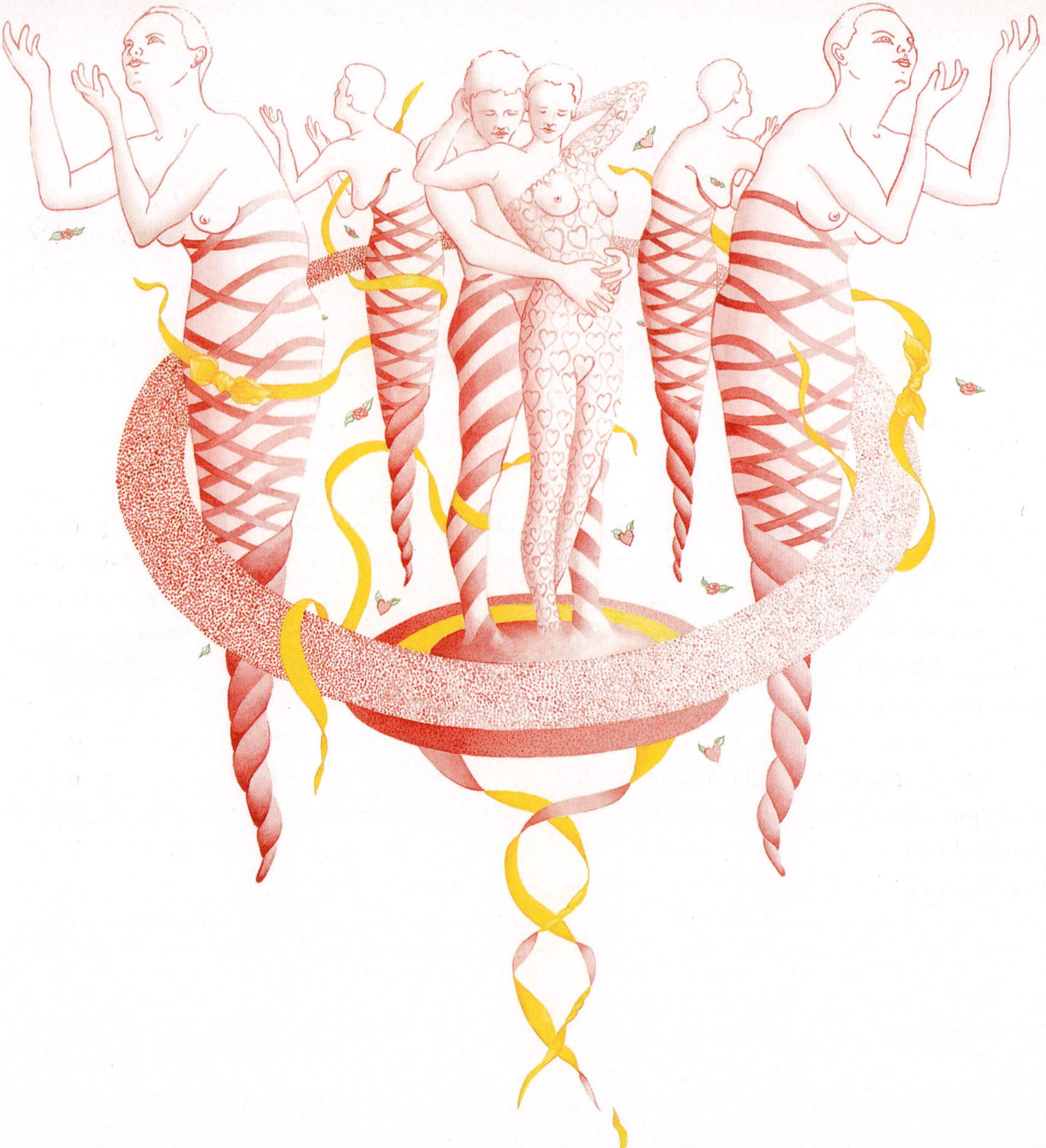

O morango nos relacionamentos

Amável
Calmo
Altruísta

Você é o mantenedor da paz, o mediador, uma pessoa que almeja o amor a qualquer preço. Você está disposto a se adaptar ao modo como o seu parceiro vê a vida.

Pelo fato de ter uma tendência para ser empático e compadecido, você acha que as pessoas falam a respeito de seus problemas ou os descarregam sobre você, esgotando a sua energia. Entretanto, elas estão aproveitando a vida, depois de deixar os problemas delas com você.

Você se sentirá melhor com um parceiro que seja determinado e claro sobre o caminho que estão tomando. Geralmente você concorda com o seu parceiro para manter a paz. Você adora passar momentos tranqüilos, lendo um livro, assistindo televisão, bebericando uma taça de vinho, mas isso nem sempre acontece.

Você tem um maravilhoso senso de humor, gozando a vida. É uma pessoa profundamente caridosa que está pronta para ajudar os outros nos momentos de necessidade, como se fosse um veleiro com as velas abertas esperando enchê-las com amor.

INTIMIDADE
Você é cordial e carinhoso: uma pessoa bondosa. Adapta-se aos seus parceiros e concorda que eles assumam o comando. Você pode se apaixonar facilmente porque é uma pessoa centrada no coração.

Morango e...

Abacaxi

Você vai gostar dessas pessoas. Você se sente merecedor de sua confiança e do seu afeto. Elas podem ser mal-humoradas, mas, com seu amor para apoiá-las, isso vai se dissipar. As pessoas de abacaxi adoram a educação, de modo que você terá de acompanhar os seus objetivos. Elas têm uma atitude despreocupada e revigorante diante da vida. Isso se reflete nas roupas que usam e no ambiente em que vivem; portanto, não seja muito exigente. A intimidade e o romance estão de mãos dadas para as pessoas de abacaxi, que estão dispostas a partilhar suas emoções e a sua vida. Uma desvantagem é que elas falam, mas onde está o resultado? Você precisa ser autoritário para conseguir que as coisas sejam feitas.

Amêndoa

Você poderá se completar com a pessoa de amêndoa. Elas sempre irão colocar-se em primeiro lugar; você vem em segundo lugar. Você se adapta a isso, satisfazendo as necessidades e os desejos das pessoas de amêndoa. Cuidado, pois elas irão ignorar muitas áreas de atividade da sua vida. Quanto mais vocês crescem, mais discussões terão. As pessoas de amêndoa gostam de pessoas que confiam nelas, o que é ótimo para você. Elas são muito atarefadas e irão manter suas emoções bloqueadas para si mesmas e para os outros. Do lado positivo, à medida que elas progridem no mundo, elas o levarão consigo e comemorarão sua prosperidade com você.

Amendoim

As pessoas de amendoim terão o seu permanente apoio neste relacionamento. Estas atarefadas pessoas precisam de alguém como você que irá se adaptar a elas. Isso acontecerá se for o que você deseja, mas fique avisado de que estas pessoas vão cuidar de si mesmas e do resto da comunidade antes de cuidarem de você. Esteja preparado para ficar em segundo lugar neste relacionamento. A intimidade será efêmera. Você precisa saber se é isso o que você quer, antes de se lamentar. Emocionalmente, você tem de se acostumar com o que conseguiu. As pessoas de amendoim escondem seus sentimentos, a não ser quando estão discutindo a respeito de seus times favoritos.

Avelã

Você vai receber a pessoa de avelã como alguém que esteve ausente durante muito tempo. Ela irá fazer com que você fique à vontade; será, portanto, um relacionamento tranqüilo. Os outros reconhecerão que haverá uma intensa harmonia entre vocês. Você irá dar apoio às idéias e opiniões destas pessoas. No plano emocional, você pode dizer-lhes a verdade e vice-versa. Isso vai aumentar realmente a sua auto-estima e a confiança em si mesmo. Você pode confiar nelas; não há agendas escondidas. Pelo fato de você estar ouvindo o seu eu interior, você vai descobrir que as coisas acontecem para vocês dois: você e o seu eu interior.

Morango e...

Café

No começo, o relacionamento será excelente, mas à medida que o tempo vai passando, a pessoa de café passa a fazer o que lhe vem à cabeça e você passará a não lhe fazer falta. Pelo fato de suas necessidades e desejos não estarem sendo satisfeitos, você irá se sentir frustrado e com raiva. Uma pessoa verdadeiramente de morango irá persistir. Emocionalmente, você jamais saberá o que a pessoa de café está pensando, embora você esteja manifestando tudo o que sente. Com respeito ao sexo, você vive acariciando-a, abraçando-a, embora ela viva da maneira que lhe apraz. Mas este relacionamento pode dar certo se ambos estiverem dispostos a deixar de brigar.

Caramelo

Você será o único a tolerar viver com uma pessoa de caramelo. As limitações que elas impõem e a sua exigência pela perfeição, para si mesmas e para os outros, irão dissuadir a maioria dos parceiros. Com seu temperamento dócil, você não as intimida. As pessoas de caramelo são obedientes à lei. Elas não gostam que digam que estão erradas, mas você pode conviver pacificamente com isso, porque pode ver, por baixo de sua aparência exterior, a segurança que é muito importante para você. Levará tempo para elas revelarem suas emoções. Elas gostam de relacionamentos duradouros e não irão mudar o seu modo de ser. No que diz respeito ao sexo, às vezes você terá de assumir o comando.

Castanha-do-pará

Você poderá achar as pessoas de castanha-do-pará excitantes, com uma intensa vida social ou muitas aspirações. Você terá muita dificuldade para cuidar delas, uma vez que não gostam de muita intimidade com outras pessoas. Sua habilidade inata para cuidar das pessoas será testada com as pessoas de castanha-do-pará que lutam ferozmente para manter sua independência. Lembre-se de que elas, também, gostariam de ter alguém com quem partilhar a sua vida. Quanto ao sexo, elas terão seus momentos, mas estarão mais preocupadas com o que sentem do que com quem está na sua companhia. As emoções dessas pessoas são reprimidas, embora sua compreensão e sua empatia possam ajudá-las a mudar. Você vai ter muitas noites de insônia.

Cereja

Sua paixão pelas pessoas de cereja vai ficar patente. Elas podem fasciná-lo com a sua energia. Vocês são completamente opostos, o que provoca atração; o segredo neste relacionamento é permanecerem juntos. Vocês podem formar um casal maravilhoso, tendo cada um o que falta no outro. O único empecilho é aliar amor e luxúria, paixão e compaixão. Será preciso algum tempo para se acostumar aos dramas das pessoas de cereja. Mas eles irão diminuir lentamente tão logo chegue o amor. O seu lado romântico pode surgir, uma vez que ambos estejam procurando atingir o mesmo objetivo.

Morango e...

Chocolate

Uma união divina. A pessoa de chocolate irá ajudá-lo de diversas maneiras e elevar a sua auto-estima. Isso o ajudará a confiar na própria intuição e a acreditar em si mesmo. O seu amor incondicional pelos outros irá fluir sem nenhuma agitação. No plano emocional, a pessoa de chocolate está presente apenas para servi-lo. Uma vez tendo experimentado essa bênção, você será feliz sendo você mesmo. Essa harmonia de pensamentos, de união de corpo e espírito significa que vocês estão e se sentirão completos.

Coco

O ritmo da pessoa de coco irá atraí-lo. Você vai achá-la sensual, transformando a sua vida. Você poderá perder a sua identidade: a vida dela será a sua vida (o que é normal para uma pessoa de morango). Esta parceria dará certo para os dois. Você às vezes poderá achar que essa pessoa está precisando de um estímulo e você vai ajudá-la porque as suas outras necessidades estão sendo satisfeitas. Ambos são loucos por lugares quentes, onde irão se sentir melhor. As pessoas de coco podem, às vezes, parecer distantes, mas isso faz parte da sua natureza sonhadora. O lado artístico dessas pessoas pode precisar de estímulo.

Damasco

Um relacionamento carinhoso e tranqüilo. Pode ser realmente muito bom: os cuidados dos dois, o carinho e a proteção da pessoa de damasco, sua sensibilidade, irão fazer com que o lado espiritual proporcione a vocês uma harmonia perfeita. A única desvantagem é que você poderá se desgarrar e vagar pela vida. As emoções da pessoa de damasco são semelhantes às suas. Na atividade sexual, vocês sentirão uma profunda alegria e prazer. Por causa dessa harmonia, você pode, às vezes, parecer estar longe deste mundo.

Doce de leite caramelado

Este relacionamento será divertido. Você e as pessoas de doce de leite caramelado agem de acordo com a situação. Tenha sempre um bom saldo em seu cartão de crédito, uma vez que elas gostam de fazer compras. Essas pessoas são amorosas e sensuais, e irão precisar de seu talento para fazer carícias e divertir-se. Elas são românticas e adoram tudo o que é belo, exatamente como você. Podem ser egoístas e você vai contribuir para isso procurando entender o estado de espírito e os sentimentos delas e não manifestando as suas necessidades para elas. Sua preocupação com as outras pessoas pode até ser transferida para as pessoas de doce de leite caramelado. Isso poderá fazer com que o relacionamento conquiste novas áreas no que diz respeito ao amor e à alegria.

Morango e...

Doce sírio

É importante ter ao seu lado qualquer pessoa que possa lhe dar mais amor. As pessoas de doce sírio estão à procura de um místico, o que o conforta e preocupa. Elas são fiéis e não querem se desviar do caminho certo, a menos que sigam um mestre ou guru. No aspecto negativo, você pode notar que elas ficam preocupadas quando sentem que não estão atingindo suas metas espirituais. Emocionalmente, elas partilham o seu amor e as suas culpas. Elas passam horas divertindo-se com você, trocando carícias, afagos ou apenas ficando ao seu lado.

Framboesa

O romance e as responsabilidades definidas com este parceiro irão agradá-lo. Você sabe onde está pisando. As pessoas de framboesa adoram restaurantes e fins de semana fora de casa, e você também gosta disso. Vocês irão partilhar momentos de felicidade. Você vai descobrir que essa pessoa tem um lugar próprio para suas emoções, e os principais sentimentos não serão discutidos, a menos que tenham reservado um tempo para esse fim. Afinal de contas, ela é uma pessoa prática que ama o passado. Vocês terão algumas experiências íntimas, mas o melhor está guardado para os momentos tranquilos nos quais vocês compartilham a paz.

Gengibre

Você vai se ajustar à vida das pessoas de gengibre, em vez de acontecer o contrário. Elas gostam de ter idéias próprias e de mudar de acordo com a situação. Você as ajudará nisso. Elas não têm um bom histórico quanto aos relacionamentos — muitas pessoas, pouco tempo. São previdentes a respeito de seus parceiros, mas podem ter sido enganadas por eles. Isso também se aplica aos seus sentimentos e à sua vida sexual: elas são francas e dizem o que pensam e o que sentem; mas, conversando sobre tantas outras coisas, isso será esquecido. Você irá desfrutar este relacionamento, mas quanto tempo ele irá durar?

Laranja

Sua compaixão irá atrair as pessoas de laranja para você. Do mesmo modo que elas, você gosta de ajudar os outros. Esse sentimento comum aos dois irá mantê-los juntos. As pessoas de laranja só se sentem completas quando estão num relacionamento, mas interiormente elas estão sempre ajudando os outros. Contanto que você estabeleça os limites e assuma o comando, vocês vão se dar otimamente. As pessoas de laranja irão trazer qualidades espirituais para o seu relacionamento. No plano emocional, elas tendem a se esquivar de fazer algumas coisas — será por que estão muito ocupadas com os outros? Uma vez que você está ali para ficar, o cuidado se voltará para você.

Morango e...

Lima

A intimidade com as pessoas de lima deixará você muito atordoado. Elas sabem para onde estão indo. Uma vez que elas agem e falam com sinceridade, você conseguirá conhecê-las com facilidade. Mas, por outro lado, as pessoas de lima ficarão confusas se não tiverem amplos espaços à sua volta. Emocionalmente, elas se revelam cinco minutos depois de conhecê-lo. No sexo, irão lhe ensinar algumas coisas, chegando algumas vezes a surpreendê-lo. As pessoas de lima são tão confiáveis que você pode se apaixonar tão rapidamente quanto elas. Vocês dois devem tomar cuidado para que a natureza confiante de vocês não deixe que outras pessoas os ludibriem.

Limão

Esta união não é a melhor para nenhum dos dois. Na maioria dos casos, as pessoas de limão irão pensar que você não está no mundo real. Pelo fato de estas pessoas esconderem suas emoções de si mesmas e dos outros, elas irão se mostrar muito desinteressadas para que você resolva partilhar a sua vida com elas. Você, naturalmente, irá se ajustar à vida dessas pessoas. Elas vivem para o trabalho; elas não são nada sem isso. Você estará sempre acalmando-as e tranquilizando-as, mas, e quanto a você? Quanto ao sexo, este relacionamento pode ser uma bagunça: você gosta que os outros assumam o comando; as pessoas de limão desconhecem o motivo dessa confusão.

Marshmallow

Este não é um relacionamento profundo, mas vocês irão se divertir. Você achará o vigor e a vivacidade das pessoas de marshmallow muito estimulantes. É quase como se isso fosse um feriado na vida — as festas, o entretenimento. Você deseja algo mais? Sua generosidade e as suas maneiras amáveis irão mostrar às pessoas de marshmallow a força que elas não sabiam que tinham. Uma vez que você partilhe os seus sentimentos com elas, elas poderão conviver com você. Isso pode mudar os sentimentos dessas pessoas — elas acreditam nos próprios sentimentos e começam a viver. A sexualidade da pessoa de marshmallow também irá mudar para um nível mais profundo.

Mel de abelha

Este relacionamento o deixará pronto para qualquer eventualidade. As pessoas de mel de abelha não têm a tranqüilidade e a docilidade que você exige. Elas não têm medo de falar em voz alta e não se importam em ser o centro das atenções, o que pode intimidá-lo. Você vai se decepcionar com elas. Infelizmente, as pessoas de mel de abelha podem humilhá-lo sem nenhum motivo. Elas estão empreendendo uma busca e tudo o que há de melhor está em outro lugar. Tão logo você compreenda isso, os seus pontos de vista podem mudar. Você vai ter muitas alegrias; mas, seguindo o movimento do pêndulo, você vai precisar se afastar de vez em quando.

Morango e...

Menta

Esta parceria irá perturbá-lo. Não há consistência com as pessoas de menta e a sua sensação de paz será rompida repetidas vezes. Elas são muito inconstantes para você; não há nada que o mantenha calmo. Emocionalmente, você não sabe onde está pisando. Uma hora elas são francas e sinceras, e dizem o que lhes vem à mente; no dia seguinte podem estar reservadas e mal-humoradas. Você precisa saber que as pessoas de menta têm escolhas — elas podem fazer tudo. Uma vez tenham elas descoberto o seu nicho, elas podem se acalmar. No que diz respeito ao sexo, o mesmo acontece: hoje são íntimas, amanhã serão distantes.

Noz

Esta é uma combinação improvável, mas poderá dar certo. A pessoa de noz tem um coração de ouro e você age com sinceridade; portanto ela poderá ser bem-sucedida. As pessoas de noz são reservadas e não falam muito, mas suas ações compensam isso. Elas também precisam de tempo para si mesmas e, se você puder conviver com isso também terá o seu espaço. Você irá orientar essas pessoas. Isso faz com que você se sinta seguro interiormente. Caminhadas ao ar livre serão comuns, e você irá notar que as pessoas de noz tendem a falar mais sobre suas emoções quando estão caminhando e em contato com a natureza.

Morango

Dois românticos passando momentos encantadores, sem que nenhum dos dois queira assumir o comando. Este relacionamento é quase um impasse: ambos com os corações abertos, necessitando um do outro, intimidade, paz e ternura. Portanto, o que vocês estão fazendo com a vida de vocês? Não há dinamismo nessa união; a centelha está apagada. Ambos gostariam de obter uma orientação melhor do que irão conseguir estando juntos. Todavia, ninguém conhece uma pessoa de morango tanto quanto outra pessoa de morango; portanto, se vocês conseguem viver juntos e encontrar o rumo de vocês, quem sabe o que irão conseguir?

Noz-pecã

Para você, as pessoas de noz-pecã são divertidas, alegres e de boa aparência, e gostará de tê-las ao seu lado. Essas pessoas, por outro lado, precisam saber a respeito da sua família, das suas tradições, da sua saúde e da sua longevidade. Elas irão partilhar seus sentimentos com você, mas à medida que o tempo vai passando, suas emoções a respeito da juventude e da beleza perdidas irão permanecer ocultas. A aparência das coisas é realmente importante para elas; isso pode parecer superficial para você, mas isso pode levar a uma busca profunda. Esta parceria pode dar certo se você agir da maneira correta. No que diz respeito ao sexo e à intimidade, vocês terão momentos maravilhosos, enquanto a idade o permitir.

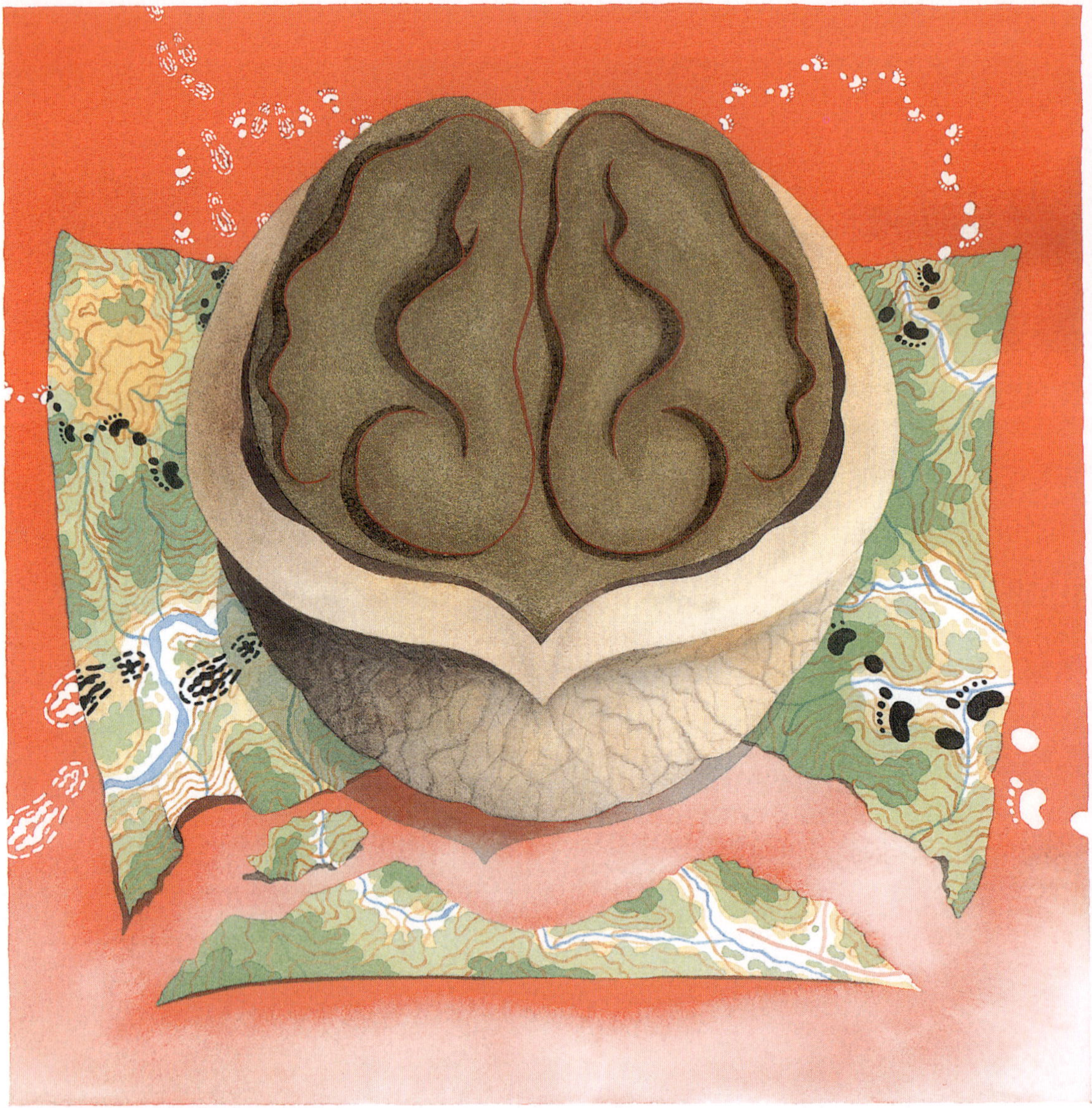

A noz nos relacionamentos

Coerente
Corajoso
Impulsivo

Seus parceiros deverão gostar de espaços ao ar livre, ou vocês irão passar muito tempo separados. Caminhar, acampar e outras atividades semelhantes fazem parte do seu temperamento.

Você tem um coração de ouro, que o torna uma pessoa atenciosa e generosa. Você acha que pensa melhor quando está ao ar livre; algumas de suas melhores trocas de idéias ocorrem enquanto está caminhando pela floresta. Outra de suas facetas é o gosto pelas artes; o que é exatamente um meio diferente de comunicação. Você vai perceber que, nos relacionamentos, deve fazer mais do que conversar. Seu parceiro, por sua vez, gosta do que você diz e você faz com que as pessoas pensem.

Às vezes, você gosta da solidão; você é uma pessoa reservada. Você se dá bem com um parceiro que está há muito tempo ao seu lado; mas isso não é algo que você deva ter para se sentir completo. Você é uma pessoa enérgica que obtém sucesso nos desafios, de modo que o seu parceiro terá de se acostumar com isso.

INTIMIDADE

Para uma pessoa de noz, teria que ser como estar sob um céu estrelado à noite numa floresta, ou nas montanhas — só vocês dois e uma barraca. Você pode se comunicar tanto com o seu corpo quanto com a sua mente.

Noz e...

Abacaxi

Você gosta do modo como a mente das pessoas de abacaxi funciona. Vocês dois são reservados, mas quando estão juntos, o mundo se transforma; com ou sem razão, o ambiente se desanuvia. Essas pessoas têm uma liberdade e uma ternura que você adora. Elas adoram os espaços ao ar livre, mas gostam do calor e fazer caminhadas não é um dos seus programas preferidos. Elas têm o próprio espaço, o que permite que você tenha tempo para si mesmo. No início, as emoções serão intensas; mas como as pessoas de abacaxi não estão seguras a respeito dos relacionamentos, essas emoções irão arrefecer. A intimidade virá; dê-lhes tempo. As pessoas de abacaxi são pessoas de confiança, mas isso já lhes custou muito no passado.

Amendoim

Esta combinação irá dar certo, com você vendo a vida como um todo e a pessoa de amendoim cuidando do aqui e agora. Um interesse pelo esporte poderá ajudar. As pessoas de amendoim poderão ficar tão ocupadas que a vida em casa será deixada para trás. Isso será uma fonte de frustrações para você; e seu estado mental ficará exaltado. A atração pelos espaços ao ar livre parecerá convidativa. Você irá manter as pessoas de amendoim pensando no futuro; assim elas não ficam muito entranhadas nas trivialidades da vida. A proteção dessas pessoas da parte de você, dos seus familiares e amigos é inacreditável. A intimidade sexual terá altos e baixos, com muita coisa acontecendo em pouco tempo.

Amêndoa

Este relacionamento será um encanto à distância. As pessoas de amêndoa estão lá fora procurando conseguir sucesso e sendo determinadas — fazendo o que elas fazem melhor. Com a sua preferência por espaços abertos, vocês podem não ver muito um ao outro; mas, quando estão juntos, o relacionamento será intenso para ambos. Vocês dois têm personalidades fortes, e as emoções serão, na maioria das vezes, mantidas sob controle. Você vai achar que às pessoas de amêndoa estará faltando vida por estarem tão envolvidas na própria ascensão até o topo. Poderá haver intimidade quando vocês se encontrarem, mas é mais provável que seja por causa da luxúria.

Avelã

Um relacionamento que estará sempre crescendo. Este seu parceiro amante da paz irá ficar com muita raiva se o ambiente estiver ameaçado. Deixando isso de lado, você gosta das pessoas de avelã por si mesmas. As emoções e o lar são importantes para essas pessoas, proporcionando-lhes estabilidade. Quando são estáveis, você vai começar a reconhecer a extraordinária força que pode arrancar dessa parceria. Intelectualmente, ambos são bem-dotados. A intimidade com estas pessoas leva-o a novos níveis de completude.

Noz e...

Café

A sua coragem virá à tona na companhia das pessoas de café. Elas assumem riscos com sua tagarelice, com seu modo de pensar e suas crenças. Em outras palavras, elas não têm medo de tomar uma atitude e de serem julgadas. Os seus sentimentos se revelam lentamente, assim como os dessas pessoas. Elas são ótimas comunicadoras, mas no que se refere a como se sentem a respeito de algo pessoal, tendem a ficar caladas. Isso não ajuda a nenhum dos dois. Para essas pessoas, o sexo assemelha-se a um vício; mas onde está a intimidade? Esse será o seu departamento: criá-la no seu coração de ouro. Então, a ternura terá chance para evoluir.

Caramelo

Você não vai se sentir constrangido com essa pessoa. Você aprecia o seu trabalho ético e gosta da sua honestidade. Poderá não concordar com o que elas dizem, mas pelo menos sabe onde está pisando. Você vai contribuir para a vida destas pessoas, criando novas influências como a música clássica e as artes. Por causa do seu coração de ouro, elas não se sentem ameaçadas por isso. Elas irão aprender a ter consciência da sua presença. A intimidade com as pessoas de caramelo acontecerá quanto tudo estiver nos seus devidos lugares, de acordo com elas. Você não poderá apressar essas pessoas de maneira nenhuma.

Castanha-do-pará

O casal culto: age da maneira correta, é visto na platéia da última peça teatral. Exceto no que se refere à cultura, vocês são quase opostos. As emoções ficarão completamente ocultas durante algum tempo. As coisas irão mudar, se você puder convencer a pessoa de castanha-do-pará da maravilha que é a zona rural. Pode ser um problema se não puderem beber *cappuccinos*. Se ela passar um tempo ao seu lado, irá desabrochar. Embora você possa se movimentar no mundo dessas pessoas, você se cansará facilmente e isso irá confundir seus sentimentos. A intimidade sexual levará muito tempo para se manifestar, mas vai acontecer, se é isso que estão procurando.

Cereja

As pessoas de cereja são, ao mesmo tempo, tudo aquilo de que você gosta e tudo o que você detesta. Você adora a paixão que elas têm pela vida, seu temperamento impetuoso, sua energia. Mas você detesta os dramas, a lascívia e o sentimento exagerado de posse. Se vocês conseguirem permanecer juntos, o relacionamento será um desastre, a menos que encontrem um equilíbrio. Seu conhecimento interior irá ajudar enormemente essas pessoas a perceber a diferença entre luxúria e amor. Elas não são muito predispostas a ir passar algum tempo no campo junto com você.

Noz e...

Chocolate

Este relacionamento o levará a lugares com os quais você jamais sonhou. Como você, as pessoas de chocolate podem desempenhar o seu papel no mundo, mas não fazem parte dele. Elas podem rir-se da vida e de si mesmas. Este é o tipo de pessoa que lhe convém, que mantém as suas emoções no páreo. Elas são mais gregárias do que você, fazendo com que você se aproxime mais das pessoas; a necessidade de grandes espaços ao ar livre pode diminuir. Isso só pode aumentar a intimidade sexual entre os dois, numa barraca ou em casa. Você continuará a prosperar.

Coco

Este relacionamento pode durar muito tempo, pois há muitas coisas a serem conseguidas com esforço. Vocês se adaptam mutuamente. Você adora o ritmo e a vitalidade dessa pessoa. Há uma verdadeira afeição de um pelo outro. Este não é um relacionamento estável, pois as pessoas de coco estão sempre dando preferência ao lado inovador delas. No que diz respeito às emoções, vocês poderão moderá-las e relaxar, sem nenhuma simulação; haverá uma fusão de mentes e corpos. Ambos gostam de um relacionamento duradouro e isso não será colocado em segundo plano. A motivação que você dá às pessoas de coco fará com que elas dancem de acordo com o ritmo do universo.

Damasco

Um parceiro carinhoso que só deseja o melhor para você. Você é uma pessoa independente e as pessoas de damasco são dependentes; isso fará com que você repense a maneira de fazer com que o relacionamento dê certo. Elas irão receber de braços abertos o seu temperamento equilibrado. A confiança que irão desenvolver fará com que elas esqueçam o passado e os antigos laços sentimentais. Essas pessoas são mais sensíveis a mudanças de humor e de situações do que você. Haverá intimidade sexual, uma vez que elas adoram acariciar e abraçar, dentro de seus limites. Seu próximo desafio será conseguir levá-las para acampar.

Doce de leite caramelado

Fugir com uma pessoa de doce de leite caramelado para a zona rural dará certo se você levar algumas coisas que proporcionem o conforto que vocês têm em casa. Esta parceria inusitada produzirá bom humor, não apenas rir das cobranças do cartão de crédito. Uma vez que a pessoa de doce de leite caramelado confie em você, a vida nunca mais será a mesma. As emoções com essa pessoa serão ilimitadas. No início, as coisas não serão fáceis; à medida que o tempo vai passando, a harmonia do dar e receber virá à tona concomitantemente. A realidade é um choque para essas pessoas e elas revelarão seu temperamento impulsivo na maioria das vezes. A pessoa de doce de leite caramelado foi feita para a intimidade.

Noz e...

Doce sírio

Embora você passe ótimos momentos com essa pessoa, embora vocês falem a mesma língua, entendam os pensamentos um do outro, há alguma coisa que não está bem definida, como se a centelha estivesse faltando. Vocês irão aprender um com o outro e a agir melhor por causa disso, mas a intimidade não existe para vocês, não importa quanto tentem. As tentativas serão contínuas e repetidas durante o relacionamento. A sua lógica diz que isso vai dar certo, mas as emoções dizem outras coisas. Embora isso possa ser melhor como uma amizade do que como um relacionamento amoroso, na verdade, o problema nada tem a ver com sexo.

Gengibre

Este relacionamento pode dar certo. Você é uma pessoa independente, e gosta do modo como as pessoas de gengibre vêem o futuro e da maneira como as coisas acontecem em torno delas. A falta de comprometimento por parte dessas pessoas é uma preocupação para você. Vocês dois trabalham muito, mas, quando conseguem ficar juntos, as emoções estão presentes. Não esconda nada delas. Elas podem perceber. Este relacionamento será um desafio para você, uma vez que as pessoas de gengibre não obedecem cegamente e têm idéias próprias, até a respeito de sexo e intimidade. Elas podem ser suscetíveis a algumas coisas, e você pode ser impulsivo; portanto, tenha cuidado.

Framboesa

Um período romântico. Este é um relacionamento sério que parece ser muito bom para ambos. Podem estar faltando aí os altos e baixos de outros relacionamentos, mas isso parece ser adequado para os dois. Você conhece o seu papel e tem tempo para si mesmo. As coisas boas da região estão ali para que vocês as desfrutem juntos nos momentos de tranqüilidade. As emoções se aprofundam ainda mais a cada dia. Elas não são realmente manifestadas, mas isso é necessário? A intimidade existe. Às vezes, você poderá não obter sucesso nos seus planos de trabalho devido ao seu temperamento impulsivo. A iniciação dessa pessoa nas artes pode ser o início de uma nova coleção.

Laranja

Essas maravilhosas pessoas de laranja estarão o tempo todo ao seu lado. Desde que você tenha explicado que precisa de espaço, tudo bem. Limites e restrições darão certo para elas. Suas caminhadas no campo podem ser interpretadas por essas pessoas de uma maneira espiritual. Isso dará uma vida nova às suas emoções e então vocês poderão ligar-se em muitos planos diferentes. Você irá ajudá-las a se apoiarem em si mesmas e naquilo em que acreditam. A intimidade sexual irá se desenvolver com o passar do tempo e não é algo de que as pessoas de laranja tomem muito conhecimento.

Noz e...

Lima

Este relacionamento levará você a muitos lugares e terras. As pessoas de lima sabem se orientar, mas às vezes você precisa se afastar ou se retirar. Isso pode acontecer quando vocês caminham de mãos dadas ao pôr-do-sol. Vocês dois são pessoas fortes e de bom coração; juntos poderão mover montanhas. O seu temperamento harmonioso será um grande fator de equilíbrio para a maneira provocadora com que elas vêem as coisas. Sua irritação irá aumentar tremendamente com a quantidade de bobagens que elas podem dizer; não deixe que elas falem por você. A intimidade sexual será sublime, quer vocês estejam fora de casa ou não.

Limão

Quão tranqüilo você quer que seja um relacionamento? Alguém terá de dizê-lo. Cada um tem o próprio espaço e pode progredir junto com o outro ou sozinho. O seu grande coração vai ajudar as pessoas de limão, evitando que elas se apeguem demais aos prazeres da vida. Elas irão testar e pôr à prova os seus sentimentos; você tem um caráter desconhecido para elas. Essas pessoas manterão a sua mente atenta e aguçada. O tempo que vocês passarem juntos será excelente, cheio de momentos de intimidade que caracterizam este relacionamento.

Marshmallow

Este relacionamento será um desafio para você. Você gosta do ambiente social que cerca essa pessoa, mas logo ficará entediado. Ela também ficará, mas por motivos diferentes. Você tem prazer em desempenhar o seu papel, mas sabe que isso é só uma parte da vida. A pessoa de marshmallow é propensa a ver apenas o que está acontecendo no momento. Ela sempre vê o que há de bom nos outros e tem grandes idéias em relação a você, sem jamais pensar no modo de concretizá-las. Você vai perceber a capacidade dessa pessoa, mas será um desafio fazer com que ela também a perceba. A intimidade virá lentamente, uma vez que as pessoas de marshmallow precisam de tempo para pensar no que desejam.

Mel de abelha

Você acha que essas pessoas ainda estão perseguindo um objetivo ilusório, embora você adore sua visão otimista da vida, sua maneira jovial de agir. Elas precisam muito mais de você do que você necessita delas, e esta não é uma situação ideal para qualquer um dos dois. As emoções irão aumentar na companhia delas. Este relacionamento não é restaurado facilmente. As pessoas de mel de abelha não nutrem sentimentos muito profundos por você; elas estão sempre mudando quando as pessoas ou as situações ficam difíceis. Não há intimidade com elas, mas o sexo é excelente; portanto, desfrute-o enquanto você pode.

Noz e...

Menta

Este poderá ser um relacionamento opressivo. As pessoas de menta são fortes e acreditam que podem fazer o que quiserem. Seriam pessoas adoráveis se soubessem realmente o que querem na vida. Você será atingido por uma saraivada de perguntas. Eu deveria? Eu seria? Eu poderia? Isso será cansativo depois de algum tempo, uma vez que não há nenhuma resposta definitiva. Você as suportará por causa do seu entusiasmo pela vida. Você tem um maravilhoso conceito de alegria e prazer. A intimidade sexual está em atividade — acariciando-se, rindo, passando o tempo juntos. Você irá amar as pessoas de menta por causa disso, e elas irão amá-lo por ser tão compreensivo.

Morango

Este relacionamento pode não ser fácil, mas nasce do coração. As pessoas de morango adoram se apaixonar; elas parecem um veleiro aguardando que as velas se enfunem. Até que se sinta segura a seu respeito e do lugar para onde está indo, ela concorda com você em muitas coisas e quer agradar. Isso mudará com o passar do tempo. Elas só dirão o que pensam se isso não aborrecer você. Você lida com isso com amor. A intimidade virá mais tarde, desde que essa adorável criatura tenha chegado a um acordo com você a respeito deste relacionamento. Ambos desfrutarão juntos bons momentos de tranqüilidade.

Noz

Este relacionamento dará certo para ambos se acharem que têm interesses comuns, seja nos bens materiais, nas artes ou na música. Este é um relacionamento durante o qual vocês passarão muito tempo juntos. Se os ambientes ao ar livre chamam, vocês o atenderão. Todos os dois falam apenas quando há algo a dizer; não há conversa fiada entre vocês. Isso gera uma atmosfera de harmonia que flui para acalmar os outros. A intimidade não é um problema; ela existe realmente. O que vocês encontram neste relacionamento é o que a maioria das pessoas anda buscando.

Noz-pecã

Uma união física, com nuances de misticismo. Você achará que as pessoas de noz-pecã acreditam que viverão para sempre, que permanecerão jovens, e essa idéia irá influenciar tudo o que elas fazem. Você é jovem interiormente, e isso é o que importa. As emoções serão exaltadas e você as aceitará. O encanto das pessoas de noz-pecã está na sua ingenuidade, nos valores da família e na sagacidade de sua mente. Você tenta trazê-las para a realidade e às vezes elas podem ouvi-lo. A intimidade irá variar de acordo com a preferência da pessoa de noz-pecã pela abstenção ou por obedecer aos impulsos — parte de sua busca para permanecer jovem.

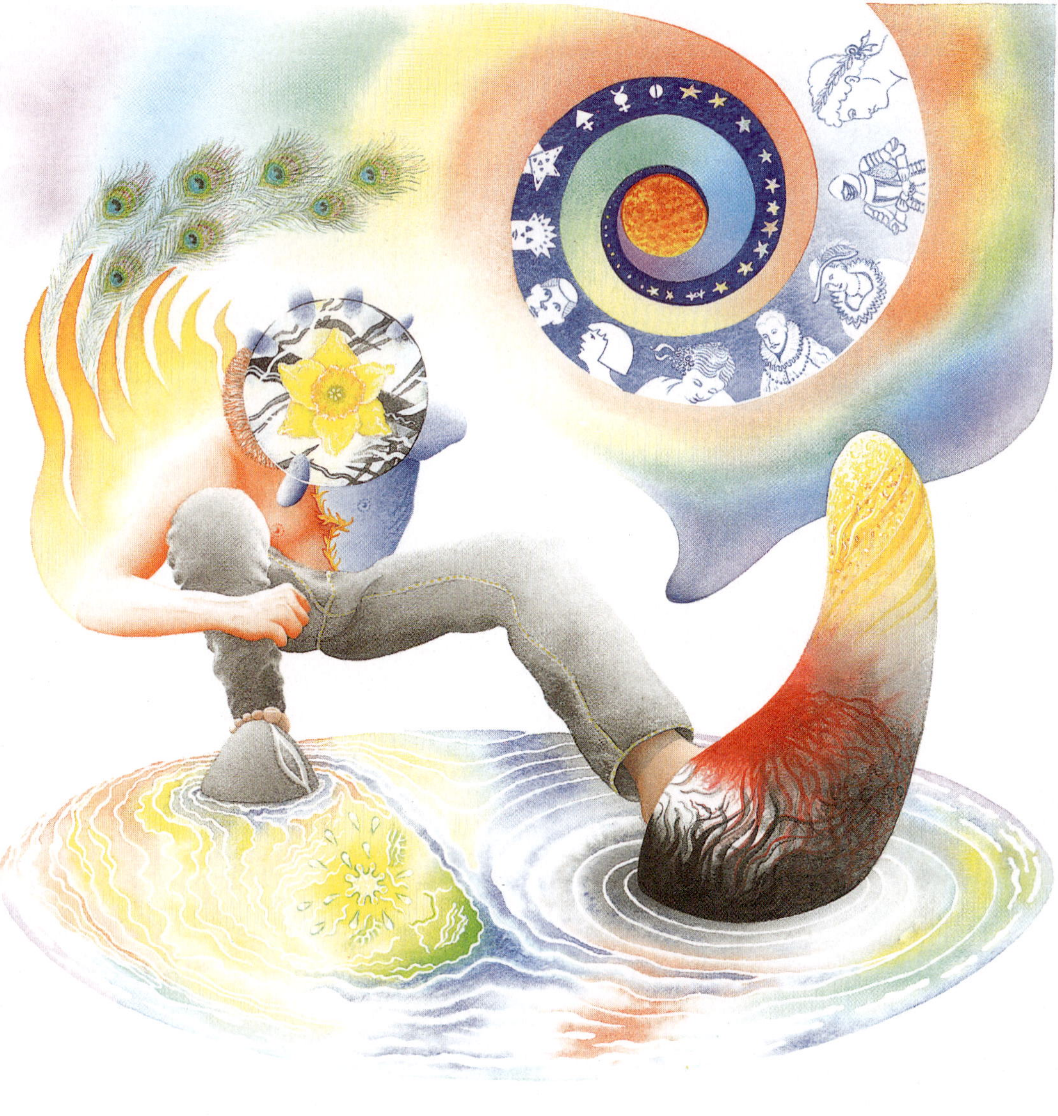

A noz-pecã nos relacionamentos

Beleza
Juventude
Dinheiro

Seu parceiro será alguém que goste de coisas boas. Vocês dois farão com que as pessoas se voltem para vocês quando entrarem num restaurante. Vocês gostam imensamente de roupas bonitas e dos adornos que estejam de acordo com o seu estilo de vida.

Você mantém fortes ligações com a família e com as tradições, algumas das quais deve ter iniciado. Seus parceiros podem começar a parecer mais jovens à medida que você parece envelhecer; isso faz parte da sua crença de que os jovens podem ter o que quiserem. Você está sempre à procura de um parceiro; a síndrome do "de que será que estou sentindo falta" faz parte da sua psique. Isso pode fazer com que os seus parceiros sintam ou achem que não são suficientemente bons para você.

Só quando você compreender o que é ser um mortal é que poderá começar a apreciar a sua vida e o que possui, como o amor de todos os que o cercam. Então, começará a viver e a ser você mesmo. Será como se uma transformação alquímica tivesse ocorrido.

INTIMIDADE

Você não está muito convencido de que as relações sexuais aumentam ou diminuem o seu tempo de vida. Se eu acho que algo é bom, isso me fará bem? Você se diverte consigo mesmo quando a oportunidade aparece. Você pode ter um problema com sentimentos de culpa — livre-se dele.

Noz-pecã e...

Abacaxi

Será que vai dar certo? Suas personalidades são muito diferentes. As pessoas de abacaxi gostam de debater e de fazer uso da mente; elas nunca se preocupam com a roupa que estão usando. Elas podem vê-lo como alguém que está ligado às suas crenças. São pessoas afetuosas e amistosas, e você se sente atraído por elas. Haverá momentos de alegria, o que representa metade dessa atração. Elas sempre vêem o que há de melhor em você, o que pode aumentar a sua autoconfiança. Você dará uma nova dimensão à vida dessas pessoas; elas não o esquecerão facilmente. O sexo será ótimo, quando vocês o praticarem fisicamente em vez de ficar conversando a respeito.

Amendoim

Na companhia das pessoas de amendoim, você irá se interessar por ir à academia, ficar em forma e bem-disposto, e parecer mais jovem. Seria melhor relembrar o que está acontecendo no mundo, ou vocês não terão nada em comum. As pessoas de amendoim se preocupam com a família, que é algo pelo qual nutrem uma grande ternura. A firme força de vontade dessas pessoas pode fazê-las ignorar as suas necessidades. Elas podem ser sinceras a respeito de assuntos que pouco conhecem e que o perturbam. "Você é quem você é" é a opinião dessas pessoas. Quanto ao sexo, esta parceria pode se tornar complacente. Não é uma boa combinação.

Amêndoa

A mente ágil das pessoas de amêndoa irá atraí-lo, e elas terão seu apoio imediato junto com os familiares e amigos. Essas pessoas irão conhecer detalhadamente aquilo em que você está interessado na ocasião. Com referência às emoções, no entanto, é outra história. Você não conseguirá ter restabelecida a confiança de que necessita porque sentimentos e emoções não são palpáveis para as pessoas de amêndoa. Elas precisam ter sucesso em tudo o que fazem, e os relacionamentos não são uma exceção. Você pode se sentir fazendo parte da vida delas, mas é quase como se a vida fosse uma peça teatral e você estivesse desempenhando o seu papel para se encaixar nela.

Avelã

Este relacionamento pode colocá-lo em órbita. A natureza realista das pessoas de avelã será um prêmio extra no que diz respeito às relações com os familiares e com as tradições das quais você gosta. A interpretação pessoal das emoções é algo de que você precisa para evitar não ultrapassar os limites. A sua atitude de contar fanfarronices é baldada pela frustração pelo fato de não estar conseguindo atingir as metas que estabeleceu para si mesmo. Este é um relacionamento que você tenta repudiar, mas que ficará para sempre na sua memória.

Noz-pecã e...

Café

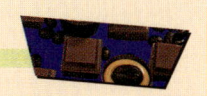

Não há delongas com este parceiro — será que você pode preservá-lo? Primeiro o sexo, depois conversaremos. Sua mente pode ser levada ao limite com as pessoas de café, mas você poderá estar fazendo conjecturas durante muito tempo. Essas pessoas devem saber o que querem, mas elas não se abrem quando se trata de sentimentos pessoais. Entretanto, no que diz respeito à vida em geral, é outra história. Essa dupla personalidade é confusa para a maioria das pessoas. Suas emoções são profundas, e elas são muito cuidadosas com a pessoa que amam, mesmo que isso não seja mencionado com freqüência. Elas ajudarão você na busca do elixir da vida.

Caramelo

Embora este relacionamento possa dar certo, às vezes você poderá se sentir com o dever de se comportar de determinadas maneiras, e de ter idéias definidas a respeito da vida. As pessoas de caramelo resistem a mudanças, e isso pode exigir muita conversa para convencê-las. Você irá perguntar por que a casa precisa estar tão limpa e arrumada se não há ninguém por perto. As emoções precisarão de tempo para se revelarem, uma vez que, com essas pessoas, a confiança é criada lentamente e você estará sempre atento para ver o que pode ser melhor. No que diz respeito ao sexo, vocês poderão ter momentos maravilhosos, mas esse não será o problema; em vez disso, é o aspecto prático da questão que preocupa. Você pode estar fazendo uso de suplementos de saúde para se manter jovem e o seu parceiro precisa ser inteirado do caso antes de se ligar a você.

Castanha-do-pará

Uma parceria que existe nos filmes. O início será lento — talvez como amigos por algum tempo, até que você se decida. Você parece agir de maneira correta, convivendo com o tipo certo de pessoa, até que a centelha interior comece a iluminar e a aquecer partes do seu coração cuja existência você desconhecia. Esta união irá dar certo para ambos, depois de outros relacionamentos, quando você se livrar da síndrome do "do que será que estou sentindo falta". Será mais fácil para você falar a respeito das emoções, e a pessoa de castanha-do-pará deverá imitá-lo. No que diz respeito ao sexo, o relacionamento será muito bom para ambos.

Cereja

O pêndulo irá balançar para ambos os lados neste relacionamento — há extremos, altos e baixos. Vocês farão com que as cabeças se voltem quando forem a um clube, a um restaurante ou ao teatro. Ambos acreditam que irão viver para sempre, mas querem experimentar tudo agora. Vocês podem ficar tão preocupados com a excitação que haverá pouca comunicação entre os dois. Quando pararem de manifestar exteriormente e passarem a fazê-lo interiormente, podem começar a olhar para o futuro e a ver o que têm em comum. Preservar os bons momentos pode significar que você precisa de energia e juventude, da sua parte. Será que isso se deve a uma pequena alquimia ou a uma cirurgia plástica?

Noz-pecã e...

Chocolate

O prestígio social que as pessoas de chocolate desfrutam não irá atraí-lo. Se você tiver tempo para observá-las interiormente, descobrirá a personalidade sensual, atraente e refinada que você tanto almeja. Este relacionamento irá, então, crescer, permitindo que você evolua nas áreas que irão proporcionar-lhe uma perfeição que não irá conseguir em nenhum outro lugar. Essas pessoas compreenderão a busca que está sempre por trás dos seus pensamentos, e irão ajudá-lo a atingir o seu centro de modo a ter uma base firme para as suas atitudes.

Coco

Uma parceria interessante, com idéias semelhantes provindas de pontos de vista diferentes. É provável que as pessoas de coco sejam, antes de tudo o mais, muito tolerantes com você. Essas pessoas aceitam qualquer situação e deixam que as coisas aconteçam à sua volta. Você gosta dessa atitude, mas prefere que elas aconteçam de imediato, uma vez que, na verdade, você não gosta de esperar. Emocionalmente, elas agem de acordo com os sentimentos delas e você costuma agir de acordo com o que você pensa. Você pode dar um rumo às suas vidas. No que diz respeito ao sexo, haverá muitas horas de prazer. Nem o tempo nem o seu modo de vestir importam para as pessoas de coco, de modo que essa será uma barreira a ser transposta por você.

Damasco

Você adora a atenção das pessoas de damasco. O lar como um lugar para fugir da vida é ótimo durante um certo tempo, mas não para você. Você tem uma grande necessidade de fazer parte da vida, de brilhar, de aparecer e ser considerado. O que há de maravilhoso nessas pessoas é que, não importa para que, elas estão presentes para servi-lo. Na companhia delas, você poderá tentar novas maneiras de atingir os seus objetivos. Suas inseguranças podem levá-lo a abusar das pessoas de damasco, e a fazer com que elas reajam além do normal. No fim, você poderá vê-las como uma pessoa sufocante que o mantém fora da agitação da vida. Emocionalmente, elas são maravilhosas, embora sejam, às vezes, um tanto exageradas e preocupadas com você. O sexo será prazeroso e divertido.

Doce de leite caramelado

Não há nada de real neste relacionamento. Mas quem se importa? É quase como se ele tivesse sido construído sobre sonhos e idéias. Portanto, crave as suas raízes e ligue-se às suas tradições e família; de outro modo, você vai se sentir excluído. As pessoas de doce de leite caramelado se impressionam facilmente; assim, tenha cuidado com o que você faz e diz. Elas podem vê-lo como seu único meio de contato com a realidade e apegam-se firmemente a você, buscando proteção. E por que não? Essas pessoas são tranqüilas e sensuais, e adoram ser cuidadas. Elas irão ajudá-lo de todos os modos possíveis. Elas gostam de atenção e deixarão que você saiba quando estão sentindo falta de você. Vocês darão muitas gargalhadas; até fazer compras pode ser uma experiência totalmente nova para você.

Noz-pecã e...

Doce sírio

Vocês ainda vivem neste planeta? As pessoas de doce sírio estão interessadas no despertar espiritual e na meditação, sejam elas filosofias cristã, zen ou budista. Você prefere mudar primeiro o exterior, o que pode levá-lo à alquimia ou a outras formas dinâmicas de transformação mágica. O conflito com este parceiro é, na verdade, o confronto entre o Leste e o Oeste. Vocês poderão ficar tão preocupados em manter contato consigo mesmos que poderão esquecer de ficar em contato um com o outro. O que quer que você faça, deve ter em vista o parceiro. Você pode achar que manifesta as suas emoções de uma maneira melhor; elas podem saber um pouco mais do que você. No que diz respeito ao sexo, se elas estão sintonizadas, irá começar com você observando o seu eu interior.

Gengibre

Este relacionamento será uma explosão; mas, quanto tempo dura uma explosão? As novas e inusitadas idéias das pessoas de gengibre irão excitá-lo. Estas agradáveis pessoas irão fazer estimular qualidades da sua personalidade cuja existência você desconhecia. Elas podem ser sonhadoras e seus relacionamentos, efêmeros. Você está procurando algo mais; elas estão em busca de equilíbrio. Ambos estão sempre preocupados com alguma tarefa e suas conversas não serão sobre sentimentos íntimos. Você parece estar bem, mas para onde você está indo? Para manter este relacionamento será preciso o empenho de ambos. No que diz respeito ao sexo, você poderá experimentar o que de melhor existe nas pessoas de gengibre durante os momentos em que o estejam praticando.

Framboesa

Para você, este relacionamento será interessante; para as framboesas, desconcertante. Os momentos que vocês vão desfrutar são os momentos de tranqüilidade. As pessoas de framboesa são muito protetoras e adoram as tradições da sua família. Você vai encontrar segurança na companhia delas. As idéias que você gosta de explorar podem parecer ameaçadoras para as pessoas de framboesa. Elas são muito mais práticas do que você jamais será. Elas não estão dispostas a revelar suas emoções e ambos dificilmente falarão dos seus sentimentos. Sobre assuntos práticos, vocês dois dirão tudo aquilo de que gostam. O sexo é visto como algo que dificilmente merece ser mencionado. Este será um relacionamento terno e tranqüilo que é vivido no seu íntimo.

Laranja

Pode voar alto — as pessoas de laranja estarão lá com você. Na verdade, elas não irão abandoná-lo. Elas podem parecer maçantes porque, como você, estão em busca de orientação e de ter sua confiança renovada; tão logo você compreenda isso, este relacionamento irá se aprofundar. Essas pessoas podem manter suas emoções ocultas. Se você estiver bem, elas também estarão, e acham que ambos não precisam mostrar suas emoções. O sexo será como você gosta. Em questões espirituais, elas podem assumir o comando.

Noz-pecã e...

Lima

As pessoas de lima conseguem rapidamente o que desejam; se gostarem de você, você logo o saberá. Você vai aprender a dizer o que sente e, tão logo se acostume com isso, saberá o que está acontecendo e terá a sua confiança renovada, como deseja. Estas pessoas vão direto ao que interessa; elas não usam de rodeios, como você faz. Em geral, elas sabem que direção estão tomando na vida. O encanto da beleza interior das pessoas de lima pode se harmonizar com outras coisas bonitas que você vê — que equilíbrio! No que diz respeito ao sexo, elas podem parecer exageradas, mas você irá se habituar com isso. Às vezes, elas poderão ser incoerentes, deixando que você vá em frente e consiga muito mais do que pensava ser possível.

Limão

Este relacionamento irá dar certo para os dois se vocês tiverem algumas coisas em comum, como procurar o elixir da vida. Essas pessoas gostam de conhecer a verdade e as informações a respeito de qualquer coisa que você esteja precisando. São pessoas calmas e independentes, e são bem-sucedidas quando têm um parceiro que as apóie, mas deixe que elas ajam por si mesmas. Depois que tiverem declarado seu amor por você, não espere ouvir isso com muita freqüência. As emoções dificilmente virão à tona, uma vez que ambos precisam de tempo para conhecer um ao outro. O comportamento sexual não será um grande problema para qualquer um de vocês. Este relacionamento tem muitos pontos positivos, o que os outros não entendem ou não querem saber por quê.

Marshmallow

A sociabilidade da pessoa de marshmallow atenderá à sua necessidade de ser visto. Você dará a ela uma sensação de posse que vai fazer com que ela se torne um ótimo parceiro para você. Sua simpatia e jovialidade só poderão contribuir positivamente para a sua vida social. Se vocês se apoiarem mutuamente, poderão ser cada vez mais bem-sucedidos, levando-os a explorar algumas das outras áreas pelas quais estão interessados. As emoções podem ser intensas, bem como as gargalhadas. Pare de questionar e comece a viver. Quando tiver decidido se o sexo faz bem ou não para você, ele será incomparável.

Mel de abelha

Este pode ser um relacionamento livre de preocupações e cheio de alegria, uma vez que as pessoas de mel de abelha não podem ficar abatidas por muito tempo; suas personalidades radiantes irão sempre se revelar. Essa atitude positiva só irá contagiá-lo. Com respeito às emoções, você só pode perceber o que está acontecendo no momento. Amanhã será diferente. Dificilmente elas se prendem a algum tipo de comprometimento, e você sempre poderá achar que elas ainda estão preocupadas com isso. Quanto ao sexo, a vida é para ser vivida, mas com tantos amigos, que posição você ocupa? Com toda a probabilidade, você não terá com este parceiro a segurança que procura.

Noz-pecã e...

Menta

As pessoas de menta acreditam que podem fazer qualquer coisa, e você ficará apaixonado por esse entusiasmo. Isso poderá incentivá-lo. As pessoas de menta têm muitas idéias das quais você fará parte. São pessoas inconstantes e você pode dar-lhes uma orientação. Este relacionamento será dinâmico e gratificante para ambos. Emocionalmente, vocês irão se apoiar mutuamente. Isso pode levá-lo a crer que o céu é o limite. Você irá aprender com as pessoas de menta apenas estando em sua companhia. Você está preparado para isso? Estas pessoas irão equilibrar a sua vida e permitirão que você a organize. Sexualmente, este relacionamento será maravilhoso para ambos.

Morango

As pessoas de morango adoram ficar apaixonadas e você encontrará romance, excitação e muito mais ao lado delas. Isso ficará por sua conta, assim como o restabelecimento da sua confiança. Este relacionamento vai ser bom para ambos, e dará a você energia e auto-estima. Essas pessoas podem crescer, vendo você progredir. Tão logo isso aconteça, elas começarão a se defender por si mesmas, e isso dará novas dimensões ao relacionamento. Embora amáveis, as pessoas de morango podem ser firmes quando tiverem idéias definidas. E isso irá irritá-lo. O sucesso emocional e sexual depende dos seus motivos e da sua compreensão.

Noz

Este parceiro impulsivo fará você fazer coisas com que jamais sonhou. Mas há muitos contrastes. Podem as nozes conviver com você? Elas são independentes e você terá espaço para a própria vida. Elas são dignas de confiança e pontuais. Vocês terão longas conversas sobre todas as áreas da vida; mas elas serão muito reservadas sobre as próprias emoções. Elas amam o ar livre e precisam fugir de lugares abafados. Sexualmente, elas são muito excitantes.

Noz-pecã

Sua insegurança irá transformar esta união numa batalha para você. Será muito introspectiva. Para quem vê de fora, vocês parecem se dar bem — não há dúvida quanto a isso. O problema é que você muda muitas vezes de opinião sobre o mesmo assunto. As emoções sempre girarão em torno do que existe de errado com você, e o seu parceiro será sempre o mesmo. Não há ninguém que diga: "Não há nada de errado com você." É quase como se você vivesse num mundo de fantasia; outra pessoa irá trazer objetividade para a sua vida.

Murray Langham, terapeuta, consultor e coordenador de grupos de trabalho, teve consciência das possibilidades do chocolate pela primeira vez no seu antigo trabalho como *chef* e proprietário de restaurante. À medida que desenvolvia seu interesse pelas pessoas, estudou e diplomou-se em hipnoterapia clínica e programação neurolingüística. Atualmente, está estudando para se diplomar em psicologia e comunicação.

Murray promove seminários e *workshops* sobre estruturação de relacionamentos (coletivos), sobre como encontrar parceiros ideais para as pessoas ou como trazer amor e aproximação em seus relacionamentos. Ele desenvolveu um novo método de compreensão do *self* através da Terapia do Chocolate® Ltda. Isso resultou em seminários de SELEÇÃO, momentos de alegria e de mudança para as pessoas que gostam de chocolate. Ele faz palestras para grupos e comunidades em todo o mundo. Quando o tempo permite, ele atende em sua clínica particular em Martinborough, no Wairarapa, Nova Zelândia.

Para maiores informações a respeito da Terapia do Chocolate® e detalhes de seminários em sua área, por favor entre em contato com

CHOICE SEMINARS
PO Box 2453
Wellington
New Zeland
E-mail: choiceseminars@clear.net.nz
www.chocolatetherapy.com

Roger Simpson, pintor e terapeuta, estudou na Escola de Belas-Artes de Sydney e já pintou e expôs nos Estados Unidos, Grã-Bretanha, Austrália e Nova Zelândia. Em 1988, ingressou no Queen Mary Hospital em Hammer Springs para desenvolver programas de terapia da agricultura para viciados. Também idealizou e criou o Spiritual Garden e foi pioneiro no programa intensivo de terapia pela arte, utilizando materiais encontrados na terra, para ajudar as pessoas a descobrir sua centelha criativa. Roger Simpson continua usando a psicologia nas fotografias e ilustrações que aparecem neste livro.